Nichts deutete darauf hin, dass aus der eigenwilligen, kränklichen Tochter aus unermesslich reicher Familie eine bedeutende Sozialrevolutionärin und Feministin werden würde, eine Frau, die das zwanzigste Jahrhundert bewegte – und die vergessen wurde. Mentona Moser engagierte sich für verarmte Arbeiterfamilien, wurde Gründungsmitglied der Kommunistischen Partei der Schweiz, freundete sich mit Clara Zetkin an. Im Berlin der dreißiger Jahre produzierte sie proletarische Schallplatten mit Hanns Eisler. Sie gründete ein Waisenhaus bei Moskau und kämpfte als Geheimagentin gegen den Aufstieg der Nationalsozialisten. Stalin, Lenin, Hitler: eine Ära der Gewalt und der Illusionen, der Mentona Moser ihre Menschlichkeit entgegensetzte. Eveline Hasler spürt diesem Ausnahmeleben nach und zeichnet das eindringliche, feinfühlige Porträt einer Unbeugsamen.

Eveline Hasler, geboren in Glarus, lebt im Tessin. Mit ihren dokumentarischen Romanen über historische Persönlichkeiten und Ereignisse – ›Anna Göldin‹, ›Ibicaba‹, ›Die Wachsflügelfrau‹ – wurde sie weit über die Landesgrenzen hinaus bekannt. Ihre Bücher wurden vielfach ausgezeichnet.

Eveline Hasler

Tochter des Geldes

Mentona Moser –
die reichste Revolutionärin
Europas

Roman eines Lebens

dtv

Von Eveline Hasler ist bei dtv außerdem lieferbar:
Ibicaba
Die Wachsflügelfrau
Tells Tochter
Und werde immer Ihr Freund sein
Anna Göldin
Mit dem letzten Schiff
Stürmische Jahre

5. Auflage 2021
2021 dtv Verlagsgesellschaft mbH & Co. KG, München
Lizenzausgabe mit freundlicher Genehmigung von
Nagel & Kimche in der MG Medien Verlags GmbH
© 2019 Eveline Hasler
© 2019 Nagel & Kimche in der MG Medien Verlags GmbH
Umschlaggestaltung: dtv nach einer Vorlage von
Hauptmann & Kompanie Werbeagentur, Zürich unter Verwendung
von Fotos aus Privatbesitz (Roger Nicholas Balsiger)
Satz: C.H.Beck.Media.Solutions, Nördlingen
(Satz nach einer Vorlage von Susanne Tauber/Journal Media GmbH)
Druck und Bindung: Druckerei C.H.Beck, Nördlingen
Printed in Germany · ISBN 978-3-423-14789-7

Inhalt

Im Unbekannten wohnen wir alle.

Johannes Urzidil

SCHLOSS AU SOLL MEINER WÜRDIG WERDEN

Mentonas und Fannys Mutter, eine junge Witwe, nannte sich Freiherrin Moser Sulzer-Wart. Auf Bemerkungen wie: Adel? Das kennen wir doch in der Schweiz nicht?, belehrte sie die ungläubigen Geister: »Maximilian I. Joseph von Bayern hat meinen Vorfahr Johann Heinrich von Sulzer aus Winterthur mit dem erblichen Freiherrentitel ausgezeichnet, weil er Bayern mit dem Salzmonopol große Dienste erwiesen hat. Mit seinen Einkünften aus dem bayerischen Salz hat mein Vorfahr in der Heimat ein Schloss bauen lassen, das märchenhafte Schloss Wart, vom Turm aus sieht man hinunter auf die Dächer von Winterthur.«

Die Witwe Moser, die den ihr zustehenden Titel Freifrau ungern trug und sich lieber eigenwillig Freiherrin nannte, las 1887 in einer Annonce der *Neuen Zürcher Zeitung: Auf der Halbinsel Au im oberen Zürichsee steht das Schloss zum Verkauf.* Und sie war der Meinung, ein Schloss als Wohnstätte würde ihr und ihren beiden Töchtern zustehen.

Als Frau Moser in Begleitung ihrer zwei Töchter Fanny und Mentona zum ersten Mal die Halbinsel Au betrat, kam ihr das Schlösschen wenig präsentabel vor. Vielfältige, sich überlappende Dächer, bräunlich geduckt unter Baumzweigen. An der schweren Eichentür wurde die potentielle Käuferin von zwei jungen Damen empfangen. Auf orientalische Art in goldblau gewirkte Tücher gehüllt, winkten sie die Besucher

9

mit graziösen Bewegungen ins Innere: »Bitte, wir zeigen Ihnen das Schloss.«

Schon in der Eingangshalle erschrak die Freiherrin Moser: Da stand ein lebensechter, zum Sprung bereiter Königstiger. Die dreizehnjährige Mentona trat nahe hin, sah das grüne Glasauge, lächelte still. Dann ging sie hinter der Mutter die ausgetretene Treppe hinauf zur Galerie, die Freiherrin raffte ihren Rock, stieg in den Schlafzimmern über farbige Kissen und Matratzen, die mit Tierfellen bedeckt auf dem Boden lagen. »Lotterbetten«, murmelte sie. Vom Arzt in dem nahen Dorf Horgen hatte sie gehört, die Besitzer mit dem Namen Drumond hätten lange in Indien gelebt. Der schon betagte Vater, einst Sekretär des englischen Vizekönigs in Indien, pflege seine Magenschmerzen mit Pflanzendrogen zu betäuben, die hätten ihm zunehmend den Kopf vernebelt. Die letzten Jahre auf der Au, im Gespinst seiner Vorstellungen, galt die Welt für ihn als verdorben, Grund genug, seinen heranwachsenden Töchtern jeden Kontakt außerhalb der Insel zu verbieten, nur ein Hauslehrer bekam Zutritt zum Schloss.

Nach der Besichtigung reichten die Drumond-Töchter in der Schlossküche Schalen mit Gewürztee. Sie begannen in einem von englischen Wörtern durchsetzten Deutsch über ihren Kummer zu reden, jetzt, nach dem Tod des Vaters, gezwungen zu sein, das Refugium ihrer Kindheit zu veräußern. Das Schönste hier auf der Insel sei die rundum sich selbst überlassene Natur, die reiche Pflanzenwelt, die Tiere, sie hätten sich hier an ihre glückliche Kinderzeit in Indien erinnert ...

Auf dem Waldweg zum Pächterhaus mit seinen Ställen fragte Fanny ihre Mutter: »Wie hat dir das Schloss gefallen, Mama?«

»Ach, die Gebäude sind unscheinbar. Seit wann beugt sich ein Schloss vor den Ästen der Zedern?«

»Aber der wilde Park ist so schön«, sagte darauf versonnen die dreizehnjährige Mentona. Ihre Stimme klang scheu und leise, warum lauter reden, sie wusste ja, die Mutter hörte fast nie hin.

In der Tat erging sich Frau Moser in ihren eigenen Gedanken.

Dann hielt die hohe Gestalt in ihrem Witwenschleier abrupt inne, sie blickte sich noch einmal nach dem Gebäude um.

Im Dämmergrau der Baumschatten streifte sie ein Schauer.

»Ich kaufe es, dieses geduckte Schloss«, murmelte sie. »Aber als Erstes will ich einen Turm bauen lassen.«

In der ersten Zeit auf der Au verfiel Frau Moser in hektische Betriebsamkeit.

Täglich bekamen die Bauleute, die Gärtner, das Hausgesinde neue Befehle. Aufgepasst, dachte sie. Die Au wird meiner schon noch würdig werden: ein kleiner Hofstaat, ein neues Wart.

Die Besucher waren zahlreich in den ersten Jahren.

Es waren teils Menschen aus dem Adel, aus dem ehemaligen Karlsruher Lebenskreis. Doch bald figurierten in ihrem Gästebuch – erste Einträge stammten aus dem Jahr 1888 – Persönlichkeiten aus dem näheren Umfeld: die Eschers aus Zürich, die von Salis' aus Jenins, die Willes aus Meilen. Auch Schriftsteller waren unter den geladenen Gästen: Meinrad Lienert, Emil Ludwig, Conrad Ferdinand Meyer, der Rudolf Werdmüller, den ehemaligen Besitzer des Schlosses Au, in seiner Novelle *Der Schuss von der Kanzel* zu einer Hauptfigur gemacht hatte. Doch es kamen auch neugierige Bewohner aus den umliegenden Dörfern, sie erhielten an den Holztischen unter den Bäumen belegte Brote und Wein, das sprach sich herum. Begann es zu dämmern, leerte sich der Park rasch, die Leute fürchteten im Zwielicht die schadhaften Wege der Halbinsel, die defekten kleinen Brücken über Wasserrinnen zum Binnensee.

Die Schlossmädchen entdecken die Halbinsel

Allein gelassen, lag die Herrin in der Dämmerung auf ihrem Diwan, von Kopfschmerzen heimgesucht.

Nur der junge Hausarzt aus Horgen wurde vorgelassen. Dr. Felix, ein blonder rundköpfiger Mensch mit Pausbacken und einem herzhaften Lachen, kam täglich zur Visite. Er steuerte mit seinen groben Schuhen über den roten Perserteppich auf die neue Bewohnerin zu, legte seine bäuerische, fast quadratische Hand auf die Stirn der Leidenden und murmelte: »Geduld, liebe Frau. Die Au mit ihrer Landluft wird Sie wieder gesund machen.«

Dann gab er der Magd Anweisungen für Wickel.

Um die Töchter Fanny und Mentona, die freudlos und unbeschäftigt im Haus saßen, schien sich der Arzt mehr Sorgen zu machen. »An die frische Luft, ihr Mädchen!«

Dr. Felix nahm sie tagsüber mit hinaus in den Schlosspark, am Binnensee, der Ausee hieß, weihte er sie ein in die Arten der Vögel, zeigte Nistplätze. Vor allem Mentona war von dieser Sorte Unterricht begeistert.

»Wenn wir am Teich unsere ornithologischen Beobachtungen machen wollen, müssen wir uns früh einfinden«, sagte der Vogelfreund. »Nächste Woche begleitet mich mein Neffe Konrad, er studiert seit dem Frühling in Zürich Zoologie. Also, kurz nach Sonnenaufgang, geht das?«

Mentona stand an besagtem Tag ohne Frühstück vor der Schlosspforte bereit. Konrad war vier Jahre älter, ein hochgewachsener, schlanker junger Mann, er zog Mentona, die für ihn noch ein Kind war, ohne große Einführung sofort in ein Gespräch. Mentona verlor schnell ihre Hemmungen. Konrad sprach halb seinen Zürcher Dialekt, halb bemühte er sich um das Hochdeutsche, das Mentona aus Karlsruhe mitgebracht hatte. Während seiner Sommerferien begleitete der junge Student seinen Onkel fast täglich, kam er einmal nicht, begann Mentona ihn zu vermissen. Beide fanden aneinander Gefallen. Eine Freundschaft, mehr war da nicht, aber die Freiherrin dachte, die beiden könnten in ein paar Jahren Mann und Frau werden. Mentona hätte diesen Gedanken für merkwürdig gehalten. Konnte Mama es nicht abwarten, ihre Töchter von der Bildfläche verschwinden zu sehen?

Nach einigen Wochen, seine Ferien gingen bald zu Ende, zeigte Konrad Mentona an einem Septemberabend auf der anderen Seite des Schlosses bei einem Eichenwäldchen eine Grabstätte. Die Sonne warf eine Handvoll Goldtaler auf den Moosboden, Vögel probten den Abendgesang. Ein wunderbarer Friede war zu spüren. Konrad streckte sich zwischen Eichenwurzeln und Farnkraut aus, rätselte über die Identität des Toten, der da weit unter ihm liege. »Da, schau, die Ameisen, sie sind organisiert, in ihrem Staat arbeiten einige sichtbar, andere bearbeiten tief im Erdreich ihren Fund, putzen die Knochen blank, stoßen langsam zur Herzgegend vor, sind wohl schon ganz mit den Geheimnissen des Körpers vertraut. Du siehst, Leben und Tod, Natur und Mensch gehören eng zusammen.«

Mentona schwieg, die Geschichte mit dem Grab war ihr unheimlich. Konrad konnte das ihrem kleinen Gesicht mit den großen dunklen Augen ansehen. Er stand auf und gab ihr, als gelte es sie zu trösten, einen vorsichtigen Kuss.

Anfang Oktober, Mentona kaufte in Zürich mit ihrer Mutter Winterkleidung ein, trafen sie in der Nähe des Bahnhofs auf Konrad. Er kam mit seiner Mappe aus einer Vorlesung, erfreut grüßte er seine Bekannten von der Au, ließ sich von Frau Moser in eine elsässische Brasserie einladen. Doch hier verhielt er sich seltsam. Nur langsam, mit kleinen Bissen aß er seine Wurst. »Schmeckt es dir nicht?«, fragte Frau Moser. Er entschuldigte sich, jeder Bissen tue ihm weh, unter seiner Zunge habe sich eine kleine Geschwulst gebildet. »Konrad, du musst das einem Arzt zeigen.« Ja, ja, er habe übermorgen einen Termin.

Mentona hatte seine Beschwerden nicht weiter ernst genommen, doch eine Weile hörte und sah man von Konrad nichts mehr. Der kleine Schaden gewann mit jeder Woche mehr Macht über ihn, schließlich entfernte man ihm im Universitätsspital einen Teil der Zunge.

Als er endlich wiederkam und sie im Wäldchen saßen, lächelte er ihr zu: »Ob ich noch küssen kann?« Mentona war verblüfft, sie hielt ihm für den Versuch willig ihr Gesicht hin, er schluckte erst ein paarmal, drückte dann die Lippen auf ihre Wange.

Im November blieb Konrad aus, der erste Frost erreichte die Halbinsel, der Eichenhain wurde zum Märchenwald.

Da kam eine Anzeige: Konrad tot.

Der Verlust des Freundes schmerzte die junge Mentona über lange Zeit sehr. Sie streifte in einer dicken Winterjacke durch den Park, Eisringe lagen um die Schilfstengel im Weiher, es gab ein leises Klingeln, wenn der Wind durch die Halme strich. Sie sah die hungrigen Vögel, sann über das Leben nach, über seine Kürze, seinen Sinn.

Die sechzehnjährige Schwester Fanny versuchte zu trösten: »Tote Freunde bleiben um uns. Vergiss nicht, die Halbinsel wird von einer Handvoll Lebendigen bewohnt, die uns nicht viel bedeuten, doch unsere Beschützer sind die treuen toten Freunde.« Fanny verstand etwas von Zwischenreichen, sie interessierte sich für Parapsychologie, im übernächsten Jahr wollte sie darüber Vorlesungen hören an der Universität. Konrads Wunsch, auf der Au begraben zu werden, hätten zwar die Verwandten gerne erfüllt, doch die Schlossherrin wehrte sich strikt dagegen. Fanny wusste: »Wo immer er ruht, er ist da in seiner Geistigkeit, vergiss das nicht, Schwesterchen.« Der originellste der früheren Schlossbesitzer, General Werdmüller, geistere immer noch herum. Gerüchte, er habe sich auf der Au eine schöne türkische Sklavin gehalten, hielten sich hartnäckig. Des Öfteren werden den jetzigen Bewohnern geheime Zeichen übermittelt. Man müsse sie nur wahrnehmen können: Nachtgeräusche wie von feinen Klangschalen. Mama höre sie. Und könne trotzdem nicht an die Botschaften der Toten glauben.

Mama hatte der Älteren verboten, vor der jüngeren Schwester ›gespenstisches Zeug‹ zu erwähnen, die Nerven der kleinen Mentona seien dafür zu schwach.

DAS PORTRÄT AUS DEM ATELIER

Auf der Anrichte im Schloss stand ein reizendes Kinderfoto von Fanny und Mentona, beide weiß gewandet in Wien. Daneben das Porträt der achtjährigen Mentona mit der Mutter. Ein schauerliches Foto, gab Fanny zu. Damals hatte Mentona mit einer Attacke von Kinderlähmung lange im Bett gelegen. Der Vormund der Kinder riet der Schloss-herrin, ein Foto machen zu lassen als Beweis, dass Mentona, das zweite Kind, jetzt außer Gefahr und gesund sei. Foto-grafieren war damals noch eine seltene Kunst, und der Vormund empfahl das Atelier ›Trautes Heim und Eltern-liebe‹ des Herrn Bärenbold in Zürich, der erfahrene, schon ergraute Mann arbeite für erlesene Kreise und habe ein Auge für das Gediegene.

Im Sinne dieser Tradition wies er der gnädigen Frau Moser den bequemsten Stuhl in der Schlosshalle zu und ordnete an, sie habe hier ihr Kind liebevoll auf ihrem Schoß zu halten. »Die Vorstellung ›Mutter und Kind in inniger Verbunden-heit‹ pflegen wir mit Akribie und Gefühl ins Bild zu setzen ...« Nachdem die Mutter ihr Seidenkleid straff über die Beine ge-zogen hatte, wurde Mentona auf Mutters spitze Knie gesetzt, das war unbequem. Die Mutter sollte zudem das Kind mit beiden Armen liebevoll halten.

»Näher rücken!«, befahl Herr Bärenbold.

»Ich bin kurzsichtig«, sagte die Mutter, »um scharf zu sehen, muss ich das Kind auf Armlänge von mir halten.«

»Nun, dann halt auf Armlänge. Doch vergessen Sie nicht, in Ihren beiden Blicken begegnen sich Fürsorge und kindliche Liebe!«

Das Mädchen war längst kein Kleinkind mehr, es hatte den kindlichen Liebreiz verloren, die blonden Kringel über der Stirn, die weit aufgerissenen vertrauensseligen Augen, auch war vorne bei den Schneidezähnen eine Lücke entstanden. »Du lächelst, doch mit geschlossenem Mund!«, befahl Herr Bärenbold dem Kind Mentona. »Die hübsche Mama hingegen darf Zähne zeigen!«

Als das Bild anfing, seiner Vorstellung zu gleichen, stellte sich Herr Bärenbold hinter seinen altmodischen hohen Fotoapparat und schlüpfte mit dem Kopf unter ein graues Tuch.

Das Kind glaubte ihn verschwunden und rief: »Au! Mama, du stichst mich!«

Herr Bärenbold kam hinter dem Tuch hervor. Er sah, dass es so nicht funktionieren konnte. Er stellte die Freiherrin nun an einen Tisch, das Kind nebendran auf ein gleich hohes Gestell, dort saß es rittlings, ohne die Mutter zu belasten, die Kinderbeine baumelten unter dem Saum des Kleides. Damit alles im Bild natürlich erschien, hatte er mit einem weichen Stift später zu korrigieren.

»Bequemer so?«

»Ja.«

»Und nun bitte, bitte, gnädige Frau!«, ermahnte er die Freiherrin. »Der liebevolle Blick zu Ihrem Kind!«

Er war wieder unter das Tuch geschlüpft. Doch die Mutter lächelte nicht. Hinter ihrem randlosen Zwicker starrte sie das Kind an: Sie fand es hässlich. Sein Ausdruck war altklug. Das Kind im Gegenzug erkannte hinter dem Zwicker den starren Blick einer Schlange. Unter der spitzen Nase sahen die mütterlichen Lippen, deutlich nach unten gebogen, unzufrieden aus. Um bald erlöst zu werden von der mühevollen Stellung auf dem Gestell, wollte das Kind der Mutter alles recht machen. Es ahmte den Blick der Mutter und den Ausdruck ihrer Lippen nach, Mutter und Tochter musterten sich jetzt kritisch, mit verkniffenem Mund.

Unter dem Tuch drückte der Fotograf den Auslöser. Es machte klick!

Herr Bärenbold kam unter dem Tuch hervor, erkannte: Das Familienbild war verpatzt, von Vertrautheit keine Spur.

»Soll ich nochmals von vorn beginnen, gnädige Frau?«

»Oh, nein, das reicht«, sagte Frau Moser.

Mentona ging hinaus, Tränen trübten ihre Sicht, die Mutter hatte sie wieder einmal einer kleinen Lüge wegen mit der Rute geschlagen.

Das Mädchen drang in das Dickicht des Eichenwäldchens, suchte, sich nach Verständnis und Zuwendung sehnend, ihren verstorbenen Freund. In der Nähe der alten Grabstätte rief sie seinen Namen. Er antwortete, wurde zum Buntspecht mit dem rotgefiederten Kopf, hämmerte Lautzeichen in rhythmischen Abständen, Botschaften zwischen Eichenwurzeln und Farnkraut.

Ein rotes Federchen segelte zwischen den Stämmen durch die Luft.

Mentona hob es vom Waldboden auf, steckte es in die Jackentasche.

Sie begann freier zu atmen. Sonnenstrahlen fielen durch das Blätterdickicht, malten Lichtaugen auf ihre bloßen Arme und Beine.

DIE KOPULIERENDEN AMEISEN
VON AUGUSTE FOREL

An einem Nachmittag im Mai saß eine dörfliche Blasmusik auf den Holzbänken hinter dem Schloss, sie gaben der Freiherrin ein Ständchen, als Dank ließ sie Wein und Teller mit Trockenfleisch auftragen. An dem schon warmen Tag sprachen die Männer kräftig dem Wein zu, die Stimmen beidseits der langen Bankreihen wurden lauter und klangen zunehmend zänkisch. Bevor es dämmerte, lagen zwei der Betrunkenen unter dem Tisch. Man rief nach dem stämmigen Kutscher August, der die Blaskapelle im Namen der Gastgeberin zu schnellem Aufbruch ermahnte.

Auf diese Weise endeten auf der Au viele Abende, die harmonisch und heiter begonnen hatten.

Der Zufall wollte, dass an diesem Nachmittag an einem der Nebentische ein berühmter Gast saß: Auguste Forel, Chefarzt der Nervenklinik Burghölzli in Zürich.

Nicht nur die Freiherrin liebte seine Gegenwart, auch die Mädchen waren begeistert von ihm, sie mochten die schalkhaften dunklen Augen in seinem schmalen Kopf, denen nichts entging. Dass er aus der französischen Schweiz stammte, war auch seiner deutschen Sprache anzumerken. Doch die Mädchen hingen an seinen Lippen, weil die Themen, die er anschlug, so anregend waren, ja manchmal vergaß er ob der Fülle seiner Ideen zu essen, alles beschäftigte ihn mit Leidenschaft.

Am nächsten Morgen beim Frühstück versuchte er seine Gastgeberin für seine Abstinenzidee einzunehmen.

In Forels Anstalt war jeder Tropfen Alkohol streng untersagt, ein Novum, stand sonst in den sogenannten Irrenanstalten, zum Beispiel in der Friedmatt in Basel, jedem Patienten ein halber Liter Wein als Tagesration zu.

Jeder Tropfen Alkohol sei Gift für labile Gemüter, sagte Forel auf seinem Feldzug. Seine Strenge zahle sich aus zum Wohl der Patienten.

Der Psychiater war aber auch Insektenforscher, Pazifist, Feminist.

»Ist das eine Demokratie, wo die eine Hälfte der Menschheit weder studieren noch wählen darf?«, ließ er sich im Senat der Universität Zürich vernehmen. Er setzte sich ein für die erste Juristin deutscher Sprache, für die Zürcherin Emily Kempin-Spyri, die man zwar studieren ließ, sie dann aber trotz Doktorat als Frau ohne politische Rechte von juristischen Ämtern ausschloss. Bis sie dann auf der anderen Seite des Atlantiks mit Vorlesungen in New York und mit juristischen Schriften Beachtung erfuhr. Sie hatte drei Kinder, familiäre Gründe zwangen sie zur Rückkehr in die Schweiz, wo es erneut Kämpfe um ihre Existenz gab. Schließlich starb sie, am Ende ihrer physischen und psychischen Kräfte, 1901 in der Irrenanstalt Friedmatt in Basel.

Und so gab die Schlossherrin der Au Forel für seine Abstinenzkampagne Geld, sie empfing auch auf dem Schloss die Abordnung des Internationalen Kongresses der abstinenten Guttempler.

Kam Frau Moser auf Schloss Au nicht mehr zurecht mit der Erziehung, so schickte sie die Töchter nach Zürich zu Forel.

Sie hatte wohl an diesem Morgen beim Frühstück von der Eigenart der jüngeren Tochter gesprochen, alles in sich hineinzufressen und eigene Wege zu gehen, und Forel war einverstanden, dass Mentona ihn in seiner Anstalt besuche.

Als der verabredete Termin kam, gab die Mutter der Tochter einen Brief mit. Der Brief machte Mentona Angst: Wollte Mama den Arzt etwa bewegen, sie wie damals ihre Schwester Fanny für eine Therapie eine Weile in der Psychiatrie zu behalten? In Zürich, hinter dem Häuschen der Tramstation, öffnete Mentona vorsichtig den Brief. Sie las ihn atemlos. Doch zu ihrer Beruhigung war da nur das Übliche: Die Tochter kapsle sich ab, gehe eigene Wege, neige zur Rebellion gegen die Mutter.

Als Mentona in den Parkweg der Anstalt einbog, fand sie Forel nicht wie abgemacht am Tor. Sie blickte umher, der Park lag weitläufig unter der wasserblauen Glasglocke des Sommerhimmels. Doch der Professor war nirgends zu entdecken. Da kam eine Pflegerin in weißem Kittel vorbei:

»Wen suchen Sie?«

»Dr. Forel.«

»Nun, er liegt etwas weiter unten neben dem Plattenweg und frönt seiner Leidenschaft!« Die Wärterin lächelte.

Mentona ging also den Weg weiter und entdeckte nach einer Wegbiegung Forel in seiner ganzen Länge ausgestreckt am Boden, in der Hand ein Vergrößerungsglas. Als sie herankam, grüßte er von unten herauf: »Schön, dass du da bist, Mentona. Nicht wahr, du liebst doch Insekten? Komm, schau!« Er winkte sie heran, und sie legte sich nach kurzem Zögern neben ihn auf den Plattenweg. Er zeigte auf ein Erdloch, aus dem Ameisen quollen, sie trugen durchsichtige längliche Flügel.

»*Lasius brunneus* – braune Wegameisen«, erklärte Forel. »Schau die frisch geschlüpften Jungköniginnen, geflügelt für den Hochzeitsflug! Sie schwärmen aus, kopulieren mit ihren Männchen meist in der Luft. Suchen dann sofort ein neues Habitat ...«

»Und die Flügel?«

»Die Flügel stoßen sie kurz nach dem Hochzeitsflug ab, oft hier, an den Rändern dieser Wegplatten ...«

»Für einen einzigen Moment dieser ganze Aufwand?«

Der Naturforscher lächelte: »Die Natur ist großzügig, sie leiht ihnen Flügel, damit sie sich paaren und Eier legen können, die den Bestand der Art sichern ...« Forel rappelte sich jetzt langsam auf, nun stand er auf dem Plattenweg und wischte mit dem Handrücken ein paar der geflügelten Ameisen von seiner Hose: »Also, Mentona«, sagte er, »gehen wir etwas trinken! Es ist warm geworden.«

Der Speisesaal lag kühl und leer unter einer weißgeschwungenen Decke. Auf Forels Wink eilte ein Küchenjunge herbei, der Mentona Traubensaft einschenkte. »Klar, ohne Alkohol!«, sagte Forel lachend. »Du weißt ja, ich konnte deine Mama bekehren, das war Schwerstarbeit! Die Freiherrin weiß genau, was sie will! Doch wem sage ich das, auch du scheinst mir eigenwillig zu sein! Gut so. Auch dein Papa ist ja mit Erfolg eigene Wege gegangen. Ein Moserkopf, wie man in Schaffhausen respektvoll sagte ...«

Nach der Rückkehr auf die Au fragte die Mama Mentona über die Begegnung mit Forel aus. Stirnrunzelnd hörte sie die Geschichte von der Kopulierung der Flugameisen. War sie sich im Klaren, dass Mentona noch nicht aufgeklärt war? Jetzt schaute sie die Tochter nur fragend an: »War das alles? Er hat dich wohl auch ein bisschen zurechtgewiesen?« –

»Geh nur deine eigenen Wege, Mentona«, hat er zu mir gesagt. »In eurer Familie hat das immer Erfolg gebracht.«

Unzufrieden über den milden Verlauf der Aktion schüttelte die Freiherrin ihren Kopf mit der hochaufgerichteten Frisur, senkte dann den Blick und putzte lange ihre Brille. Dann sagte sie: »Ab in dein Zimmer, Mentona, zur französischen Grammatik! Deine Leistungen sind alles andere als erfolgversprechend!«

EINE KINDHEIT, VON GEHEIMNISSEN UMWITTERT

Mentona hatte Mühe, das von der Lehrerin Vermittelte im Gedächtnis zu behalten, wohl eine Folge der frühen Kinderlähmung, hatte der Hausarzt, Dr. Felix, vermutet. Gestern hatte die Mutter das Heft mit den Französischsätzen inspiziert, am Rand die roten Striche gesehen und am Ende der Arbeit das von der Lehrerin rot hingeschriebene Wort ›ungenügend!‹. In Wut geraten, rief sie: »Dafür gebe ich Geld aus, meine Töchter zu unterrichten! Du bist träge, Mentona!« Sie holte die Rute, die immer in einem Wasserglas auf ihrem Toilettentisch steckte, »damit sie besser zieht«. Mentona bückte sich in Erwartung der Schläge. Die Mutter fitzte damit über Rücken und Arme der Tochter, der brennende Schmerz ließ die Geschlagene schreien. Am andern Tag zog Mentona aus Scham eine Jacke an, denn in ihrem ärmellosen Sommerkleid konnte man die Striemen und blauen Flecke sehen, auch beide Hände blieben hoch geschwollen.

Nie sah ich Mamas Blick liebevoll auf mich gerichtet, berichtete Mentona später. Sie sollte Mamas Vorstellung zufolge hübscher sein, auch größer gewachsen.

Fanny war nicht nur ihrem Charakter nach, sondern auch äußerlich mehr zur Zufriedenheit der Mutter geraten.

Die jüngere Tochter war nach der Kinderlähmung nur wenig gewachsen, nun brachte Frau Moser die Vierzehnjährige zu einem Spezialarzt in Zürich mit der Anweisung, mit ihr Streckübungen zu machen.

Doch mit fünfzehn wurde Mentona ganz von allein größer.

Als ihr Körper zusätzlich da und dort Rundungen bekam, erschrak sie vor ihrem Spiegelbild, sie wollte ein Kind bleiben, bestand weiterhin auf bunten kurzen Röcken.

Der Alltag der beiden heranwachsenden Töchter blieb gepflastert mit mütterlichen Belehrungen.

Vor den Mahlzeiten hatten alle, auch die Gäste des Hauses, stehend zu warten, bis die Schlossherrin auf ihrem hochlehnigen Stuhl von der Zofe an den Tisch geschoben wurde. Frau Moser hatte dieses Zeremoniell in Russland in vornehmen Häusern kennengelernt, als sie mit ihrem Mann das Land seiner Erfolge bereist hatte. Tischgespräche wurden nur auf Französisch oder Englisch geduldet. Nach Tisch mussten die Mädchen aufstehen und der Mama jedes Mal die Hand geben mit dem Satz: »*Merci, Maman, pour le bon repas!*«

Fanny knickste dabei wie vorgeschrieben, grinste aber hinter der Tür der Schwester zu: »Der Gemüseauflauf war doch eine Katastrophe, nicht wahr?«

Das Leben kam Mentona verlogen vor, sie wollte lieber draußen bei den Vögeln und Fröschen sein, bei Blumen und Kraut. »Du steckst immer nur draußen, Mentona, warum?«

»Ach, Mama, jetzt ist es wunderschön am Teich, weißt du das? In der Sumpfwiese, wo die gelben Schwertlilien blühen, haben sich heute Morgen auf ihren hohen Stengeln auch die blauen geöffnet, die mit dem tiefen violetten Schlund! Zwischen den Halmen jetzt auch rosa Mehlprimeln und kleine Lilien ...«

An einem Abend, auf der Bank neben den Säulen, um die sich Weinlaub wand, wollte Mentona von ihrer Schwester wissen: »Warum bin ich denn auf der Welt? Hat mein Vater für seine russischen Uhrenfabriken nicht statt meiner einen Jungen erwartet? Stimmt es, dass er sterben musste, als ich zur Welt kam?«

Fanny schwieg. Sie legte ihre Hand wie schützend über den Handrücken der kleinen Schwester, und beide blickten eine Weile dem mäandernden Flug der Fledermäuse nach. Dann flüsterte sie der Jüngeren ins Ohr: »Oh, Mentona, weißt du, wie froh ich bin, dass es dich gibt! Stell dir vor, ich wäre mit Mama ganz allein in dem alten Spukschloss ...«

»Ja«, seufzte Mentona, »alles ist mir so rätselhaft. Und Mama schweigt ...«

»Geduld, meine Kleine, wir schaffen es noch, hinter die Geheimnisse der Erwachsenen zu kommen. Jedenfalls war unser Vater glücklich in seinem letzten Sommer in Frankreich, in Menton. Deshalb dein Name Mentona ... Viel Zeit ist unseren Eltern in ihrer nur dreieinhalb Jahre dauernden Ehe nicht geblieben, glücklich zu sein ... Er ist in Badenweiler gestorben, dort im Arzthaus, in dem du geboren bist ...«

Bilder stiegen in Mentona auf.

Sie waren im Frühsommer für einen kurzen Besuch in Badenweiler gewesen. Der alt gewordene, liebenswürdige

Hofrat und Arzt, den sie in der Familie nur ›Hoferli‹ nannten und dem das stattliche Haus gehörte, hatte sich gefreut, die nun größeren Moser-Töchter zu sehen. Die Mutter, die mit dem Kutscher August noch Einkäufe im Ort machte, war noch nicht eingetroffen, und ›Hoferli‹ zeigte auf Fannys Wunsch nochmals den Raum, in dem Mentona zur Welt gekommen war, nebenan das Sterbezimmer des Vaters.

»Dieser 19. Oktober 1874«, murmelte der alte Arzt, »auch für mich unvergesslich: Hier das Stöhnen meines Patienten, des genialen Heinrich Moser, erst achtundsechzig Jahre alt, seiner kräftigen Art nach hätte ich ihm noch viele Jahre gegeben. Drüben die Gebärende, dreiundvierzig Jahre jünger. Ihr zweites Kind eine Frühgeburt, klein, runzlig, die Hebamme war nicht sicher, ob das Frühchen den ersten Monat überstehen würde ... Ich kämpfte also um zwei Leben. Doch es schien, als habe das alte Leben dem neuen den Vortritt gelassen, trotz aller ärztlichen Bemühungen starb euer Vater vier Tage später, am 23. Oktober 1874.«

Es war ein warmer Junitag, in Badenweiler brachte die Haushälterin den Töchtern kalten Tee und Mandelkuchen, der Arzt, der sich den Schweiß von der Stirn wischte, setzte sich mit einem Glas gespritzten Weißwein zu den Mosermädchen in den Schatten der Terrasse.

Fanny wagte die Frage, ob der Hofrat denn auch Vaters erste Frau gekannt habe?

»Ja, die Charlotte.« Der Arzt lächelte vor sich hin: »Sie stammte aus St. Petersburg, eine stille, schöne Frau. Euer Vater hat damals nach seiner Rückkehr aus Russland in Schaffhausen ein Schloss für sie bauen lassen, Charlottenfels. Ein schattiger Platz zwar, doch von der Stadt aus überall gut sichtbar, als wollte der Bauherr zu bedeuten geben: Seht her, ihr Schaffhauser, zu was es euer Moser in der Welt gebracht hat, ihr habt ihm ja das Amt des Stadt-Uhrmachers verweigert!

Ein paar Tage, bevor Charlotte das für sie errichtete Schloss beziehen konnte, war sie in ihrer Familienkutsche verunglückt. Der beigezogene Arzt hatte die Thrombose nicht erkannt, und sie erlag ihren inneren Verletzungen.«

Mentona, bestürzt von dem Unglück, das über Charlotte gekommen war, schwieg.

Doch Fanny drängte: »Und? Wann kam unsere Mutter?«

»So schnell ging das nicht«, sagte der Hofrat. »Heinrich Moser lebte einige Jahre danach nur noch für seine zahlreichen Unternehmungen. Er war erfindungsreich! In Schaffhausen ist es ihm gelungen, durch einen Kanal, der das Rheinwasser staut, die wirtschaftlichen Zweige seiner Heimatstadt zu beleben. Doch dann«, der alte Hofrat lächelte, »sollte eine Zugreise sein Leben verändern ...

Ihm gegenüber im Coupé saß eine junge Frau, sie hatte auf der steilen Treppe hinauf zum Waggon einen Fehltritt getan und ihre Brille war zu Bruch gegangen. Moser kam mit ihr ins Gespräch. Ihr Blick, jetzt ohne Sehhilfe, gab ihrem Gesichtsausdruck etwas Hilfloses und Rührendes. Mit unsicheren Zwinkerblicken öffnete sie ihre Reisetasche, suchte nach einem Taschentuch. Sie war unverheiratet, reiste allein, obwohl, wie ihr Mädchen natürlich wisst, sie aus bester Winterthurer Familie stammte. Heinrich Moser war überzeugt, dass dieses reizende junge Wesen den Schutz und die Hilfe eines erfahrenen Mannes nötig hatte. Die Begegnung ging ihm nicht mehr aus dem Sinn; kurze Zeit darauf bat er um die Hand der jungen Frau. Die Eltern Sulzer waren gegen eine solche Verbindung, erwähnten den Altersunterschied, ihre Tochter Fanny war erst zweiundzwanzig, der Freier fünfundsechzig. Doch ein Moser fragt nicht lange, gegen allen Widerstand wurde geheiratet.«

Jetzt entstand im Haus des Arztes plötzlich Unruhe, die Mama war von ihren Einkäufen zurückgekommen, sie öffnete Tüten und Pakete, um ihren Töchtern die erstandenen Dinge zu zeigen. Aus der Küche wurde Kaffee gebracht, die Freiherrin hatte oben an der Schmalseite des Tisches Platz genommen. Unter ihren strengen Augen wechselte der Hofrat, dies zum Bedauern der beiden Mädchen, das Thema.

IHR SEID DOCH EINE GROSSE FAMILIE, SAGTE SIGMUND FREUD

Dass es in Schaffhausen schon Erben aus Mosers erster Ehe gab, vier Töchter und den Sohn Henri, alle fünf älter als Mosers zweite Frau, hatte der Hofrat nicht erwähnt. Auch hatte es die Freiherrin ihren Töchtern bisher verschwiegen.

Eine Reise nach Wien sollte Licht in dieses Geheimnis bringen.

Fanny, die inzwischen zu einem hübschen jungen Mädchen herangewachsen war, hatte ihre Mutter zu einer Konsultation bei dem schon berühmten Psychiater Sigmund Freud zu begleiten. Der Arzt an der Berggasse war damals noch jung und wirkte ein bisschen unsicher, ein schmaler Mensch mit rabenschwarzem Haar und eindringlich blickenden dunklen Augen. Das Gespräch mit der Mutter zog sich über drei Tage hin, am dritten Tag wurde Fanny von der Praxishilfe aus der kleinen Bibliothek mit den Bildbänden über Wien weggeholt: »Der Arzt möchte noch mit Ihnen, dem Fräulein Tochter, sprechen, die Freiherrin Moser hat er zur Entspannung in das nahe Kaffeehaus geschickt.«

In seinem mit orientalischen Teppichen ausgelegten, jeden Schall dämpfenden Sprechzimmer fragte Freud die Sechzehnjährige: »Stimmt es, was Ihre Mutter mir berichtet, Sie leiden unter Periodenschmerzen?« Fanny nickte. »Wenn Ihre Mama, wohl in Ihrer Begleitung, bald wieder nach Wien kommt zur Weiterführung der begonnenen Therapie, werde ich Sie zu einer Untersuchung bei einem befreundeten Gynäkologen schicken.

Nun aber sagen Sie mir: Sind Sie oft traurig?« Das Mädchen nickte. »Es wird mir oft fade und einsam auf der Au: Allein mit Mutter und meiner jüngeren Schwester in dem weitläufigen Schloss! Ich stelle mir vor, es wäre schöner, in einer großen Familie zu leben ...«

Freud stutzte. Dann stand er von seinem Stuhl auf, ging mit ein paar energischen Schritten hinüber zum Fenster und sagte, mit dem Blick hinunter auf die Blumenrabatten: »Aber Fanny, Ihr seid doch eine große Familie! Ihr habt doch Kontakt mit den Halbgeschwistern in Schaffhausen, dem Sohn Henri auf Charlottenfels und seinen vier Schwestern aus der ersten Ehe des Vaters?«

»Halbgeschwister?« Fanny staunte. »Davon habe ich noch nie gehört.«

»Nun, die Mutter hat Ihnen das wohl verheimlicht ...«

»Verheimlicht? Warum?«

»Erbgeschichten. Das Geld, das Geld! Es bringt Familien durcheinander.«

Der Arzt kehrte an seinen Tisch zurück, schrieb etwas in sein Notizbuch. Blickte dann über den Rand seiner Brille und sagte: »Bitten Sie Ihre Mutter, Sie darüber aufzuklären! Sie haben ein Recht darauf.«

Eine Woche später, auf Druck des Psychiaters Freud, gestand die Freiherrin ihren Töchtern die Existenz der Halbgeschwister.

Doch über eine Erbgeschichte verlor sie kein Wort.

An Frühsommerabenden auf der Au saßen die Töchter am liebsten unter den von Weinlaub umsponnenen Säulen der Vorhalle.

»In Wien bin ich aus allen Wolken gefallen«, sagte Fanny zu ihrer Schwester. »Stell dir vor, wir haben fünf Halbgeschwister!«

»Tatsächlich? Wie schön!«, rief Mentona überrascht. »Wo sind sie?«

»In Schaffhausen.«

»Dann können wir doch hinfahren und sie besuchen?«

»Mentona, du stellst dir das zu einfach vor! Angenommen, wir reisten hin und gingen dort durch die Straßen, so würden uns diese Halbgeschwister nicht erkennen, alle sind ja mehr als zwanzig Jahre älter als wir, Herren mit Bärten und Damen mit toupierten Köpfen! Keiner dreht den Kopf nach uns …«

»Und das in der Vaterstadt der Moser?«

Fanny nickte. »Nicht mal unser Vater, käme er aus seinem Grab, würde uns, seine Kinder, wiedererkennen! Wir waren zu klein, als er starb …«

»So gehören wir beide also nirgends hin?«

»So ist es.«

Mentona überlegte: »Vielleicht kommen die Halbgeschwister zu uns, und wir lernen uns kennen?«

Fanny schüttelte den Kopf: »Von unserer Mutter wollen sie nichts hören. Erbgeschichten, weißt du!«

»Bist du sicher, Fanny?«

Fanny nickte. »›Hoferli‹ aus Badenweiler hat kürzlich der Mama einen Besuch gemacht. Als sie ins Haus gerufen wurde, konnte ich eine Weile allein mit ihm reden, ich wollte wissen, weshalb die Halbgeschwister uns meiden. Zuerst war er erschrocken über das wohl verbotene Thema, dann hat er gestanden, es gebe Geldprobleme: ›Eure Halbgeschwister haben nach dem Tod ihrer Mutter Charlotte – ihrer Meinung nach – nur eine bescheidene Abfindung erhalten. Und nun, nach dem Tod des vermögenden Vaters, sind sie – ihrer Meinung nach – leer ausgegangen!‹«

Die auffallend weisse Nase des Toten

In Schaffhausen wusste man über diese Erbgeschichte Genaueres. Man sprach es dort direkt und wenig diplomatisch aus: »Die Kinder aus der ersten Moser-Ehe sind um riesige Summen geprellt worden!«

Dieses Gerücht hatte sich mit der Geschwindigkeit einer Giftwolke verbreitet, es schwappte hinüber nach Deutschland und Frankreich, auch in Russland, wo Mosers Betriebe noch funktionierten, las man in der Skandalpresse davon.

Die Töchter auf der Au, weiterhin in Unkenntnis gelassen, konnten abends auf einem der Holztische hinter dem Schloss einen Zeitungsartikel über die Erbaffäre finden, hatte jemand ihn absichtlich zu ihrer Aufklärung liegengelassen?

Jedenfalls schien die halbe Welt über Dinge, die ihnen verheimlicht wurden, im Bild zu sein. Auch aus den Gesprächen der sonntäglichen Besucher schnappten die Mädchen Wörter auf: Vergiftung, Tod, Erbbetrug.

Fanny, mit ihrem Spürsinn für die Dinge, die sich in den Köpfen ihrer Umgebung abspielten, hatte sich die Ereignisse zusammengereimt:

»Mit deiner Geburt, Mentona, hat alles seinen Anfang genommen... Der alte Pfleger, der allein Zugang hatte zu Vaters Sterbezimmer, hat auf Druck eines Journalisten ausgesagt, die Wöchnerin sei, obwohl es ihr verboten war, mit dem Neugeborenen im Arm in das Zimmer des Kranken eingedrungen. Hat sie vielleicht dem Sterbenden das neue Kind als Junge ausgegeben, um an die russischen Fabriken zu kommen?« Tatsache jedenfalls: Im Testament des Verstorbenen figuriert die zweite Ehefrau als alleinige Erbin der russischen Fabriken und des beträchtlichen Vermögens.

Bei den Kindern aus erster Ehe war noch ein anderer Verdacht aufgekommen. Der einzige männliche Erbe, Sohn aus erster Ehe, Henri Moser aus Schaffhausen, wohnhaft auf Schloss Charlottenfels, hatte vernommen, sein Vater liege im Sterben. Er reiste sofort nach Badenweiler, doch die zweite Ehefrau verweigerte ihm vehement den Zugang zum Sterbezimmer: »Eine Aufregung mehr, und er ist tot.«

Noch am selben Abend starb Heinrich Moser, ohne seinen Sohn gesehen zu haben, die Todesnachricht erreichte Henri im Gasthof. Am anderen Morgen wurde Henri vom Arzt und Hofrat Hofer empfangen und in das Zimmer des Verstorbenen geführt. Allein gelassen im Zimmer, blickte Henri erschüttert auf den toten Vater, entschuldigte sich stumm noch einmal für die großen Differenzen und Revolten in der Jugendzeit, meist war es um die Fabriken in Russland gegangen. Später hatten sich Vater und Sohn wieder versöhnt bis zu jenem unglücklichen Tag, als Heinrich Moser seine Heirat mit einer dreiundvierzig Jahre jüngeren Frau ankündigte. Die vier Schwestern und Sohn Henri, alles Kinder der St. Petersburgerin Charlotte, fühlten sich auf die Seite geschoben.

Nun lag der willensstarke Mann starr auf seinem Bett, Henri betrachtete das knochige Gesicht, die abstehenden Ohren, die starke Mosernase ... Im Nachhinein wird er sich an die auffallend weiße Nase des Toten erinnern, auch an die seltsame Unordnung im Sterbezimmer, zu dem ein alter Pfleger allein Zugang gehabt hatte. Henri nahm auch unter den auf einem Gestell befindlichen Medikamenten ein dunkles Fläschchen mit Rattengift wahr ...

Das Testament, in das er noch in Badenweiler durch einen Rechtsanwalt Einsicht erhielt, lautete wie befürchtet: Das riesige russische Vermögen fiel vollumfänglich an die junge Witwe, auch die noch funktionierenden Uhrenfabriken in Russland, in denen Henri eine Zeitlang gearbeitet hatte.

Die Kinder aus erster Ehe berieten sich, Henri erwähnte die auffällig weiße Nase des Vaters. Sie forderten die Exhumierung der Leiche. Der anschließende Prozess, der in der Schweiz, in Deutschland und Russland geführt wurde, verlief im Sand, die wichtigsten Akten blieben verschwunden. Um die Todesursache festzustellen, hatte man das Gehirn des Vaters einem bedeutenden Chemiker zugeschickt, doch auf der langen Reise ging das wertvolle Präparat, das Moserhirn, zugrunde.

Mentona dachte im Laufe der Zeit noch viel über diese Geschichte nach.

Später, in einem ihrer Notizbücher bemerkt sie: *So erhielt meine Mutter, wonach sie gestrebt hatte, die Fabriken in Russland und den größten Teil des riesigen Vermögens.*

»DIE GEHEIMSTEN WÜNSCHE LIEGEN UNGEFILTERT IN UNS«

Hatte Sigmund Freud zu der Patientin Moser gesagt. »Sie drängen unzensiert aus unserem ›Es‹. Einmal losgelassen, gebären sie neue Wünsche, sie wachsen, uns terrorisierend, ins Unersättliche.«

Die Freifrau saß bei Einbruch der Dämmerung am Lesetischchen in der Halle des Schlosses. Draußen vor dem Fenster lag die Dämmerung weich auf den Ästen der Zedern, die Zofe hatte die Tischlampe angezündet und sich dann auf Befehl ihrer Herrin zurückgezogen. Bis auf das gelegentliche Knacken des alten Holzes oben auf der Galerie, wo die Lotterbetten der Drumonds gelegen hatten, blieb es still. Nur in der Nische beim Treppenaufgang glimmten die grünlichen Glasaugen des Königstigers als letzter Gruß aus Drumonds Indienzeit.

Frau Moser beugte sich über einen Zeitungsbericht, er war den neuesten Methoden des von ihr geschätzten Wiener Psychiaters Sigmund Freud gewidmet. Nebenan, aus einem braunen Oval, blickte das Porträt des jungen Arztes. Es schien der Freiherrin, die dunklen Augen seien jetzt fragend auf sie gerichtet, und sie entschloss sich, den Kontakt mit ihrem früheren Arzt wiederaufzunehmen. Sie klingelte, ließ sich von der Zofe weißes Papier mit Büttenrand bringen. Unter den goldgedruckten Lettern der Schlossadresse bat die Schreiberin in markanter Handschrift höflich um eine längere Visitation auf Schloss Au: Sie wolle sich mit ihren psychischen Leiden dem Seelenarzt erneut anvertrauen. Verspreche sich Erfolg vom Einsatz seiner neuesten Hypnosetherapie.

Mit ihrem Vermögen standen Frau Moser eine unbegrenzte Auswahl von Ärzten und Therapien zur Verfügung, so drückte ein Heiler dem andern die Klinke in die Hand: Dr. Felix empfahl seinen früheren Mitstudenten Auguste Forel. Forel empfahl den Burghölzli-Therapeuten Josef Breuer. Breuer empfahl seinen Mitarbeiter Sigmund Freud. Freud empfahl den Hypnosearzt Otto Wetterstrand in Kopenhagen, der wiederum rühmte die Kaltwasseranstalt in Wiesbaden ...

Unter den Therapien und Zuwendungen nahmen die psychischen Besonderheiten der Freiherrin jedoch nicht ab, im Gegenteil, sie gediehen wie die seltenen Pflanzen im Augarten während des Frühlingsregens.

Der junge Gärtner Hesse, aus Erfurt stammend, war auf seiner Gesellenwanderung am Ufer des Zürichsees hängengeblieben und bei der Freiherrin Moser von Sulzer-Wart in Dienst getreten. Die gesamten Parkanlagen hatte er in verwahrlostem Zustand vorgefunden, Hesse vermutete, dem seltsamen Drumond sei das Geld ausgegangen und seine Töchter hätten jeden Tag versucht, im Binnensee Fische zu fangen, die Pflanzen habe man verwildern lassen.

Hesse, seit zwei Jahren verheiratet, hielt nicht nur Wege und Rabatten im Schlosspark in bester Ordnung, in seiner

Freizeit legte er ein Rondell an mit Seltsamkeiten, auch fleischfressender Sonnentau war darunter. Er tat es aus Liebhaberei, da er die vielfältige Flora und Fauna der Halbinsel bewunderte, und nicht des Lohnes wegen, obwohl die Löhne der Angestellten im Dienst der Freiherrin ohnehin schmächtig waren.

»Ihr solltet um bessere Entlohnung kämpfen«, hatte ihm die Köchin Friederike zugerufen, als sie ihren roten Schopf aus dem Küchenfenster streckte und den jungen Hesse bei strenger Arbeit sah: »Ihr wohnt ja jetzt mit Frau und Kind in einem der Reihenhäuschen am Rand der Insel, Eigentum der Schlossherrin! Ihr müsst dafür gewiss tüchtig Zins zahlen?«

Der Gärtner Hesse ließ den Spaten ruhen, blickte zu der Köchin auf, er wischte sich den Schweiß von der Stirn und seufzte.

»Im Reich der Moser wird überall geknausert!«, schimpfte Friederike.

Und sie begann zu schildern: Am Morgen stelle sie am Küchentisch mit der Freiherrin das Tagesmenü zusammen, dann müsse eine der Töchter den Schlüssel holen und den stets verschlossenen Schrank mit den Lebensmitteln öffnen: Butter und Mehl abwägen, Fleisch, Eier und Teigwaren bereitstellen. Die Zuckerwürfel würden einzeln abgezählt, Kaffee vom besseren gäbe es nur für die Herrschaften, für die Angestellten sei die mindere Qualität gut genug! »Für die zahlenden Schlossgäste werden die Portionen noch reichlich bemessen«, fügte sie hinzu, »schließlich darf die Gnädige ihren Ruf nicht verlieren! Doch für den täglichen Bedarf der eigenen Leute und für die Bediensteten hält man die Mahlzeiten knapp! Dabei hat es sich herumgesprochen: Seit dem Tod ihres Gatten ist Frau Moser Sulzer-Wart eine der reichsten Frauen Europas!«

König Midas wählte den Goldzauber

Die sechzehnjährige Fanny, bis jetzt ausschließlich von der Hauslehrerin Schall unterrichtet, bekam zusätzlich einen Privatlehrer. Der junge Lehrer aus Wädenswil hieß Vitus Kohler, er las viel, war ein angehender Dichter und Liebhaber alter Mythen.

Eines Tages erzählte er von König Midas von Phrygien: »Also Fanny, das war so: Der König sollte einen Wunsch freihaben. Er konnte wählen zwischen dem Land der ewigen Zufriedenheit und dem Goldzauber: Alles, was man berührt, wird zu dem kostbaren Metall!

Midas überlegte nicht lange, er wählte das Gold.

Nun stell dir vor: Alles wurde zu Metall: sein Palast, seine Diener, ja selbst sein geliebtes Kind! Und da auch die Speisen verwandelt wurden, verhungerte Midas mitsamt seiner schönen Tochter.«

Das unglaublich viele Geld, das Frau Moser geerbt hatte, war eine vielziffrige Zahl, der Geldverwalter musste sie mehrmals auf einen Zettel schreiben. Sie betrachtete lange die schlangenartige Ziffer, ergötzte sich an den zahllosen Nullen am Schluss, als hätte das Reptil Eier gelegt.

»Warum ist die Zahl mit den vielen Ziffern jedes Mal eine andere?«, fragte die Erbin misstrauisch. Der Geldverwalter lachte. »Ein Vermögen ist ein lebendiger Organismus, gnädige Frau, täglich nimmt es der Zinsen wegen zu, eine Geldsumme, wenn sie schön in Ruhe gelassen wird, wächst und wächst!«

»Nun, ich hätte gerne mein Erbe einmal physisch vor mir gesehen«, sagte die junge Witwe: »Türme von Geldscheinen und Haufen von Goldmünzen, die meine Hände berühren können!«

Der junge Geldverwalter machte sich ein bisschen lustig über ihren Wunsch: »Wäre das machbar, gnädige Frau, würde das Geld das halbe Zimmer füllen! Aber der Großteil des Geldes liegt nicht in Bargeld vor, sondern in Pfandbriefen, in Moskau auf der Bank im Schutz des Zaren, vieles auch auf der Bank in Berlin, für die der Deutsche Kaiser bürgt. Doch ich kann Sie beruhigen, allein die Summe, die in unserer Bank in Zürich liegt, dürfte für Ihr ganzes Leben reichen, auch wenn Sie hundertzwanzig Jahre alt werden!«

Sie war also wirklich reich.

Reicher noch, als sie angenommen hatte.

»Die gnädige Frau ist neben den gekrönten Häuptern die reichste Frau in Europa«, sagte der Geldverwalter.

Was hatte sie davon? Nun, sie wohnte in einem Schloss mit vielen Angestellten, sie machte Reisen. Und sie forderte, obschon sie das Geld nicht selbst erarbeitet hatte, für ihren Reichtum Respekt und Anerkennung! Vor allem legte sie Wert darauf, vom Adel geschätzt und als seinesgleichen gewürdigt zu werden!

Doch die Schweiz war hoffnungslos demokratisch, das hatte auch ihr Großvater, der adelig gewordene Salzhändler auf seinem Schloss Wart empfunden, und so hatte er im hohen Alter jenseits der Grenze in Konstanz gewohnt! »Keiner darf im Schweizerischen sich trauen, den Kopf höher zu recken, alle müssen gleich sein, bis auf die wirklich Reichen, die etwas gleicher sind!«, pflegte er zu sagen. »Freiherren und Barone kennt man nicht!«

Frau Moser hatte es als junge Witwe daher vorgezogen, solange die Mädchen noch klein waren, die Winter in Karlsruhe, einer kleinen Residenzstadt, zu verbringen.

Die peinlich sauber gehaltenen Straßen von Karlsruhe legten sich fächerförmig um die herzogliche Residenz.

Dieses Schloss, Mittelpunkt der Stadt, war auch Mittelpunkt von Freiherrin Mosers gesellschaftlichen Ambitionen.

Auf Spaziergängen, wenn die großherzogliche Kalesche nahte, mussten die Kinder auf Mamas Wink in einen tiefen Hofknicks fallen. Kam eine Truppe von farbiggekleideten Husaren, drückte man sich schnell zur Seite, um ihnen die gesamte Straße zu überlassen.

Die junge Witwe tat alles, um in den Adelskreisen Prestige zu erringen, so ließ sie sich in Karlsruhe von Architekten eine weiße Villa bauen. Offiziere, zu denen ihr Verwandter Onkel Max aus der Winterthurer Sulzer-Familie gehörte, wurden in der weißen Villa zu Bällen eingeladen, in der Stadt tuschelte man über Luxus und opulente Gelage. Das wiederum kam in Karlsruhe schlecht an, die Großherzogin zeigte sich am Hof bewusst einfach, ja puritanisch, Gerüchte über die Mosersche Erbgeschichte waren dem gesellschaftlichen Erfolg der Freiherrin nicht förderlich.

Die Freiherrin merkte das und versuchte zunächst mit Wohltätigkeitsabenden, die Sympathie der Großherzogin zu erwecken.

In einem der herzoglichen Räume gruppierte sich die Weiblichkeit um die Salontische, und während eine der Hofschauspielerinnen aus einem erbaulichen Buch vorlas, häkelten, strickten, klöppelten die Damen. Die Deckchen, Täschchen, Spitzenkragen wurden später auf einem Bazar verkauft. Der Erlös ging an Bedürftige, und die Großherzogin, die sich sonst selten in der Öffentlichkeit zeigte, ging persönlich an den Verkaufsständen entlang, blieb da und dort stehen, lobte diese oder jene Arbeit, und man wetteiferte, von der großen Dame eine Anerkennung oder wenigstens ein Lächeln zu erringen.

Da die Freiherrin Moser für solche Handarbeiten unbegabt war, vielleicht auch ihrer schwachen Augen wegen, gab sie unter dem Siegel strengster Verschwiegenheit gegen gute Bezahlung Stickereien und Strickarbeiten nach auswärts. Eine Strategie, die Erfolg brachte.

Am Bazar fanden ihre Arbeiten, vor allem die rauchblauen Spitzenkragen mit den spinnwebfeinen Blumenranken, große Beachtung. Die Großherzogin nahm sie in die Hand, hielt sie gegen das Lampenlicht, lobte die Genauigkeit und den guten Geschmack in der Auswahl der Materialien.

HIGH TEA IN KARLSRUHE – HAT DENN DAS KIND KEINEN CHRISTLICHEN NAMEN?

Jetzt konnte sie die vornehmsten der Damen in die wolkenhaft weiße Villa zum englischen High Tea einladen. Im Vorfeld hatte sich die Freiherrin sorgfältig vergewissert, dass alle Eingeladenen zum Adel gehörten und Zugang hatten zu den Hofanlässen.

Die Kinder Fanny und Mentona, die zu Beginn der Teezeremonie anwesend sein mussten, fürchteten und hassten diese Visiten.

Sauber und hübsch hergerichtet sollten sie die Damen mit einem Knicks begrüßen, auf Fragen hatten sie deutlich zu antworten. Was der Größeren allmählich gelang, war für die damals erst vierjährige Mentona eine grausame Zeremonie.

Bereits ihr Name wurde zum Stolperstein.

»Wie bitte ist dein Name, Kind?«, fragte eine Dame mit Goldrandbrille auf dem gepuderten Nasenrücken.

»Men-to-na …«

Der kleine Mund entließ das Wort ganz leise, das Kindergesicht wurde erst blass, dann rot.

»Nochmals, Kleine…«

»Men … to …«

Die Lippen des Kindes wanden sich, als wollten sie sich zu einem Weinen verziehen, der Name tönte jetzt erbärmlich zerknautscht. Und schon begann Mentonas Nase zu laufen.

Die vornehmen Damen hinter den englischen Teetassen stießen sich mit den Ellbogen an, versteckten ein hämisches Lachen hinter der hohlen Hand.

Die Gastgeberin eilte herbei, hielt dem Kind ein Spitzentaschentuch vor, hieß es schneuzen. »Ja, der Name ist ungewohnt«, entschuldigte sich die Mutter. »Er ist der elterlichen Phantasie entsprungen, haben mein Gatte und ich doch den letzten, sehr glücklichen Sommer im französischen Menton verbracht … Doch das Kind, leider ein verdrücktes Persönchen, spricht wohl aus Scham so undeutlich.«

»Hat Ihr Pfarrer bei der Taufe dem Kind denn nicht einen zweiten, christlichen Namen gegeben?«, wollte die Gattin des Schlosspfarrers wissen.

»Oh, doch.«
»Und welchen?«
»Luise.«

Endlich kam sie, die ersehnte Einladungskarte zu einem der Hofereignisse.

Als Gegenstand der Verehrung lag sie tagelang gut sichtbar auf der Anrichte. Nahte das Ereignis, sahen die Kinder tagsüber die Mutter in Vorbereitung, abends drehte sie sich in einer neuen, knöchellangen Robe vor dem Wandspiegel, um den Hals und um die Handgelenke hochkarätiger Schmuck, den man an ihr noch nie gesehen hatte.

Der einzige Besucher, der auch die Kinder erfreute, war der alte Arzt und Hofrat aus Badenweiler. Im Winter weilte er oft in Karlsruhe, und ›Hoferli‹, der die Kinder seines verstorbenen Patienten gerne hatte, traf sie auf dem Weihnachtsmarkt. Da war eine kleine Budenstadt, mit goldenem Flitter behangen, ein Marionettentheater, vor dem ein hölzerner Kaspar winkte, ein Flohzirkus … und über allem der Geruch nach Zuckerwaffeln, von denen Mentona nie genug essen konnte!

Der alte Arzt setzte sich mit den Kindern für eine Vorstellung im Kasperletheater auf die Holzbank, zum Abschied drückte er den Mädchen eine Tüte mit Süßigkeiten in die Hand.

Unterdessen hatte das Kindermädchen seine Freiheit genutzt und auf dem Markt mit Bekannten geschwatzt, so entging ihm Mentonas reichlicher Waffelkonsum. In der Folge, der Hofrat war schon bei einem Empfang im Schloss, begannen das Kind arge Bauchkrämpfe zu plagen. Heimgekehrt, eilte es zur Mutter, die selbst leidend auf einer Chaiselongue lag, klagend zeigte es auf seinen schmerzenden Bauch. Doch die Schmerzen der Freiherrin hatten Vorrang. »Weg mit dir«, schalt Mamas Zofe und zerrte die kleine Mentona an ihren Ärmchen weg: »Sei nicht so laut, pfui, so viel Süßes! Wer nicht lernen will, muss eben fühlen!«

Sie scheuchte das Kind aus dem Zimmer, holte eine neue Chloroform-Kompresse und presste sie der Freiherrin auf die Stirn.

MINNIE, SOLL MAN AUCH DINGE VERSCHENKEN, DIE MAN LIEBHAT?

Mentona hatte als Kind in der neuen großen Villa in Karlsruhe an Einsamkeit und Langeweile gelitten, da war noch kein alter Garten wie später auf der Au, mit Grotten, Vogelnestern und kleinen Tieren! Und die zwei Ponys, Mamas Weihnachtsgeschenk, standen bei einem Bauern im Pferdestall.

Doch das Glück kam nach einem Osterfest mit Minnie, einer neuen Kinderfrau aus England.

Sie war eine kleine, drahtige Person mit lebhaften veilchenblauen Augen und weißblonden Haaren, unten ausgelaugt hell wie die Fransen der Ponymähnen. Die Ponys waren denn auch Minnies Lieblinge. An jedem schönen Tag wurden die Tiere aus dem Stall geholt, klein und gutmütig, trugen sie die beiden Mädchen, damals zehn und acht Jahre alt, willig auf dem Rücken. Minnie lief mit einer weißen Gerte voraus. In einem der schönen Kieferwälder rund um Karlsruhe wurden entlang einer Mauer Walderdbeeren gesammelt, zwei geflochtene Körbchen voll. Dann zauberte Minnie süßen Tee und rote Zwergenmützen aus ihrem Rucksack und rief die Kinder mit Zwergennamen zum Beerenschnabulieren.

Kam es zu einem Regenguss, hüllte die Kinderfrau die Mädchen in die mitgebrachten Mäntel und Kapuzen, Minnie selbst hatte für sich nie einen Regenschutz dabei. Hörte es zu regnen auf, schüttelte sie einfach ihr zeltartiges dunkles Kleid und fuhr mit einem Pferdekamm durch ihr tropfendes weizenfarbenes Ponyhaar.

Gegen Abend, wenn die Schatten bedrohlich hart in die weißen Zimmer der Villa eindrangen, erzählte Minnie ihre Geschichten. Sie las nie etwas vor, alles war in ihrem Kopf auf Abruf. Es waren Märchen aus ihrer Heimat Wales oder Geschichten aus der Bibel, denn Minnie war fromm und glaubte an einen Jesus, der in erster Linie Pflanzen und Tiere liebte und dann, mit einigen Vorbehalten, auch die Menschen.

Das Englisch der Minnie waren die Kinder gewohnt, in den letzten drei Jahren sprachen die Kindermädchen Englisch, und Mentona konnte nie genug von diesen Minnie-Erzählungen hören. Minnie war auch Kindermädchen in einem vornehmen Viertel in London gewesen, abends spielten dort, so behauptete sie, Elfen im baumreichen Park Federball.

»London ist wohl zauberhaft«, seufzte Fanny, »im Sommer möchte ich mit Mama dorthin reisen!«

Darauf sagte Minnie schnell, wohl um die Begeisterung zu dämpfen: »Es leben aber in London auch ganz arme Kinder. Da gibt es Viertel mit engen Gassen, da wächst kein grüner Halm, die Häuschen haben kein Licht, die Kinder kaum etwas zu essen.«

»Und keine Spielsachen?«

»Nein.«

»Ich möchte ihnen etwas schicken, Minnie«, flüsterte Mentona, ihr Gesichtchen war ganz weiß vor Aufregung. »Kann man das?«

»Ja, Pastor Blackbird in der Londoner Pfarrei, bei dem ich Kindermädchen war, macht Sammlungen für arme Kinder.«

Schon am selben Abend untersuchte Mentona ihre Schätze und packte einige ihrer Spielsachen in eine große Schachtel. Lange hielt sie ihr Lieblingstier in der Hand: ein Plüschpony, klein, aber wie lebensecht, ihrem eigenen Pony Smiley nachgebildet. Sie zögerte. Fragte dann, als Minnie ins Kinderzimmer trat: »Soll man auch etwas hergeben, was man sehr lieb hat?«

»Ja. Das wird für viele Jahre einem Kind ganz besondere Freude machen.«

Heimlich, hinter dem Rücken der Herrschaft, brachte Minnie in ihrer Freizeit das Paket zur Post und bezahlte das beträchtliche Porto aus ihrem kargen Gehalt.

Wenige Wochen später sah Mentona Minnie in der Schlosshalle weinen. Mama stand neben ihr und machte Vorwürfe. Das Kindermädchen tastete um Vergebung bittend nach der Hand ihrer Brotgeberin. Doch diese schob die Hand der Angestellten energisch weg.

Am folgenden Morgen weckte nicht Minnie, sondern Mama mit dem Frühstückstablett die Kinder.

»Minnie?«, fragte Mentona voll böser Ahnung.

»Sie ist weg. Auf dem Weg nach England.«

»Für immer fort?«

»Ja.«

Was hatte Minnie verbrochen? Eine Kleinigkeit wohl, dachte Mentona später.

Es genügte schon, dass sie die Liebe der Kinder wecken konnte, die Mutter reagierte stets mit Eifersucht. So war den Kindern auch jeglicher Verkehr mit dem Küchenpersonal verboten.

Mentona empfand große Zuneigung zu Friederike, der süddeutschen Köchin, die mit ihrer roten Haarkrone unter dem weißen Häubchen bei den Kochtöpfen wie eine Königin regierte und für den exzellenten Ruf der Küche verantwortlich war. Inmitten von Aufregung blieb sie der ruhige Pol, ein bisschen derb, immer guter Dinge. Ging im Haus der Freiherrin alles drunter und drüber, kamen die Gerichte trotzdem pünktlich auf den Tisch.

Nun, nach sieben Jahren Dienst wurde auch ihr wegen einer kleinen Unregelmäßigkeit gekündigt, sie tobte darauf hinter geschlossener Tür in ihrem Zimmer, sie tobte so lange, bis die Freiherrin den Arzt rief, der ließ die Tür aufbrechen. Die tobende Köchin, die die Welt nicht mehr verstand, wurde mit dem Krankenwagen abgeholt und in eine Nervenheilanstalt gebracht.

So gab es einen ständigen Wechsel der Angestellten in den Häusern der Freiherrin Moser Sulzer-Wart.

Am längsten blieb August, der Kutscher. Er war Herrscher der Pferde, saß in seiner blauen Uniform wie ein König auf dem Kutschbock, stark und zuverlässig – für die Herrin unentbehrlich. Nach zwanzig Jahren Dienst entließ ihn die Moser dennoch, in einer Laune: Er hatte beim großen Heueinkauf für den Winter, wie es bei Kutschern üblich war, ein Trinkgeld angenommen.

DIE MIGRÄNE
UND DIE KLEINEN FREIHEITEN

Später, als man auch im Winter auf Schloss Au blieb, stand der Vater in Form einer marmornen Büste im Kabinett der Mutter.

Die Mädchen standen ehrfurchtsvoll vor der Stele: »Erzähl von ihm, Mama!« Die Freiherrin seufzte: »Ach, ein hervorragender Geist! Was für eine Willenskraft! Die knochige starke Nase und die scharfblickenden blauen Augen verraten alles, ein Adlerkopf!«

»Wo hast du Papa kennengelernt?«

Und sie erzählte die Geschichte von der zufälligen Begegnung im Zug.

»Er hatte für mich kein Alter. Meine Brille war zwar entzwei, trotzdem sah ich genügend, um die Fotos aus Zentralasien zu betrachten, die er mir im Zug zeigte. Dann fing er an zu erzählen, keine weitschweifenden Schilderungen, eher knappe Berichte aus seinem Leben. Er lernte das Uhrenhandwerk in Le Locle, in der französischen Schweiz, wohnte sehr bescheiden in einem Dachzimmer, aß wenig, doch er arbeitete dort, wo die kostbarsten Uhrwerke gemacht wurden. So erschlich er sich die Geheimnisse der höchsten Uhrmacherkunst! Das Messen unserer vergänglichen Zeit war seine Leidenschaft, Russland sein Ziel.«

»Hat nicht der Zar selbst Papas Uhren getragen?«, warf Fanny ein.

»Ja, ich konnte es auf den Reisen mit eurem Papa selbst sehen. Alle die reichen Russen trugen seine Uhren! Die Großgrundbesitzer herrschen dort über riesige Ländereien, ein Heer von Untertanen bearbeitet die Felder. Zeit muss dort unter Kontrolle gelangen, Zeit ist Geld. Uhren mit der Marke Moser sind bis heute in ganz Russland bis an die Grenzen Asiens ein Begriff ...«

»Fanny, was weinst du?«, fragte die Mutter plötzlich erschrocken.

»Oh, Mama, warum musste Vater so früh sterben? Ich war doch noch klein, als er starb?«

»Du warst erst zwei. Ja, und du, Mentona ...«

Ihr Kopf fiel auf das Kissen: »Geht! Lasst mich allein, ich spüre meine Migräne kommen! Oh ... eine gleißende Welle. Sie rollt heran.«

Und plötzlich stieß Mama einen schrillen Laut aus, die Zofe stürzte herbei. Es war ein kurzer, dünner Schrei gewesen, und Mentona dachte: Möwen, wenn sie am vereisten Ufer hungrig sind, schreien so.

Die Migräne der Mutter verschaffte den Mädchen kleine Freiheiten.

Mentona verließ das Zimmer, holte ihre gefütterte Jacke, ging auf Zehenspitzen die Treppe hinauf zum Dachboden, wo sie heimlich Brot vom Esstisch verwahrte und weiße, im Herbst von den Schneeballbüschen gepflückte Beeren. Mama verbot, Essbares zu lagern, erwähnte Mäuse und Schaben, vor denen sie ein schlimmes Grausen empfand.

Zusammen mit Kernen und Nüssen, die Mentona von ihrem Taschengeld gekauft hatte, trug sie alles in die von Gärtner Hesse gezimmerten Vogelhäuschen.

Draußen schien eine bleiche Wintersonne, Fanny sah vom Fenster aus Mentona und eilte hinter ihr ins Freie. Sie wusste, wo die Schwester Zuflucht suchte: auf der Mauer beim Eichenwäldchen.

Wurde die jüngere Schwester neben Fanny still, dann schlossen sich ihre dichten Wimpern wie zugezogene Vorhänge über inneren Szenerien.

Fanny wusste, dass sie sich jetzt Geschichten ausdachte. Da war ein erfundener Papa Fred, dessen Freunde im Au-Schloss die Tiere waren. Und die Mutter Mary erzählte Märchen. War man hungrig, zauberte sie am Küchenherd wunderbare Gerichte, dafür hatte sie keine Zofe und keine Köchin nötig ...

Fanny stieß sie mit dem Ellbogen an: »Erzähl mir etwas, Mentona!«

Und Mentona, die jetzt die Augen öffnete: »Erzähl doch du mal, Fanny!«

Doch Fanny schüttelte den Kopf mit der klaren Stirn: »Nein, was du kannst, will mir nicht gelingen! Du kannst Geschichten träumen! Ich hingegen muss alles in klarem Licht sehen, mir geht es um Übersicht, ich will die Dinge einteilen und ordnen. Du aber wirst wohl eine Dichterin?«

»Ach wo. Es hapert doch an meiner Rechtschreibung.«

»Erinnerst du dich, was Frau Schall über die Verlage gesagt hat? Es gebe dort Korrektoren, sie lassen die Dichter schreiben, und wenn die Geschichte fertig ist, gehen sie durch den Wald der Buchstaben auf die Jagd nach Fehlern. Die Fehler dürfen die Korrektoren verbessern, doch Vorsicht, sie dürfen den Dichtern die Gespinste der Geschichten nicht zerreißen!«

Mentona lachte, diese Vorstellung machte sie glücklich.

Als das Geld heilige Stille gebot

Alle drei Wochen erschien auf dem Schloss der Vermögensverwalter aus Zürich. Er war gleichzeitig der Vormund der vaterlosen Töchter.

In dieser Eigenschaft verlangte er Schulhefte zu sehen und erteilte wie ein St. Nikolaus Lob oder Schelte. Doch eine Autorität war er für die Mädchen nicht, besonders Mentona fand ihn widerwärtig mit seinem Mund, der nur ein Strich war, mit Augen, die wohl immerfort auf Zahlen starrten, rund und lidlos. Auch standen seine fahlen Haare wie Igelstacheln vom Kopf ab.

Doch die Mama schien an diesem Geldverwalter, der wohl ein Stück jünger war, einen Narren gefressen zu haben! Auf Schloss Au gab er den Mündeln Ermahnungen, war das erledigt, so ließ Mama reichlich Speis und Trank auftischen. Anschließend gebot die Schlossherrin Ruhe:

Es sei das Geld, das jetzt heilige Stille gebiete! Bis Mitternacht oder länger! Der Herr Vermögensverwalter schlage für ihr Geld neue Anlagen vor, ohne sein Fachwissen könne man sich diesen Lebensstil nicht leisten!

Es fiel auf, dass die Angestellten über diese Besuche tuschelten.

An einem Abend, es war schon spät, erwachten die Mädchen über einen unbeschreiblichen Lärm in Mutters Wohnzimmer. Ein Stuhl war umgestoßen worden, lautes Schluchzen.

Aus Angst, der Mutter könnte etwas passiert sein, öffneten die Töchter sachte die verbotene Tür des mütterlichen Zimmers. Der Berater hatte die Späherinnen nicht bemerkt, bocksteif saß er auf seinem Sessel, blickte mit zornigen Augen auf Mama, die vor ihm am Boden kniete, unter Tränen umarmte sie die Knie des geldmächtigen Herrn.

Noch nie hatte Mentona ihre stolze Mutter so demütig gesehen, es war ein tiefer Eindruck.

Viel später erfuhren die Töchter, dass Mama dem Vermögensverwalter ihren Witwensitz geschenkt hatte, ein Grundstück in Neuhausen bei Schaffhausen. Papa hatte hier ein Schloss für seine neue Frau bauen wollen, ›Kassandra‹, hatte er den Ort genannt. Doch als der Grundstein gelegt war, ereignete sich damals in Badenweiler seine tödliche Herzattacke.

In Schaffhausen sorgte das übertriebene Geschenk der Witwe an ihren Vermögensverwalter wiederum für Gerede.

ABER ... KEIN ABER, FRÄULEIN SCHALL

Fanny war nun siebzehn geworden.

Ihre Gesundheit gab Anlass zu Besorgnis, auch schien sie durch ihre Pubertät charakterlich verändert, für die Schlossherrin ein Grund, abermals Sigmund Freud um Rat zu fragen. Sie erwähnte die heftigen Szenen zwischen Mutter und Tochter, denn Fannys Wunsch, an der Universität in Zürich Zoologievorlesungen zu hören, fand Mama unnütz.

Die alte Hauslehrerin, Fräulein Schall, die seit Jahren Fanny unterrichtete, setzte sich bei der Freiherrin für ihre Lieblingsschülerin ein: »Gnädige Frau, Fanny ist fleißig und wird bestimmt von den Vorlesungen profitieren!«

Mama machte diese Parteinahme wütend: Was dem Fräulein nur einfalle? Sie sei nicht gefragt worden. Schließlich sei sie keine Angehörige der Familie. Nur eine kleine Lehrerin sei sie!

»Aber gnädige Frau ...«

»Aber ... kein Aber, Fräulein Schall!!! Ich muss Sie sonst entlassen!«

In ihrem Leben – sie stand nun am Ende ihrer Fünfziger – war Frau Schall immer in fremden Häusern gewesen. Am Tisch nur geduldet, gewohnt, sich schmal zu machen. Doch jetzt wagte sie zugunsten ihrer geliebten Fanny Widerspruch: »Gnädige Frau, ich habe die beiden Töchter nach bestem Wissen und Gewissen unterrichtet! Sie haben im Laufe der Zeit Fortschritte gemacht, das weiß ja die Gnädige selbst. Sie dürfen also nicht grundlos von einer Entlassung sprechen!«

Da stand Frau Moser abrupt auf, ihr Stuhl mit der hohen, priesterlichen Lehne kippte um. Sie ließ den Stuhl am Boden liegen, straffte ihre üppige Gestalt, wies mit dem Zeigefinger wie ein Zornengel zur Tür:

»Packen Sie augenblicklich Ihre Koffer, Fräulein Schall!«

Einen Koffer oder gar mehrere besaß die Hauslehrerin nach all den Jahren nicht mehr. Hatte sie mit der Herrschaft in der Kutsche zu verreisen, so verstaute August auf dem Bock ihren Weidenkorb. Jetzt ging sie nach oben, mit gebeugtem Kopf, stille Verwünschungen murmelnd. In ihrem Zimmer verriegelte sie die Tür, weinte drei Tage und drei Nächte lang, aß und trank nichts. Schließlich musste der

Hausarzt kommen und das arme Nervenbündel ins Krankenhaus bringen. Nach zehn Tagen brachte man die Frau, die noch nie krank gewesen war, wegen anhaltender Verzweiflung in eine Nervenheilanstalt. Ihr Geld war dort schnell aufgebraucht, und eines Tages schrieb die leitende Ärztin an Frau Moser auf Schloss Au, ob sie Verwandte dieser verzweifelten Frau Schall kenne? Man möchte sie, ihrer Bildung wegen, gerne in ein Einzelzimmer tun?

»Die Schall hat ihr wohl meine Adresse angegeben, in der Meinung, Hilfe zu bekommen«, sagte Frau Moser mit unwilligem Kopfschütteln. »Doch die täuscht sich! Ich bin keine Verwandte und habe mich folglich nicht zu kümmern!«

Fanny, die am Frühstückstisch Mamas Rede über den »Fall Schall« mitbekommen hatte, rief wütend: »Wie kannst du nur, Mama, das Fräulein hat doch so viel für uns getan! Und mir untersagst du grausam, als Hörerin Vorlesungen zu besuchen!«

Die Mutter verließ erbost das Esszimmer.

Am selben Tag kam ein Schreiben von Sigmund Freud. Auf die Klagen seiner Patientin Moser, ihre ältere Tochter sei in letzter Zeit aufsässig geworden, war seine Meinung: *Das Mädchen zeige unangemessenen Ehrgeiz, der im Missverhältnis zu ihrer kärglichen Begabung stehe*, trotzdem fände er es gut, ihren Geist zu beschäftigen, die Mutter möchte doch einwilligen in den Besuch der Vorlesungen.

So wohnte Fanny nun unter der Woche in Zürich in einer Pension Bion, ging von dort aus zu Vorlesungen an der Universität, eine eifrige Hörerin, die ihre Hefte mit Notizen füllte. Besonders die Welt unter Wasser, die Fische und Quallen, faszinierten sie, sie verlangte mehr zu wissen.

Doch ein richtiges Zoologie-Studium stand in dieser Zeit nur jungen Männern offen.

SIGMUND FREUDS HYPNOSETHERAPIE

Für Mentona wurde das Leben auf dem Schloss ohne ihre Schwester noch öder, der Sommer war vorbei, die letzten Gäste weg. Zwar spürte sie im Park den besonderen Herbstzauber, durch die gelblich verfärbten Wiesen stelzten Kiebitze und Goldregenpfeifer. Nebelschwaden hingen wie Wattebäusche in den Schilfhalmen. Um diese morgendliche Zeit war sie allein am Seeufer, sie band den Kahn los, ruderte bedachtsam an den mannshohen Schilfrohren entlang.

Der See zeigte sein melancholisches Herbstgesicht, geheimnisvoll dunkel, ein Spiegelbild des bewölkten Himmels.

Als sie von der kurzen Kahnfahrt zurückkam, rumpelte eben der Pferdewagen über den Kiesplatz vor der Schlosspforte, August hatte wohl einen Gast abholen müssen, vorne an der Bahnstation.

Der Kutscher war vom Bock gestiegen und zog den Glockenstrang, das Hausmädchen eilte herbei und nahm dem fremden Herrn im Regenmantel das Gepäck ab. Der angekommene Gast drehte sich um und wollte dem Kutscher ein Trinkgeld in die Hand drücken, doch Mama, die auf der Treppe erschien, rief kurz und streng: »August!«

Worauf August dem Herrn die Silbermünze zurückgab, es war ihm verboten, etwas anzunehmen.

Die Schlossherrin auf der Treppe hielt nun dem Gast zur Begrüßung die Hand hin, und Mentona erkannte den kleinen schmächtigen Mann, der jetzt, den Hut in der Hand, den schwarzhaarigen Kopf zum Handkuss neigte: Dr. Sigmund Freud aus Wien. Mama hatte am Vorabend bei Tisch von dem Arztbesuch gesprochen und dann mit erhobenem Zeigefinger gemahnt: Zur Zeit der Therapie, am frühen Nachmittag, müsse sie im Haus allein gelassen werden. August fahre für eine dringende Besorgung nach Rapperswil, und Mentona, die ja gerne im Pferdewagen sitze, dürfe ihn begleiten!

Mentona hatte sich auf einen Besuch der kleinen Gassen im pittoresken Rapperswil gefreut, sie wollte wie immer auch den Park mit den Rehen beim Schloss sehen, doch kurz vor der Stadt rauschte ein heftiges Herbstgewitter nieder. In der Wirtschaft, wo ein Mostfass abzuholen war, wurden sie in die Gaststube zu Kaffee und Kuchen eingeladen. Jetzt blickten sie durch alte trübe Fenster hinaus in das Grau und Schwarz, das Wetter würde sich an diesem Nachmittag nicht mehr bessern, wusste die Wirtin, und August fand es ratsam, die Rückfahrt anzutreten.

So waren sie früh auf der Au zurück, und Mentona, die an ihre missratene Französischarbeit dachte und an Mamas Zornausbrüche, wollte ihr Schulheft holen, das sie gestern im Kaminzimmer liegengelassen hatte. Schon auf der Schwelle hörte sie hinter sich Mama mit dem Doktor durch die Halle kommen. Gleich würden sie eintreten, Mama in Wut geraten beim Anblick der Tochter, die sie den ganzen Nachmittag in Rapperswil glaubte! Mentona, einem Reflex aus Kindertagen folgend, versteckte sich hinter der Anrichte.

Der Doktor, im Schlepptau der Freifrau, hatte hinter sich die Tür verriegelt. Mama legte sich auf die Chaiselongue, schob die Lederrolle unter den Nacken, ihre Hände zurrten über den Beinen das lange Satinkleid zurecht.

So lag sie, die Augen krampfhaft geschlossen.

Wie immer bei nervöser Erwartung zuckte ihr linkes Augenlid, Mentona kannte das, auch am Hals zuckte dann ein Muskel und trat plastisch hervor.

Der Doktor trat nun vor die Patientin, hob den Zeigefinger in die Höhe, befahl: »Schlafen Sie!«

Die krause Stirn schien sich zu glätten, doch der Ausdruck blieb gespannt, als verfolge sie die Worte des Arztes: »Sie fallen nun in tiefen Schlaf, gnädige Frau. Während Ihres somnambulen Zustands beeinflusse ich Ihre störenden Symptome.«

Mentona hatte von der Mutter gehört, dass Freud Heilung mit Hilfe von Hypnose gelinge, erste Versuche habe er in Wien mit ihr gemacht. Ungewollt wurde Mentona jetzt zur Beobachterin.

Sie hörte den Arzt Fragen stellen, die Mutter antwortete zusammenhängend, doch langsamer als im wachen Zustand, in stockender Sprache. Manchmal hörte sie in eine Pause hinein ein Schnalzen, das Mentona als Zeichen kannte, wenn die Mutter angstvoll erregt war. Offensichtlich sah sie jetzt im Halbtraum die Tiere, vor denen sie sich ekelte: Mäuse, Ratten, Eidechsen, Kröten! Mentona konnte diese Abwehr völlig harmlosen Tieren gegenüber nicht verstehen. Das Grausen vor einer Kröte: ausgestreckte, vorn gekrümmte Finger, Krampfgebärden mit der Hand ... »Mein kranker Bruder hat mich als Kind mit diesen Tieren verfolgt«, hatte sie einmal erklärt. Sah sie jetzt vor ihren Augen eine solche Szene aus längst vergangener Zeit? Die unter Hypnose stehende Patientin wechselte plötzlich die Stimmlage, sprach höher, dringlicher, wie in Gefahr: »*Seien Sie still – reden Sie nichts – rühren Sie mich nicht an!*«

Mentona war erschrocken. Doch der Arzt ging nicht auf den Angstruf ein, er blieb ruhig, aus einer früheren Behandlung schien er diese Einlage, eine Art Schutzformel, zu kennen. Langsam bekam das Gespräch zwischen Arzt und Patientin wieder den normalen Rhythmus. Am Ende seiner Séance holte Freud mit einem Ritual die Patientin in den wachen Zustand zurück.

Mama schien zu Mentonas Beruhigung jetzt völlig normal. Sie lachte sogar, als der Arzt ihr Grausen vor Mäusen schilderte. Diese Angst, die kleinen Tiere würden wachsen und sie anfallen, sei in ihren Träumen oft ein Thema, gestand sie.

»Das wird mit der kathartischen Methode der Hypnose verschwinden«, versprach der Arzt. »Erinnerungsgeschichten, die dem Bewusstsein nicht ganz zugänglich sind, können so erschlossen und aufgelöst werden.«

Freud sprach jetzt über die Weiterführung der Therapie, es sei von Vorteil, sie im Sanatorium in Wien durchzuführen, dort habe die Patientin Ruhe. Die Töchter könnten mit der Gouvernante in einer nahen Fremdenpension wohnen und die Mutter nachmittags im Garten besuchen.

Dann verließen der Arzt und die Patientin zu Mentonas Erleichterung das Kaminzimmer, sie setzten sich zum Tee in die Halle.

Unbemerkt schlich sich Mentona davon.

Viele Jahre später wunderten sich die Töchter, dass in Mamas geliebtem Gästebuch aus Schloss Au alle Einträge von Dr. Sigmund Freud überklebt und unleserlich gemacht worden waren.

Der Hausarzt Dr. Felix und andere Kenner hatten nämlich entdeckt, dass Sigmund Freud und Josef Breuer in ihren *Studien über Hysterie / Beobachtungen II* die Therapie mit der Schlossherrin Fanny Moser Sulzer-Wart auf circa dreißig Seiten zwar genau beschrieben, doch Name und Herkunft geändert hatten: *Frau Emmy v. N., 40 Jahre, aus Livland.* Aus dieser Studie, bereits 1895 erschienen, ließ sich die Identität der Frau Moser durch intime Einzelheiten des Berichts erschließen, eine Indiskretion, welche die Patientin Dr. Freud nie verzieh.

Als Mentona diese Studien später las, musste sie unter anderem erfahren, was ihre Mutter unter Hypnose über den Tod ihres Vaters und über sie als Kleinkind gesagt hatte:

Und nun habe sie durch drei Jahre das Kind gehasst, weil sie sich immer gesagt, sie hätte den Mann gesundpflegen können, wenn sie nicht des Kindes wegen zu Bett gelegen wäre. Seine Verwandten, die stets gegen die Heirat waren und sich dann darüber ärgerten, dass sie so glücklich lebten, hätten ausgesprengt, dass sie selbst ihn vergiftet, sodass sie eine Untersuchung verlangen wollte. Durch einen abscheulichen Winkelschreiber hätten die Verwandten ihr alle möglichen Prozesse angehängt. Der Schurke schickte Agenten herum, die gegen sie hetzten, ließ schmähende Artikel gegen sie in Localzeitungen aufnehmen und schickte ihr dann Ausschnitte zu. Von daher stamme ihre Leutescheu und ihr Hass gegen fremde Menschen.

Abschied vom Kinderland

Zwei Jahre waren für Mentona dahingeflossen, gleichmäßig, konturlos, wohl auch begleitet von ihrer Trauer um Konrad.

Als auch sie siebzehn war, meldete sie sich, wie damals ihre Schwester, als Hörerin von Zoologievorlesungen in Zürich an. Diesmal ließ die Mama es zu. Die jüngere Tochter hatte eine schnelle Auffassungsgabe, wurde gepackt von den Darbietungen des berühmten Zoologen Lang, doch nach wenigen Tagen konnte sie sich über das Gelernte keine Rechenschaft mehr geben. Ihr Gedächtnis versagte ... Niemals würde sie Examen machen können, ein Studium war also ausgeschlossen!

Auf eigene Faust begann sie Geschichte zu pauken, trainierte ihr Gedächtnis, doch nichts blieb haften.

Die Mutter setzte Mentona nun für Hausgeschäfte ein.

Sie hatte über die Ausgaben der Köchin Buch zu führen und die Lebensmittel bereitzustellen für das tägliche Menü. Auch galt es, die Arbeit der Hausmädchen zu überwachen und die Zimmer für die Logiergäste zu kontrollieren.

Mama hielt es nie lange am selben Ort aus, Winter- und Sommerreisen wurden geplant. Reisen gefiel Mentona, doch prallten unterwegs die verschiedenen Ansichten und Vorlieben von Mutter und Tochter heftig aufeinander.

»Ein junger Baum muss sich biegen oder brechen.« Die Mutter liebte diesen Spruch, doch er bewahrheitete sich für die Moser-Schwestern nicht. Wie Fanny gab auch Mentona nie nach.

An einem Winterabend, als Mutter und Tochter von einer Einladung mit dem Pferdewagen nach Hause fuhren, eskalierte ein Streit.

Mama hatte gerade davon gesprochen, dass sie den Au-Park sanieren wolle, als Erstes habe der Gärtner Hesse die vielen Amseln zu erschießen!

»Erschießen?« Mentona fuhr hoch.

Sie explodierte geradezu: »Die Natur bedeutet dir nichts, Mama! Auch für Tiere hast du überhaupt kein Verständnis! Und mit den Menschen, die dir ergeben sind, gehst du um wie mit einer Ware! Nur Geld interessiert dich!«

»Halt den Mund!«, rief die Mutter, »der Kutscher hört uns.«

Doch Mentona sprach weiter, nichts und niemand konnte sie stoppen. Sie glaubte auf dieser Wagenfahrt durch die Winternacht alles Unrecht hervorholen zu müssen, das sie der Mutter wegen seit ihrer Geburt erlitten hatte. Als sie das Schloss erreichten, die Zofe herbeieilte und beim Aussteigen half, fuhr Mentona in der leeren Halle fort mit ihren Klagen. Die Wände warfen das Echo zurück, Vorwurf folgte auf Vorwurf, während die Mutter die Treppen hinaufstieg, die Zimmertür hinter sich zuwarf.

Am nächsten Morgen brachte das Dienstmädchen auf einem Silbertablett einen Brief der Mutter: Nach dem Auftritt von gestern schicke sie Mentona in ein englisches Mädchenpensionat!

Sobald die ältere Schwester volljährig sei, werde eine Vermögensteilung vorgenommen. Doch das Erbe der Mädchen tangiere einzig das Schweizer Vermögen! Das russische Vermögen und die Uhrenfabriken habe Moser allein seiner zweiten Frau vermacht, er sei als russischer Untertan an keine Gesetze gebunden gewesen ...

Mentona war das gleichgültig.

Sie brannte nur darauf, endlich frei zu werden.

Wo geht es zu den Slums von London?

Der spektakuläre Bruch mit der Mutter und ihrer Welt hatte Mentona ein neues Selbstgefühl beschert, in dem Mädchenpensionat in Wimbledon atmete sie auf.

Sie machte Pläne, spürte manchmal Übermut wie ein junges Füllen.

Da sie die englische Sprache mündlich und schriftlich schon gut beherrschte, konnte sie sich auf die Literatur konzentrieren. Die Schülerinnen sahen in einem der Londoner Theater Shakespeares Stücke, im Unterricht lasen und interpretierten sie Meisterwerke der Literatur: Chaucers *Canterbury Tales*, einige Romane der Schwestern Brontë, Werke von Charles Dickens. Als sie *Oliver Twist* lasen, kehrte die Erinnerung an Minnie zurück, an ihr heimliches Paket mit Spielsachen für die Kinder in den Slums.

Der Wunsch war wieder da, Benachteiligten zu helfen – doch sie saß in einem feinen Mädchenpensionat, wie konnte sie sich der Welt der Armen nähern?

Wenn man etwas unbedingt will, so findet man auch über Umwege das Ziel, hatte Minnie damals gesagt.

In ihrem zweiten Englandjahr besuchte Mentona im Frauengymnasium Bedford Kurse über Zoologie und Botanik. Dort lernte sie eine Wirtschafterin kennen, die im Women's University Settlement tätig war, einer Siedlung in Southwark, einem Armenviertel von London, die von Frauen-Colleges in Cambridge gegründet worden war. In diesem Settlement, erfuhr Mentona, könne man sich nach Abschluss der Universitätsstudien als Sozialarbeiterin ausbilden lassen!

War das der Weg, den sie gehen wollte? Die Wirtschafterin spürte ihr Interesse und lud Mentona ein, sie im Settlement zu besuchen.

Bereits an einem der nächsten Abende fuhr Mentona in das Armenviertel: verwinkelte, rußgeschwärzte Häuser, Gedränge, Geschrei. Die spärliche Beleuchtung der Straße bestand aus im Wind schwankenden Öllampen, darunter Straßenküchen, Marktstände. Die Frauen waren in lange, zerrissene Röcke gehüllt, um den Kopf ein Fransentuch, die jungen Mädchen, meist Arbeiterinnen in der nahen Konfitürefabrik, trugen wie Räubertöchter in der Oper verbeulte Strohhüte mit herabhängender schmutziger Straußenfeder. Kinder überall. Sie krochen unter die Wagenräder, balgten sich um ein Stück Fisch oder ein paar Chips, Betrunkene grölten.

Mentona überquerte die Blackfriars Road, gelangte dann zu einem hohen Haus, auf einer Messingtafel neben der Türe die Bezeichnung Settlement. Sie betätigte den Türklopfer. Ihre Bekannte erschien, sie zeigte das Haus: im Erdgeschoss eine Bibliothek und Mensa für die Studierenden, alles spartanisch, doch sauber und geschmackvoll eingerichtet, für gut vierzig junge Frauen. Auf Mentonas Wunsch wurde sie der Leiterin der Schule vorgestellt. Ausländerinnen sind für uns kein Problem, sagte die freundliche, schon ältere Frau lachend, doch Mentona sei noch zu jung! Man bezwecke systematische Wohlfahrtspflege, basierend auf den Erkenntnissen, die man aus theoretischen und praktischen Lehrkursen beziehe. Als sich Mentona über die lange Wartezeit enttäuscht zeigte, bot die Leitung ihr an, für einen Monat zur Probe zu kommen. Erscheine ihr die Arbeit nicht zu anstrengend, könne sie sich für nächstes Jahr einschreiben!

Mentona nahm das Angebot dieser Probezeit gerne an.

Sie wurde einer schon ausgebildeten jungen Frau mit Namen Harriet als Begleitung zugewiesen, ihr Distrikt war der Angel Court. Der Court war ein enger, langgezogener Hof, vierzig einstöckige, rauchgeschwärzte Häuschen standen einander gegenüber und raubten sich gegenseitig das Tageslicht. Traten die Bewohner vor die Tür, mussten sie blinzeln, ältere Menschen, jahrelang in diesen dunklen Unterkünften, wurden nicht selten blind. Im oberen Stockwerk waren die Betten der Eltern. Kreuz und quer, zwischen schadhaften Laken, lagen mit ihnen die kleinen Kinder, während die Halbwüchsigen, die Träume schon voller Widerstand, unter dem Tisch schliefen. Der Abort war hinten im Hof, ohne Wasserspülung. An der Mauer draußen Berge von Abfall, Ungeziefer, Fliegen.

Wenn Harriet, eine hochgewachsene Engländerin Ende zwanzig mit hübschen rotblonden Locken, beim ersten Haus läutete, traten bereits die Kinder und Frauen der nächsten Behausungen vor die Tür, neugierig auf die Besucher, sie brachten in den eintönigen Alltag den Hauch einer anderen Welt. Jede Woche studierten die Sozialarbeiterinnen, zusammen mit den Bewohnern, deren Notlage und suchten Mittel und Wege zur Verbesserung. In den Sitzungen der Schule brachten sie diese Vorschläge vor, und es kam zu gemeinsamen Beschlüssen. Die Unterstützten mussten sich, je nach ihrer Möglichkeit, an der Verbesserung ihrer Situation durch einen kleinen Beitrag beteiligen. Dieses kleine Opfer war einigen der Armen zu viel, wenn sie hinter dem schmutzigen Küchenvorhang die Settlement-Ladys sahen, verschlossen sie ihre Tür.

Berufe hatten die meisten Frauen in der Armensiedlung nicht, viele konnten weder lesen noch schreiben, schriftliche Verträge unterzeichneten sie mit einem Kreuz. Die Männer schleppten Kohle, sammelten Altmetall und Lumpen oder machten Gelegenheitsarbeiten. Erschienen die Settlement-Ladys nach der Dämmerung im Angel Court, so trafen sie feindliche Blicke, um diese Zeit wollten die Bewohner unter sich sein.

An der Blackfriars Road war ein berüchtigter Pub, kamen die Männer vom Biertrinken heim, entstand oft Streit. Frauen und Kinder wurden geschlagen, man hörte hinter den Türen Jammern und das Geräusch dumpfer Schläge. Auch Frauen verfielen dem Alkohol, um ihr elendes Leben zu vergessen. Manchmal schickten sie ihre Kinder an die Hintertür des Pubs, um ein Pint Bier zu holen, dann gab der Wirt den kleinen Boten als Belohnung ein paar Schlucke ab.

Mentona konnte nichts mehr erschüttern als der glasige Blick der betrunkenen Kinder, die kaum imstande waren, in ihren kleinen Händen den schweren Bierkrug zu tragen!

ABER FRÄULEIN MENTÖNCHEN, IHR KAPITAL!

Leiste unserer Mutter ein bisschen Gesellschaft, bevor du in England Sozialarbeit treibst!«, hatte Fanny geschrieben, »unsere Mutter ist einsam und seltsam geworden.«

Und Fanny selbst? Sie steckte zu diesem Zeitpunkt tief in ihren Studien, das war jetzt ihr Leben. Sie setzte alles daran, dass ihr gelang, was man Frauen verweigerte: ernsthaft wie junge Männer zu studieren. Mit einundzwanzig Jahren besuchte sie in Lausanne extern ein Knabeninstitut und legte das Maturitätsexamen ab. Anschließend schrieb sie sich in Freiburg im Breisgau ein für Medizin, wechselte dann aber nach Zürich an die medizinische Fakultät.

An einem regnerischen Tag kam Mentona aus England zurück, der Zug zuckelte den Zürichsee entlang und hielt auf Verlangen bei der Station Au. Als einziger Fahrgast stieg Mentona aus, der Stationsvorstand grüßte sie mit ihrem Namen und beschützte sie unter seinem aufgespannten Schirm vor der Nässe. Dann öffnete er mit einem Schlüssel das in einer Hecke verborgene Türchen zur Halbinsel.

Hinter der Hecke wartete August mit dem Pferdewagen. Da die Freiherrin für einmal nicht Zeugin war, wagte er es, Mentona einen Augenblick in die Arme zu schließen: »Potzblitz, groß und hübsch das Fräulein! Herzlich willkommen, endlich wieder auf der Au!«

Auf der Fahrt bemerkte die Heimkehrerin da und dort gefällte Baumstämme, auch fehlten die Hecken der Schneeballbüsche.

»Oh, da ist manches weggekommen«, klagte Mentona.

»Ja, die Baronin wollte es lichter«, sagte August zu der jungen Frau, die nach alter Gewohnheit neben ihm auf dem Kutschbock saß.

»Was sagt dazu der Gärtner Hesse?«, fragte sie.

»Ach, dem taten die vielen auf den Schindanger geworfenen Pflanzen leid! Zudem ist ihm die Arbeit zu viel geworden: Bäume fällen, Sträucher ausreißen und immer noch der gleiche Lohn! Die Frau Baronin hat auch tüchtig Miete verlangt für das winzige Häuschen am Rande der Insel. Nun ist er endgültig von hier weg, besorgt in Zürich einen Herrschaftsgarten.«

Sie fuhren an der Schlosstreppe vor, Mama stand nicht wie üblich auf dem obersten Treppenabsatz. Die Zofe aus der französischen Schweiz, die Mentona das Gepäck abnahm, war neu und schüchtern, sie richtete in gebrochenem Deutsch aus, Frau Baronin erwarte das Fräulein Tochter um ein Uhr zum Mittagessen. Sie habe noch eine Besprechung mit dem Verwalter.

Mentona blickte auf ihre Uhr, es blieb noch Zeit. In der Vorhalle saßen zwei Stickerinnen in Appenzeller Tracht über ihre Arbeit gebeugt. Sie trat näher, sah, dass die Stickerinnen auf Leintücher goldene Kronen stickten.

»Kronen? Was soll das?«

»Frau Baronin hat es so angeordnet, die Gäste dürfen von nun an in gekrönten Betten schlafen!«, sagte die jüngere der Stickerinnen lachend, und die ältere rief schnell: »Die Gäste sollen jetzt von Prinzen träumen!«

Die beiden Frauen, wohl Mutter und Tochter, trugen ihr rabenschwarzes Haar nach bäurischer Art straff über den Kopf nach hinten gekämmt. Sie nickten sich zu, kicherten ein bisschen, und beugten dann ihre Köpfe wieder über die Stickrahmen.

Baronin? Schon zum dritten Mal hörte Mentona, dass ihre Mutter sich neuerdings mit diesem Titel zierte.

Sie ließ sich von der Zofe ihr Zimmer zeigen, es war das größere der Töchterzimmer, das einst Fanny gehört hatte, mit schöner Sicht auf den See, doch zu nahe an Mamas Zimmer. Mentona streifte die Schuhe ab, um sich eine Weile entspannt auf ihr Bett zu legen.

Ihr Leintuch, sie hatte schnell nachgeguckt, war zum Glück noch ungekrönt.

Im Esszimmer begrüßte die Mama endlich ihre Tochter. Doch die Tatsache, dass die Suppe um ein Uhr mittags noch nicht dampfend auf dem Tisch stand, lenkte ihre Aufmerksamkeit sofort wieder ab. Sie klingelte, indem sie den Suppenlöffel gegen den Teller schlug: »Ich verlange Pünktlichkeit!«

»Hättest eben Friederike behalten sollen«, rief die Tochter lachend.

»Private Anordnungen – die lasse ich nicht hinterfragen, auch von meinen Töchtern nicht!«, entgegnete die Mutter, wie immer bei Widerspruch schnell erbost.

Friederike war seit jenem Zwischenfall in einer Nervenheilanstalt.

Gegen Ende der Mahlzeit trudelte der junge Vermögensverwalter ein, er hatte die Regenpause genutzt und war zur

Schifflände gegangen. Er knurrte eine Entschuldigung, die Freifrau winkte ihn an ihre Seite.

Noch immer war er Mentona unsympathisch. Das Zusammentreffen mit ihm am Tag ihrer Heimkehr sei von ihr arrangiert, gab Mama zu. Fanny habe in der Zwischenzeit ihr Erbteil bekommen, nun werde auch Mentona über einen Vorbezug verfügen können. Doch gemessen an dem Luxus, in dem die Töchter aufgewachsen seien, handle es sich um einen eher kleinen Betrag.

»Umso wichtiger, ein Erbteil klug zu verwalten«, sagte der Vermögensverwalter nach dem Essen, als er in einer Nebenstube seine Beratung begann. »Liebe Mentona, merken Sie sich: Ein Kapital muss man ruhig liegenlassen, erst dann kann es sich vermehren. Fanny hat jedoch schon einen Teil davon abgezogen für ihre Studien. Das ist grundfalsch!«

»Falsch? Das Geld muss doch seinem Besitzer dienen«, erwiderte Mentona. »Man kann doch nicht einfach seiner Vermehrung zuschauen, man will leben! Und für Fanny heißt leben studieren!«

Der Vermögensverwalter hüstelte und verzichtete auf eine Gegenerklärung. Er wolle jetzt über die Technik sprechen, aus dem Geld möglichst viel Zins herauszuschlagen. Er leihe es zum Beispiel Menschen aus, die es dringend brauchten und deshalb mehr Zins für ein Darlehen zu zahlen bereit seien. Das habe auch seine Risiken, sagte der Verwalter, und er las einen Brief vor, in dem ein krank gewordener Schuldner um Aufschub der fälligen Zinsen bat, weil er Arztrechnungen zu zahlen hatte. »Da darf man nicht schwach werden«, sagte der Verwalter.

Doch Mentona unterbrach ihn: »In so einem Fall muss man ihm doch den Zins erlassen! Er ist doch in einer Notlage!«

Der Verwalter schüttelte entsetzt den Kopf: »Aber Fräulein Mentona, so kann man doch nicht vorgehen, das schadet dem Kapital!«

Mentona und ihr Kapital. Sie war froh, dass der Verwalter sich anerbot, einstweilen, während sie noch auf der Au weilte, ihren Anteil weiterzuverwalten.

Hatte sie nicht von klein auf die Kälte dieses Profitdenkens erfahren müssen? Das Geld füllt Kassen, doch das lebendige Herz verhungert.

War das nicht so in der Geschichte von Midas, für den auf seinen Wunsch hin alles zu Gold wurde? Die Mutter hatte ihr zweites Kind nie geliebt. Wäre es als Junge zur Welt gekommen, hätte sie von Vaters russischen Fabriken größeren Gewinn. »Nun muss ich einen Geschäftsführer aus Karlsruhe anstellen, der diese Fabriken unter dem alten Namen ›Uhrenfabriken Moser & Co.‹ weiterführt«, hatte ihr Mama zu Beginn der Unterredung gesagt.

Geht Fanny im Zickzack?

In der Zwischensaison, als viele der Betten auf der Au leer waren, erschien dann und wann Mentonas Schwester Fanny aus Zürich, mit ihr zwei Medizinstudentinnen, eine aus Hamburg und eine aus St. Petersburg. Alle drei hatten kürzlich das Propädeutikum-Examen bestanden, nun brauchten sie Erholung. Mentona schätzte diese interessanten Gesprächspartnerinnen. Für Frauen war dieses Studium immer noch ungewöhnlich, und weil Zürich als erste Universität die

Pforten des Medizinstudiums für Frauen geöffnet hatte, kamen sie aus vielen Ländern, vor allem fanden sich deutsche und russische Studentinnen ein.

Fanny und Mentona hatten längere Zeit wenig Kontakt miteinander gehabt, nun fanden sich die beiden Schwestern auf der Au wieder zusammen. In der Stille des frühen Morgens, schon vor dem Frühstück, ging die Jüngere hinaus ins Freie und band am Ufer den Kahn los. Die Ältere hatte es vom Zimmerfenster aus gesehen, eilte herbei, stieg ebenfalls ein. Während die Schwestern langsam am Schilfufer entlangruderten, hielt Mentona nach Vogelnestern Ausschau, während für Fanny die Fische von besonderem Interesse waren. »Wassertiere haben eine interessante Entwicklungsgeschichte, diese möchte ich ergründen«, verriet ihr Fanny. »Ich verrate dir ein Geheimnis, Mentona: Ich denke daran, das Medizinstudium aufzugeben und in München Zoologie zu studieren!«

Nach ihrer Kahnfahrt hatten sich die beiden Schwestern auf die Ufersteine gesetzt. Mentona, irritiert über die neuen Pläne der Schwester, schwieg und hing ihren Gedanken nach, während Fanny ihre nass gewordenen Socken auszog und die Füße trocknete.

Sie ist eine andere geworden, meine Schwester, dachte Mentona und betrachtete die starke Nase, die schönen, aber kräftiger gewordenen Linien ihres Mundes. War Fanny früher nicht ein fragiles Geschöpf gewesen, nervös und unsicher? Hatte sie als Lieblingstochter nicht an den Fäden der Mutter gezappelt, war ihr gefolgt zu den Heilern wie Sigmund Freud und Otto Wetterstrand? Und jetzt? Hört sie einfach auf eine innere Stimme, die ihr sagt, wo ihr Weg entlanggeht!

»Du gehst ja im Zickzack, Fanny«, hatte gestern Abend die Mutter beim Abendessen ausgerufen: »In Lausanne die Maturität, dann in Freiburg im Breisgau Beginn des Medizinstudiums, dann in Zürich das Propädeutikum! Du bist sechsundzwanzig, Fanny, du verlierst Zeit! Und schlimmer noch: dein Geld!«

Fanny hatte geschwiegen, ein bisschen versteckt gelacht im Gedanken: Wenn sie wüsste, da leuchtet mir ein neues Ziel, das Zoologie-Studium in München!

»Schließlich ist es meine Zeit!«, sagte sie später zu Mentona. »Und mein Geld! Und wer hat es für mich verdient? Heinrich Moser, mein Vater, der nie links oder rechts auf die Meinung der Leute geschaut hat, er ist einfach seinen Weg gegangen – und er hatte Erfolg!«

Die Energie von Heinrich Moser muss schützend über Fanny Moser gestanden haben, darauf deutet dieser kleine Vorausblick: 1899 studiert sie in München, wo sie 1902 mit einer Arbeit über ›Beiträge zur vergleichenden Entwicklungsgeschichte der Wirbeltierlunge‹ den Doktortitel erwirbt. Anschließend erarbeitet sie sich internationalen Ruf mit Arbeiten über Rippenquallen und über ›Die vergleichende Entwicklungsgeschichte der Schwimmblase der Fische‹. Das naturhistorische Museum in Berlin beauftragt sie, das Material der deutschen Südpolarexpedition zu sichten. 1913 und 1914 finden wir Fanny Moser an den zoologischen Stationen von Villefranche und Neapel, und der Fürst von Monaco überträgt ihr die Bearbeitung seines Tiefsee-Materials an Rippen- und Röhrenquallen.

Doch die große innere Wandlung dieser Frau, die Sigmund Freud damals für unbegabt gehalten hat, steht noch bevor: Eine geheimnisvolle Tür wird sich ihr öffnen in ein ganz anderes, noch völlig unerforschtes Gebiet.

MENTONA, DIE SETTLEMENT-LADY

Nach einem halben Jahr auf der Au, mit Hausdienst im Schloss und in Nähe ihrer immer schwieriger gewordenen Mutter, sehnte sich Mentona zurück nach London, zu ihrer Arbeit am Women's University Settlement.

Ende März 1899 war es so weit. Endlich sah sie wieder die Themse mit ihren Brücken, unter dem sanftblauen englischen Himmel fuhr sie mit dem öffentlichen Pferdebus nach Southwark! Als sie ausstieg, war sie unsicher: Welches war der beste Weg zum Settlement? Sie erkundigte sich bei einem der Straßenpolizisten.

»Nein, nach der Blackfriars Road wollen Sie doch nicht gehen, Miss? Das ist eine sehr berüchtigte Straße!«

Sie dankte dem Bobby und sagte lächelnd: »Ach, noch nie ist einer von uns Settlement-Ladys etwas zugestoßen!«

Doch keine Viertelstunde später geriet sie in eine ungemütliche Situation.

Junge Arbeiterinnen der Konfitürefabrik waren in einem Nebenhof der Blackfriars Road wieder einmal in Streit geraten, in einem breiten, nasalen Dialekt schleuderten sie sich beleidigende Worte zu. Dann trat eines der robusten Mädchen nach vorne und schlug mit der Faust in das Gesicht der Rivalin.

Gezeter. Nach diesem Auftakt gingen die jungen Frauen aufeinander los, ihre wadenlangen, zerrissenen Röcke flatterten, Strohhüte flogen, ein paar der langen, gebogenen Hutfedern lagen auf dem Kopfsteinpflaster! War eines der Mädchen nah genug, zerrte es die Feindin an den Haaren, riss die lange Hutnadel aus der Kopfbedeckung und gebrauchte sie als Waffe. Mentona, mit ihren zwei schweren Reisetaschen zwischen die Streitenden geraten, drückte sich an eine Stalltür, dahinter schlugen Hühner gackernd Alarm.

Eine der wilden jungen Frauen wurde aufmerksam und kam jetzt mit einer bedrohlichen Geste auf die Fremde zu. Doch eine Zweite wehrte den Angriff blitzschnell von hinten mit einem Schlag ab: »Das ist eine von den ›Settlement Missus‹, lass die Finger von ihr!«

Mentona fand jetzt die Kraft, sich mitsamt dem Gepäck durch den Torbogen zu schleppen, am dämmrigen Horizont sah sie ein paar schattendunkle Bäume, die ihr den richtigen Weg wiesen: Dort drüben winkt es mir, mein Settlement!

Die Bilder der Au aus ihren Tag- und Nachtträumen verloren langsam an Farbe, an Kontur.

Mentona gewöhnte sich bald an den neuen Alltag, sie genoss es, wieder selbständig zu entscheiden. Harriet war ihr zwar immer noch helfend zur Seite gestellt, doch sie arbeiteten eigenständig, jede auf ihre Art, jede mit leidenschaftlichem Eifer.

Mentona, ohne Mutterliebe aufgewachsen, wurde bei ihrer Arbeit im Angle Court oftmals tief berührt: Die meisten der armen Mütter liebten ihre Kinder, umsorgten sie, so gut die Umstände es zuließen. Sie litten, wenn das Geld nicht ausreichte, am Tisch alle satt zu machen. Sie litten, wenn der Winter kam und keine Schuhe und Strümpfe da waren, um vor Kälte zu schützen. Für die kranken Kinder gab es keine

Krankenversicherung, und ein Doktorbesuch kam teuer. So starben Kinder im Angel Court schneller als die behüteten Kinder westlich der Themse.

Doch manchmal machte der Alkohol eine Mutter zur Furie. Im letzten der armseligen Häuschen wohnte eine stets betrunkene, jähzornige Frau. Jedes Jahr bekam sie ein Kind, und wenn es nach den ersten paar Wochen starb, sagte sie achselzuckend zu den Nachbarn: »Was will man, es ist zu den Scharen der Engel zurückgekehrt, die Siedlung heißt schließlich Angel Court!«

Mentona überwand sich. Ging hin und wieder zu ihr, um ihr etwas über Säuglingspflege beizubringen: »Einem so kleinen Wesen flößt man kein Bier ein, man stopft auch kein ›picklet cabbage‹, gewürzten Kohl, in das kleine Mündchen! Man darf ein Wickelkind nicht erst mit Küssen fast erdrücken, um es gleich danach auf den nächsten Stuhl zu werfen wie ein Lumpenbündel!«

Erklärungen, die wenig nützten und nur den hellen Jähzorn der Frau anfachten.

Der Samstag galt im Angel Court als Putztag, auch der Hof wurde geschrubbt. Die Kinder standen dabei überall im Weg und machten die Erwachsenen nervös.

Mentona sah es und kam auf die geniale Idee, die Kinder am Samstag auszuführen.

»Ausflüge? Wohin denn?«, fragte Harriet.

»Ach, in die vielen öffentlichen Anlagen! Seit die soziale Ministerin Ottavia Hill am Werk gewesen ist, findet man die grünen Oasen nicht nur im Westend, sondern auch hier in den armen Vierteln östlich der Themse! Ottavia hat sogar Friedhofsanlagen für die Öffentlichkeit umgestalten lassen!«

Die Ausflüge machten den Kindern Spaß. Früher als abgemacht stellten sie sich beim Settlement ein, sie klopften an die Scheiben, riefen, da der Nachname Moser für sie unaussprechbar war, »Missus Mosei!« »Missus Mosei!«

Wenn Mentona herauskam, zeigten sie stolz ihre gewaschenen Hände und den von der Mutter geflickten Rock oder das frische Hemd.

Einmal, an einem schon warmen Tag wollte Mentona mit ihren Schäfchen nicht weit gehen. Da war doch der von Ottavia Hill umgestaltete Friedhof! Ruhende Tote dulden die lebensvollen Kinder aus dem Angel Court, dachte Mentona und schöpfte Ideen aus der Erinnerung an die schönsten Tage der Kindheit mit Minnie und ihren Spielen.

Am Ende des Rasens stieg ein kleiner Hügel an, auf dem ein Kreuz stand.

»Das ist unser Berg«, erklärte Mentona: »In Switzerland, wo ich herkomme, sieht man viele Berge! Auf ihnen wachsen seltene Blumen, weiße Sterne. Wer klettert hinauf und bringt mir ein Edelweiß? Oder einen Glitzerstein?«

Immer zwei der Kinder durften sich die Hand geben und miteinander den Berg besteigen. Oben pflückten sie Maßliebchen oder Margeriten. Auch fanden sie da und dort einen kleinen Stein, der von Mentona am Vortag versteckt worden war. Später verteilte Mentona, im Andenken an Minnie, rote Papierhüte. Die Kinder wurden zu Zwergen, knabberten im Schatten der alten Zedern an Apfelschnitzen und süßem Rosinenbrot. Wer nichts dabeihatte, griff einfach in Missus Moseis große Tüte. Am Nachmittag, als die Wärme zunahm, ließ Mentona sie im Teich plantschen – oh, wie eifersüchtig schauten die kleinen Engel mit den schweren Marmorflügeln dem lustigen Treiben zu!

»Und wohin mit den Kindern, wenn es regnet?«, fragte Harriet am Abend. »Dann besuchen wir das Naturhistorische Museum oder die gedeckten Affengehege im Zoo.«

Jedenfalls wurden die Ausflüge am Samstag so beliebt, dass Mentona Einladungskarten schreiben musste. Wer keine bekam, musste sich eben auf den nächsten Samstag vertrösten lassen.

Die Samstagsausflüge wurden in den kleinen Häusern des Angel Court von den Eltern geschätzt, es galt als Ehrensache, die Kinder sauber für das Ereignis herzurichten. Wenn Mentona und bald auch Harriet mit der Kinderschar ausrückten, hielt beim Überqueren der Straßen einer der Straßenpolizisten die Pferdewagen auf und winkte mit seiner weißbehandschuhten Rechten den immer länger werdenden Zug der Kinder durch. Die ›Missus‹ gingen am Schluss, überwachten die Langsamen, an der Spitze sorgten die wildesten der Rangen stolz für Ordnung.

An Regentagen nahmen die Kinder in den Museen interessiert an der Führung teil, oft stellten sie Fragen, die ihre Betreuerinnen zum Staunen brachten.

Am Abend, wenn sie die Ereignisse des Tages noch einmal vorüberziehen ließen, sagte Harriet zu ihrer Kollegin: »Ach weißt du, es macht mich traurig, dass die Intelligenz und die Talente vieler dieser Armeleute-Kinder nie zum Tragen kommen. In wenigen Jahren werden viele zermürbt sein vom täglichen Kampf ums Dasein, sie resignieren oder geraten auf die schiefe Bahn.«

Die für soziale Belange ausgebildeten Frauen im Women's University Settlement beanstandeten, dass viele soziale Einrichtungen, selbst Krankenhäuser, nach 1900 immer noch kümmerlich von Almosen und Legaten reicher Leute lebten.

Staat und Gemeinden kümmerten sich kaum um mittellose Bewohner, doch wurde ein bedürftiger Jugendlicher straffällig, griffen sie mit großer Härte ein. Die Workhouses, Armenhäuser, waren eine Art Zuchtanstalt. Auch die Jugendrichter bedienten sich drakonischer Methoden: Knaben von acht bis dreizehn Jahren wurden von staatlich angestellten Prügelpolizisten für kleine Diebstähle ausgepeitscht.

Erinnert das nicht an die Geschichte von Oliver Twist, dem ewig hungernden, verwahrlosten Jungen, dessen Kindheit sich zwischen Armenhäusern und Spelunken abspielte? Das Buch von Dickens erschien 1837, vor gut sieben Jahrzehnten, überlegte Mentona. Vielleicht wird die Regierung in London sozialer, wenn die »good Queen Victoria« abdankt?

Und Harriet antwortete sarkastisch: »Ach ja, wer weiß, so in hundert Jahren!«

Gut hundert Jahre danach, im Jahr 2018 steht im *Guardian* zu lesen:

Die Fortschritte der vergangenen zwanzig Jahre auf dem Gebiet der Armutsbekämpfung werden derzeit zunichtegemacht. Die Tory-Regierung hat unter Finanzminister Osborne die Sozialausgaben drastisch gekürzt: Schließung von Sozialstationen, staatlichen Hilfsprogrammen, Kindergärten, Jugendclubs, die Hälfte der Einrichtungen wegen Geldmangel schon geschlossen. Wenn es so weitergeht, heißt es, würden allein bis 2022 weitere vierhunderttausend Kinder in absoluter Armut leben ... »Man wolle eben das Wohlfahrtsystem fair für jene gestalten, die es bezahlen, und fair für jene, die davon profitieren ...«, erklärte ein Tory-Sprecher.

Zweieinhalb Jahre lebte Mentona im Settlement. Sie sprang, wenn einer der Lehrer erkrankte, im nahegelegenen Morley-College als Aushilfe ein: Unterricht in französischer

Sprache und Kurse für deutsche Literatur. Das College, als Abendschule für die Arbeiter gedacht, wurde gut besucht, viele der Arbeiter kamen direkt von der Arbeit, doch mit gewaschenen Händen und sauberem Kragen. Die private Stiftung einer sozialwissenschaftlichen Vereinigung hatte die Schule unter Führung bekannter Schriftsteller und National-ökonomen errichtet.

Nach ihrer Ausbildung übertrug man Mentona im Settlement die Leitung der Abteilung für invalide Kinder. Sie sah ein, dass eine Krankenpflegeausbildung für eine Sozialhelferin nützlich ist und meldete sich für einen einjährigen Lehrgang im Cottage-Hospital in Barnet unweit von London an.

Doch nach ihrer langen Settlement-Tätigkeit empfand sie, Leben sei mehr als ausschließlich Aufopferung und Hilfe, sie verspürte ein großes Bedürfnis nach Natur und Schönheit. Eine Studentin konnte ihr für ein paar Wochen eine Wohnung im Westend von London vermitteln, von dort aus besuchte sie Kunstgalerien und erholte sich auf tagelangen Spaziergängen im Hyde und Richmond Park.

MAMAS LETZTER VERSUCH, MENTONA AUF DEN RECHTEN WEG ZU BRINGEN

Bereits etwas erholt durch die wunderbare Zeit im Westend von London kam Mentona zurück auf die Au, wo Mama gerade im Begriff war, unzählige Koffer zu packen. Sie habe vor, die trüben Winterwochen in Rom zu verbringen, Mentona möge sie begleiten!

Sie wohnten in Rom im besten Hotel in der Nähe der Piazza di Spagna.

Mama bezog dort ein elegantes Appartement, ihre Kammerzofe Arlette aus Neuchâtel wohnte im Zimmer nebenan, Mentona bekam ein düsteres Zimmer auf der Hofseite. Sofort bestellte Mama Schneiderinnen, Modistinnen und Juweliere, sie brauche Toiletten für sich und die Tochter.

»Kleider aus Samt! Die brauche ich nicht«, wehrte sich Mentona. »Nach unserer Reise beginnt in England mein Lehrgang als Krankenschwester, ich werde dort eine Tracht tragen!«

Die Mutter hob den Kopf und schaute die Tochter an: »Mal sehen, ob du nach deinem Aufenthalt in Rom diesen verrückten Wunsch vom englischen Krankenhaus noch im Kopf hast!« Auf dem Gesicht der Mutter erschien ein geheimnisvolles Lächeln, denn sie hatte so ihre Pläne. »Hier wirst du jedenfalls viel ins Theater gehen, das liebst du doch?«

Mentona spürte: Die Mutter hat etwas mit ihr vor, vielleicht noch einen letzten Versuch, sie auf den rechten Weg zu bringen?

Ganz im Sinn eines solchen Versuchs war Frau Moser der Meinung, es fehle ein neues Porträt von Mentona. Mentona machte dazu gute Miene, der Fotograf war ein junger Künstler mit wilden schwarzen Haaren und einer neuartigen, tragbaren deutschen Kamera! Er ließ Mentona auf ihren Vorschlag hin auf einem Tisch sitzen, neben einem Buch. Die Mutter war in der Nähe geblieben und betrachtete die Szene skeptisch. »Sie braucht gute Beleuchtung, sie ist keine Schönheit«, sagte sie zu dem jungen Mann. Der Mann hinter der Kamera lächelte: »Sind Mütter mit den Töchtern nie zufrieden? Ich, Spezialist für junge Damen, sehe: Ihre Tochter hat auffallend schöne Augen, sie hat einen Samtblick!« Und der Fotograf machte schnell klick. »Nun?«, fragte er Mentona. »Sie träumen doch von einem Prinzen?«

»Nein, ich träume von einer gerechteren Welt.«

Die Mutter war süchtig nach gesellschaftlichem Glanz, auch in Rom.

In einer der Klatschzeitungen hatte sie unter der Rubrik: »Gäste in Rom« einen Text veröffentlichen lassen, der auf die Ankunft einer Baronin von Sulzer-Wart aufmerksam macht, daneben eine Abbildung ihres Schlosses und das neue Bild der Tochter.

Ein guter Blickfang für solche, die sich ebenfalls in der winterlichen Stadt langweilten! In Pelzen und Wintermänteln kamen sie die Spanische Treppe herauf, hofften, im Privatsalon des luxuriösen Hotels von der reichen Reisenden zu profitieren: Politiker in Pension, wenig beachtete Künstler, Adelige ohne Schloss und Bargeld, auch leichte schöne Frauen waren dabei und ein rotgekleideter Kardinal aus dem Vatikan. Ein verschwenderisches Leben, eine Art Karneval. Und mittendrin, schmuckbeladen und in der neuesten italienischen Mode prangend, ein weiblicher Clown, die Baronessa Moser.

Mentona hingegen blieb an Regentagen lieber in ihrem kleinen, düsteren Zimmer und las. Wie im Moment Tausende von Italienern verschlang sie den Roman von Gabriele d'Annunzio. Manchmal lachte sie hell auf bei einer der Stilblüten: »Eine gealterte Kurtisane bog sich unter der Last ihres Geschmeides.« Ganz Rom sprach von d'Annunzio, denn man fieberte dem Theaterereignis des Jahres entgegen: Premiere seiner *Francesca di Rimini*, gespielt von Eleonora Duse.

Mentona war nach der Lektüre von *Fuoco* empört, dass der Schriftsteller seine Liebesbeziehung zu der Duse, der alternden Schauspielerin, schamlos vor den Lesern ausbreitete. Die Duse war in ihren Augen eine große, einsame Tragödin, und Mentona erstand auf dem römischen Schwarzmarkt für viel Geld noch eine der letzten Karten für die Premiere.

Von Mamas Kammerzofe Arlette erfuhr Mentona, die Schauspielerin wohne inkognito in einem versteckten Raum in ihrem Hotel! Sie gehe nur nachts aus, wandle meist allein durch die Gassen, im Morgengrauen erscheine ein Arzt und verabreiche ihr eine Morphiumspritze, ohne die sie nicht schlafen könne.

D'Annunzio, ihr Liebhaber, dauernd in finanziellen Nöten, verjuble das von der Duse verdiente Geld in schlechter Gesellschaft, gegenwärtig mache er in Rom einer jungen französischen Schauspielerin den Hof.

Die Jungfer, wie Mama ihre Zofe nannte, war durch die Angestellte der Duse bestens informiert über die Intimitäten der weltberühmten Diva: Sie trete jeden Abend um elf Uhr aus ihrem Raum im Erdgeschoss. Mentona nahm sich vor, die Schauspielerin auf ihrer geheimnisvollen nächtlichen Wanderung zu beobachten – in dem verwinkelten Gang, den Blick auf eine Zimmertür gerichtet, die keine Nummer trug, brachte sie sich in Position. Sie trage um diese Zeit weite Tücher, nach Art der alten Griechen um den Körper geschlungen. Wirklich, da kam sie zur besagten Zeit, wie ein Schatten huschte sie aus der Tür, eine Gestalt auf leichten Sohlen.

Mit angehaltenem Atem blickte Mentona in das weiße, ein bisschen unregelmäßige Gesicht mit den großen, umschatteten Augen. Eine Leidende, eine Einsame! War sie deshalb so einfühlend in ihren Rollen? Selbst in Amerika war man auf die Diva aufmerksam geworden und engagierte sie für Gastspiele.

Von diesem nächtlichen Abenteuer verriet Mentona nichts.

Doch Mama kam anderntags auf die Premiere zu sprechen: »Du hast noch eine Karte ergattert, gut so«, lobte sie. »Aber du weißt, in Rom geziemt es sich für eine Frau nicht, allein ins Theater zu gehen! So habe ich für einen Begleiter gesorgt, jung, intelligent, aus erstklassiger Familie, ja, aus der römischen Aristokratie! Er hat dich in meiner Gesellschaft schon gesehen. Es ist für ihn eine Ehre, dich am neunten Dezember zur Premiere ins Teatro Constanzi zu begleiten!«

»Nun«, sagte die Tochter lächelnd, »ich will mir das gerne gefallen lassen, danke, Mama, eine Frau ohne Begleitung fällt hier im Theater tatsächlich auf.«

Der junge Mann kam gegen Abend, der Chef der Rezeption überreichte Mentona bedeutungsvoll seine Karte. Sie fand den Besucher in der Halle. Er erhob sich, beugte sich über ihren Handrücken mit der Andeutung eines Kusses, ein Hauch von herbem Parfüm strich ihr entgegen. Sie schaute ihn an: ein nettes, noch nicht sehr ausdrucksvolles Gesicht. Doch warum waren die jungen Männer aus erstklassigen Familien so lächerlich gekleidet? Bedauerten diese Beaux, keine Frauen zu sein? Sie trugen in der Taille geschnürte Westen, Handschuhe aus gelbem Glacéleder, gingen in spitzen zweifarbenen Schuhen.

Francesco hieß er.

Er bestellte Champagner, schwärmte von d'Annunzio: »Der Schriftsteller des beginnenden zwanzigsten Jahrhunderts ... sein Buch in neuartigem Stil geschrieben, vibrierend vor Emotionen ... Ein Schlüsselroman, der sogar die Klatschpresse zu seitenlangen Spekulationen verführt.«

»Über die Duse?«

»Genau. In letzter Zeit hat sie nur noch Rollen aus den Werken ihres Geliebten gespielt. Mit dem Ziel, seine nicht leicht zu lesenden Stücke und Romane weltbekannt zu machen ...«

Mentona seufzte und gestand, sie habe hier in ihrem Hotelzimmer *Fuoco* gelesen: »Ich möchte ehrlich sein, Francesco! Der Text ist schwülstig, von einer geschmacklosen Indiskretion. Er macht die alternde Frau, die ihm, wie Sie selbst sagen, so viel Unterstützung schenkt, lächerlich.«

Francesco legte seine Stirn in Falten, Mentonas Geständnis über *Fuoco* forderte ihn wohl heraus: »Einverstanden, Mentona, gewisse Szenen verletzen die Würde der Duse. Die Presse meldet denn auch den Abbruch der Liebesbeziehung mit d'Annunzio ...«

»... und doch spielt sie morgen Abend in seinem neuesten Stück?«, sagte Mentona verwundert.

»Ich zweifle, ob dieses Stück hier Anklang findet«, verriet er ihr. »Wissen Sie, d'Annunzio hat hier Feinde. Das allzu Freizügige kommt in vielen Kreisen schlecht an.«

»Wir werden morgen mehr wissen«, meinte Mentona und fing an, von ihren römischen Streifzügen zu erzählen.

»Sie machen die ganz allein?«

Mentona nickte.

»Ungewöhnlich.«

Er lächelte, in seinem Blick lag Bewunderung.

Die Duse vor dem Vorhang

Am nächsten Abend, es war der 9. Dezember 1901, war das Theater bis auf den letzten Platz besetzt, mit angehaltenem Atem erwartete das Publikum die Duse.

Endlich hob sich der Vorhang.

Die Schauspielerin trug eine rote Lockenperücke, ihr Gesicht war jugendlich geschminkt. Die Leute erhoben sich von den Sitzen, ein Sturm des Beifalls. Doch in diesen Beifall mischten sich plötzlich Pfiffe, Zeichen des Missfallens. Der Lärm schwoll an, die Duse stand da, ratlos.

Der Vorhang fiel und hob sich erst wieder, als das Publikum beruhigt schien.

Da stand sie noch immer, im Rampenlicht wie verloren. Das Gesicht unter dem roten Lockenhaar zwang sich zu einem Lächeln. Sie öffnete den Mund, sprach zwei, drei Sätze. Da schwoll der Lärm von neuem an, der letzte Satz der Schauspielerin wurde weggefegt von dieser seltsamen Mischung aus Applaus und Buhrufen.

Der Direktor in schwarzem Frack und Zylinder erschien und bat um Ruhe. Doch sobald die Duse zu sprechen begann, brach der Orkan von neuem los.

Der Direktor bedauerte. Durch den Lautsprecher gab man die Information durch, die Premiere werde auf einen Tag in zwei Wochen verlegt. Dann forderte der Direktor seine Gäste auf, das Theater zu räumen. Während in den Rängen der Balkone die feierlich gekleideten Damen und

Herren sich nur zögernd erhoben, drängte im Parkett die Menge schon zum Ausgang.

Mentona rührte sich noch nicht von ihrem Platz, mit Augen, die vor Zorn blitzten, blickte sie zu ihrem Begleiter auf: »Ein Affront gegen die berühmte Schauspielerin? Wie erklären Sie sich das?«

Francesco schüttelte ratlos den Kopf: »Der Protest richtet sich wohl nicht gegen die Duse, sondern gegen den Autor des Stücks. Es gab im Vorfeld Drohungen in konservativen Zeitungen. Die klerikale Partei wischt d'Annunzio eins aus für seine zügellosen erotischen Darstellungen ...«

Und Mentona: »Mit diesen Signalen des Unmuts trifft man nur die Verwundbarste, die Schauspielerin! Sie und ihr Text sind eins, sie hat ihn sich angeeignet, ›par coeur‹ ... Und nun brüllt man sie nieder, ein grausames Spiel.«

»Wir müssen das Theater jetzt leider verlassen, Mentona, es hat sich schon halb geleert.«

Anderntags, am späten Vormittag, erschien Francesco mit einem Blumenstrauß im Hotel. Doch er traf nur die Mutter in ihrer Suite, sie war um diese Zeit noch ohne Besucher. »Trinken Sie mit mir eine Tasse Kaffee«, bat sie den jungen Mann. Francesco setzte sich, erzählte kurz vom gestrigen Abend und sagte: »Mentona gefällt mir. Sie ist anders als die Mädchen, die ich kenne.« Als die Mutter nicht reagierte, glaubte er, weiter ausholen zu müssen: »Wissen Sie, Baronessa, Mentona sagt ihre Meinung, sie plappert nicht nach, was ein Mann ihr vorsagt. Das ist hier selten. Sie hat ein mitfühlendes Herz, sie kann sich in andere hineinversetzen.«

Die Freifrau war jetzt bei ihren eigenen Gedanken: »Sagen Sie mir, Francesco, was hat Sie bewogen, sich auf meine

Annonce zu melden: ›Eine Fremde, die im besten Hotel von Rom wohnt, sucht für die Theaterbesuche ihrer Tochter einen Begleiter‹?«

»Meine Mutter hat gewünscht, dass ich mich melde.«

»Was macht Ihr Vater?«

»Er war Richter. Vor zwei Jahren ist er an einem Herzschlag gestorben. Die Mutter leidet unter seinem jähen Tod, von einem Moment auf den andern hat sich die Welt für sie verändert.«

»Das ist hart«, gab die Freiherrin zu, »ich weiß es aus eigener Erfahrung.«

Er nickte. »Wir sind gezwungen, aus unserer Wohnung im Palazzo Tevere auszuziehen.«

»Wir?«

»Mama und wir drei Brüder. Ich bin der Jüngste. Es ist auch unklar, ob ich mein Studium beenden kann ... Unsere Zukunft ist ungewiss.«

Er spürte, die Fremde war in Gedanken immer noch woanders. Er hörte sie sagen: »Wissen Sie, Francesco, Mentona ist ein spezielles Mädchen, sehr unbequem.«

Der junge Mann lachte. »Ehrlich, diesen direkten Umgang mit meinen Mitmenschen möchte ich mir auch angewöhnen!«

Die alte Dame schien es zu überhören. »Außerdem, Francesco, wird meine Tochter siebenundzwanzig Jahre alt und denkt noch nicht ans Heiraten! Sie widmet ihre Zeit den Armen in London und möchte noch eine Ausbildung als Krankenschwester machen.«

»Das imponiert mir, Baronessa.«

Nun klopfte es kurz an der Tür, Mentona trat ein, von einem Galeriebesuch zurück.

Mutter mit Francesco am Kaffeetisch! Es kam ihr vor, der Blick ihrer Mama sei wie selten weich und mütterlich auf den jungen Gast gerichtet, eben hatte sie ihm einen Teller mit Mandelgebäck gereicht. Francesco stand auf, erfreut, Mentona doch noch zu sehen. Er küsste sie auf die Wangen, überreichte ihr den Strauß. Er sei immer noch geknickt über das, was sie gestern habe erleben müssen!

Sie murmelte: »Im Kulturbetrieb kann es Enttäuschungen geben.« Dann setzte sie sich, schenkte sich Kaffee ein.

»Mentona«, fragte Francesco, »darf ich morgen nochmals mit Ihnen ausgehen? Nein, kein d'Annunzio mehr!« Er lachte. »Ich habe Karten für eine Oper! Puccini.«

Sie schaute ihn an und bemerkte, dass er keine feierliche Kleidung mehr trug. Er sah jetzt sympathisch aus, ein gewöhnlicher Junge von nebenan.

»Dann also freuen wir uns gemeinsam auf Puccini«, sagte sie.

»Gut so! Es wird ja, so höre ich von Ihrer Mutter, morgen Ihr letzter Abend in Rom sein.«

An diesem letzten Abend sahen und hörten sie Puccinis *La Bohème*. Mentona, die das Leben in den Slums von London kannte, schmunzelte über die romantisch verbrämte Armut der Künstler, über das freizügige Leben in den Dachkammern, die Entbehrungen, die Liebschaften. Die Arie in der Szene der sterbenden tuberkulösen Mimi rührte das Publikum zu Tränen.

Wie auch immer, Mentona konnte diesen sehr italienischen Abend neben Francesco genießen, sie fühlte sich ihm nahe, bot ihm das Du an. Nach der Oper, in einer Trattoria, gestand er, seine Mama, die sich schwertue mit der finanziellen Not nach Papas Tod, habe die Annonce in der Zeitung gelesen. Dann ihren jüngsten Sohn inständig gebeten, sich für das Treffen in dem Luxushotel anzumelden: »Du verlierst nichts dabei. Vielleicht verliebt sich ja die reiche Tochter in dich.«

Der ältere Bruder, schon verheiratet, habe ihm dann die modische Kleidung eines jungen Freundes verpasst und Ratschläge gegeben, wie er sich neben der bestimmt sehr verwöhnten Tochter zu verhalten habe.

»Ja, Mentona, und dann kamst du!«

»Ein Kontrast zu diesen Vorstellungen?«

»Allerdings. Es war erfrischend!«

»Auch du, Francesco, wirkst heute anders auf mich als zuerst in der Hotelhalle!«

Sie zeigte auf seine etwas schäbige Jacke.

Und er, mit einer Grimasse: »Du siehst, ich konnte die Kleider eines reichen Stutzers ablegen.«

Sie richtete sich auf, kam seinen Augen näher: »Bist du denn nicht enttäuscht, dass sich die Vorstellung deiner Mutter nicht erfüllt, ich denke an die Geschichte mit der Verliebtheit?«

Er schüttelte den Kopf. »Schau, ich denke, unsere beiden Mütter haben etwas inszeniert, was nicht zu uns passt. Du und ich, wir beide sind froh, noch eine Weile ungebunden zu sein. Du kannst deine Ausbildung im Londoner Krankenhaus machen, und ich versuche, mein Studium zu bewältigen. Ich werde wohl zwischendurch arbeiten und Geld verdienen, wie andere Studenten auch. Für Verlobung und Ehe fühle ich mich noch zu jung, in der Konvention der italienischen Oberschicht sind das recht einschränkende Verpflichtungen! Mein ältester Bruder, der nach dem Tod des Vaters eine frühe Bindung eingegangen ist, leidet darunter.«

»Nun, zu jung für eine Ehe bin ich nicht«, lachte Mentona. »Aber jeder Mensch hat wohl für sein Leben ein eigenes Zeitmaß, seine ›local time‹. Ich war bis jetzt nur einmal fraglos verliebt, mit dreizehn! Dieser junge Mann, der wohl mein Mann geworden wäre, ist mit achtzehn gestorben.«

Er blickte sie wortlos an. Sagte dann: »Er bewahrt dich jetzt vor falschen Schritten.«

Sie nickte. »Kann sein, Francesco. Ich wünschte, du wärst mein jüngerer Bruder!«

FANNYS HOCHZEIT AUF DER AU UND MENTONAS STELLENSUCHE IN ZÜRICH

Die Landkarte einer biografischen Erinnerung ist voller Unregelmäßigkeit. Da vergrößern sich Ereignisse bei intensiver Betrachtung wie unter der Lupe. Da sind aber auch Jahre, die aus der Distanz wegrücken und zu schmalen Zeitläufen versickern.

Als Mentona 1903 hörte, dass ihre Schwester Fanny einen Lebensgefährten, der Musiker war, gefunden habe und die Heirat auf der Au gefeiert werde, hatte sie England schon verlassen.

Hinter ihr lag das Ausbildungsjahr in dem kleinen Krankenhaus von Barnet: eine Abfolge körperlich strenger, durch die Anspannung immer gleich bleibender Tage. Sie war dankbar für das Gelernte, doch sie wusste, das war auf die Dauer kein Beruf für sie, sie wünschte sich vom Leben mehr Dynamik.

Zurückkehren nach Zürich? Ja, das lockte sie jetzt. Das Gelernte anwenden in einer selbstgewählten Sozialarbeit, Ideen einbringen, in möglichst freier Betätigung.

Doch noch immer gab die Mutter auf der Au ihre Richtlinien an.

Sie erwarte Mentona erst am Vortag von Fannys Hochzeit, sie wolle die Organisation des Festes in eigene Regie nehmen!

So blieb Mentona Zeit, ein kleines Berghotel in der Nähe ihres geliebten Lago Ritóm aufzusuchen. Auf den Alpwiesen des Gotthardmassivs entdeckte die Pflanzenfreundin noch nie gesehene Akeleien, blau wie der Himmel, sie lag glücklich im kurzen Gras. Spontan begann sie an einem Text zu schreiben für junge Frauen aus begüterten Familien, gab ihnen den Rat, eine nützliche soziale Tätigkeit zu erlernen. In diesen Kreisen waren Berufe für Mädchen noch nicht üblich, nach der Schulzeit wartete man auf einen Freier, bestickte Tisch- und Bettwäsche für die Aussteuer. Ihre Broschüre *Die weibliche Jugend der oberen Stände,* die auf die Methode des Settlements hinwies, erschien 1903 in Zürich im Verlag Schulthess und fand gute Verbreitung.

Auf der Au, zwischen den meist fremden Hochzeitsgästen, fühlte sich Mentona überflüssig. Niemand fragte nach ihrem Leben, ihren Zielen. Mama hörte nur im Vorbeigehen, dass Mentona sich in Zürich niederlassen wolle. »Ach, so nahe«, hörte sie die Mutter unwillig sagen. »Du weißt, Besuche ohne Anmeldung sind mir verhasst!«

Fanny stand inmitten der Gratulanten, wie immer blass, doch mit leuchtenden Augen. Ihr Bräutigam, der aus Mähren stammte und dort schon ein bekannter Musiker war, hieß

Jaroslav Hoppe. Der blonde, großgewachsene Mann und seine Frau wollten sich in Berlin niederlassen, in der Nähe des Tiergartens wartete schon ihre geräumige Wohnung.

Nach der Trauung erhielt Mentona von der Mutter den Auftrag, das Paar zum Bahnhof zu begleiten.

»Im Auto, mit dem neuen Chauffeur?«, fragte sie, und als die Mutter nickte, konnte Mentona ihre Fragen nicht zurückhalten: »Was macht denn August? Wo sind unsere Pferde?«

Gereizt gab Mama zurück: »August habe ich gekündigt, er hat Trinkgeld angenommen beim Heueinkauf. Was er jetzt treibt, geht mich nichts an. Ich habe ihm auch kein Zeugnis ausgestellt ...«

»Was, nach über zwanzig Dienstjahren? Da wird er Mühe haben, eine neue Stelle zu finden!«

»Geschieht ihm recht«, sagte die Herrin der Au.

»Und unsere braven Pferde?«

»Sind jetzt Karrengäule.«

Fanny erzählte der Schwester im Auto, kurz vor der Abfahrt habe es mit Mama eine Auseinandersetzung gegeben.

»Geldangelegenheiten?«

»Natürlich!«

Sie, Fanny, habe sich vorgenommen, in Berlin weiterhin für ihr zoologisches Gebiet zu arbeiten. Jaroslav, der in seiner Geburtsstadt Cressier, die im östereichisch-ungarischen Kaiserreich liege, schon ein bekannter Komponist sei, möchte in Berlin sein Musikstudium beenden. »Klar, dass wir dafür Mamas Unterstützung nötig haben.«

Später schrieb Fanny an Mentona, Mama verweigere weitere Zahlungen. So war die Ehe des jungen Paars von Anfang an beschwert von Geldsorgen.

Mentona begab sich unterdessen in Zürich auf Arbeitssuche. Mit geübtem Blick erkannte sie, dass es in der hellen heiteren Stadt, wo an den Abhängen zum See Menschen in besten Verhältnissen wohnten, seit der Industrialisierung auch düstere Viertel gab. Immer mehr vom Landleben Enttäuschte zogen in die Stadt, die Fabrikarbeiter wohnten mit ihren Familien in bedrängten Verhältnissen. Trotzdem besaß Zürich zu Beginn des zwanzigsten Jahrhunderts kaum Sozialwerke, die wenigen wurden in unbezahlter Freiwilligenarbeit von Frauen unterhalten.

Zu Beginn, noch auf Arbeitssuche, hatte Mentonas Geld nur gereicht, um im Studentenviertel eine sogenannte Bude zu mieten, Mittagstisch fand sie einen Stock tiefer in einer einfachen Fremdenpension. Die erste Weihnacht feierte sie allein, all ihre Kommilitonen, die sie erst flüchtig kannte, waren über die Festtage nach Hause gereist. So kochte sie sich am Weihnachtsabend auf dem Spirituskocher eine Polenta und kroch bald ins Bett, um der Nacht zu entrinnen, an denen die Menschen in Gemeinschaft das Christfest feierten.

Noch im Januar freundete sie sich an mit Herta, einer norddeutschen Studentin. Es war ein Mädchen mit schmächtigem Körper und glattem, hellem Haar. Herta liebte Wanderungen, an grauen Wintertagen stiegen sie hinauf zum nebelfreien Uetliberg, Hertas Kommilitone, ein Rumäne, kam mit dem Davoser Schlitten seiner Gastfamilie mit. Für Mentona hatte Herta einen kleinen Schlitten besorgt. Auf der Abfahrt saßen Herta und ihr Freund vorne, dann folgte Mentona auf dem Einplätzer. Die Fahrt mit den gefährlichen Kurven war auf der eisigen Bergstraße rasant, gegen die Stadt hin sanken sie immer tiefer hinein in das Grau des Nebelmeers, und die Augen, die angestrengt in der zunehmenden Dunkelheit den

Weg suchten, fingen an zu brennen. Das Paar begleitete Mentona bis zu ihrer Haustür, dann legte der Student den Arm um Hertas Schultern, und sie gingen gemeinsam davon, Mentona schaute ihnen sehnsüchtig nach. Die Straßenlaterne schien auf Hertas Haar, das bleichgolden aufschien wie Mondlicht. Die Einsame sah, wie der Rumäne mit seinem rabendunklen Haar Helgas Gesicht ganz nahe kam, und sie dachte, die beiden werden sich diese Nacht küssen und Körper an Körper einschlafen. Noch immer stand Mentona unter der Haustür, die Winterkälte machte ihr nichts aus, denn es war ihr warm geworden von dem Kuss unter der Straßenlampe, ihr Herz schlug heftig. Es war, als habe sie zum ersten Mal eine fremde Liebe gestreift. In ihrem Zimmer lag sie dann die halbe Nacht wach in Gedanken: Was ist die Liebe zwischen Mann und Frau? In dem kleinen Spital in Barnet waren die Frauen täglich um kranke Körper gewesen, da kam in ihnen Sehnsucht auf nach körperlicher Zärtlichkeit, die Pflegerinnen waren unter sich ohne Männer, jung und gesund. Zwischen den Frauen entstanden Freundschaften, da und dort auch eifersüchtige Szenen, andere Formen der Beziehung konnte Mentona, die als strebsam und naiv galt, nicht beobachten.

In Zürich entwickelte sich die Freundschaft mit Herta, sie führte Mentona ein in den Freundeskreis des Malers Fidus. Er, ein Schüler Dieffenbachs, malte in anthroposophischer Manier um Bäume tanzende nackte Kinder, weibliche Akte mit verrenkten Gliedern und seherisch aufgerissenen Augen. In seiner Umgebung öffneten sich Schatzkisten voll von erotischem Wissen, Mentona hörte vieles erzählen, und ihr war, als beschreite sie ein fremdes Land, denn Fidus war bekannt mit Gertrud Prellwitz, einer Verkünderin der freien Liebe.

Die Kinder der Fidus', für die in der abgehobenen Familie niemand Zeit hatte, wurden betreut von einem reizenden Berliner Mädel, das trotz seiner Jugend in Liebesdingen erfahren war, es wusste von Erlebnissen mit Männern, aber auch mit Frauen.

Diese kleine Nixe gab sich Mühe, die in der körperlichen Liebe unerfahrene Mentona in die lesbische Liebe einzuführen. Eines Abends streifte sie in Mentonas Bude ihre Kleider ab, und als sie wie eine bräunliche Raupenhülle am Boden lagen, fing ihr schlanker nackter Körper an, sich schmetterlingsgleich zu bewegen und zu tanzen. Mentona, berauscht von ihrer Anmut, setzte sich nach dem Tanz neben sie auf den Boden, sie tranken zusammen den in Mode gekommenen Eiercognac, und Mentona malte sich aus, mit dem wunderbaren Wesen eine Art Verlobung zu feiern, irgendwo, wo Palmen wuchsen und es warm war! Mehr als ein Schwelgen in diesen phantastischen Vorstellungen geschah an diesem Abend nicht. Doch in den nächsten Tagen wartete Mentona mit Sehnsucht vergeblich auf die Wiederkehr der kleinen Berlinerin. Zufällig kam ihr zu Ohren, eine andere Frau, die schon lange der Jungen eifersüchtig nachging, habe sie weggelockt.

Herta und Mentona besuchten zu Fasnacht einen Kostümball der Studenten und Professoren, sie gingen als Max und Moritz und begeisterten mit frechem, spitzbübischem Gebaren die Runde der Teilnehmer, man verlieh den Maskierten den ersten Preis. Herta schlug vor, an diesem Abend noch eine sehr interessante Frau aufzusuchen. Sie klingelte an der Tür eines vornehmen Backsteinhauses, eine kleine Frau öffnete und führte die beiden zu einer hochgewachsenen

Gestalt mit prachtvollem Charakterkopf, der männliche Eindruck wurde ergänzt durch die Havanna mit Bernsteinmundstück in ihrer Hand. Sie näherte sich Mentona, strich belustigt über ihre Stirn, sagte mit dunkler Stimme: »Warum diese zwei senkrechten Falten?« Das war ein Schlüsselsatz. Mentona, die sonst Zurückhaltende, war beeindruckt und schloss augenblicklich Freundschaft.

Nun besuchte Mentona diese Dame, die als Frauenärztin praktizierte, immer häufiger, sie kannte die griechische Literatur, sprach Altgriechisch, las Mentona aus der deutschen Übersetzung von Platons *Gastmahl* und *Phaidon* vor. Es kam zu einer gemeinsamen Reise an die Riviera. Die Große, verliebt in die Reisegefährtin und voller Eifersucht, lud nach diesem Zusammensein Mentona ein, mit ihr und der kleinen Frau zusammenzuwohnen. Mentona sagte zu, so hatte sie in den zwei Frauen so etwas wie eine Familie. Die kleine Frau, die damals die Tür zum Backsteinhaus geöffnet hatte, lebte seit einem Vierteljahrhundert als Partnerin mit der Großen zusammen, und Mentona lernte sie allmählich als einen besonders wertvollen Menschen kennen, sie war gütig, heiter, aufopferungsfähig. Alle praktischen Arbeiten, welchen die Große hilflos gegenüberstand, besorgte Ännchen, die Kleine.

Langsam ließ der Bann nach, Mentonas Begeisterung für die Große kühlte nach und nach ab. Ihre Tiraden, die ständig um ihre eigene Person kreisten, wurden langweilig. Manchmal erinnerte die Große Mentona peinlich an ihre Mutter, auch in der Art, wie sie die Kleinere herablassend behandelte, sah sie eine Ähnlichkeit. Wie die Mutter im Schloss Au wurde die Große von keinen politischen und sozialen Themen berührt, sie war ein ausgesprochener Herrenmensch und stand dazu. Dass Mentona nach wie vor in Zürich der sozialen Arbeit nachging, gefiel der Ärztin nicht, schließlich kam es zur Trennung.

DIE VISION EINER NEUEN WELT

Das Hauptproblem in Zürich war damals die Tuberkulose. Besonders in den Vierteln der Arbeiter griff sie um sich, die schlecht ernährte Bevölkerung, die häufig in unhygienischen Wohnverhältnissen lebte, hatte ihr kaum etwas entgegenzusetzen. Doch die Krankheit befiel auch Menschen in wohlhabenden Häusern, immer mehr war sie zu einer Volkskrankheit geworden, die auch junge Leute dahinraffte. Mentona beteiligte sich in der Kantonalen Liga zur Bekämpfung des Übels, man mietete ein Lokal in einem Arbeiterviertel und fand einen Arzt, der regelmäßig Sprechstunde hielt. Besonders armen, hungernden Patienten konnte allerdings kaum geholfen werden, nicht umsonst trug die Tuberkulose den Namen ›Proletarierkrankheit‹. Mentona, die diese lichtlosen, zu engen Wohnungen der Kranken besuchte, dachte an Abhilfe, vor ihrem inneren Auge standen jetzt die Londoner Gartenstädte von Ottavia Hill, schlichte Häuser umgeben von Pflanzland für den Bedarf der Familie. Sie machte Skizzen zu solchen Siedlungen, und ihren ersten Vortrag zu diesem Thema hielt sie in der Aula des Hirschengraben-Schulhauses vor Mitgliedern des Stadtrates und des Bauamtes. Der Vortrag, ausgiebig besprochen in der Presse, weckte auch anderswo Interesse, bald reiste die Referentin, begleitet von Skizzen und Bildern, zu weiteren Vorträgen durch die Schweiz.

Ihr Augenmerk richtete sich mehr und mehr auf die Arbeiterkinder, in den kasernenartigen Mietshäusern spielten sie wie damals in London in schmutzigen Hinterhöfen und im Straßenkot. Durfte das sein in diesem lichtvollen, reichen Zürich?

Mentona entwarf Skizzen von öffentlichen Spielplätzen mit Sandkästen und Wasserbecken, Rasenplätzen mit Rutschbahn und Kletterturm. Sie arbeitete ihre Ideen aus, überreichte die Pläne dem Vorstand des Bauwesens.

Die Vorschläge wurden beachtet, manche durchliefen mit untypischer Geschwindigkeit die zuständigen städtischen Kommissionen und wurden angenommen. Der Sekretär des Bauwesens suchte mit Mentona nach geeigneten Plätzen in den Arbeitervierteln und am Waldrand des Zürichbergs.

Auch eine andere Idee von Mentona Moser wurde realisiert: Junge Frauen sollten für Sozialarbeit ausgebildet werden. Namhafte Persönlichkeiten wie Maria Fierz, die auf Mentonas Rat hin im Settlement in London eine Ausbildung gemacht hatte, trugen die Idee mit. Im Januar 1908 wurde der erste Kurs für Kinderfürsorge mit siebzehn Teilnehmerinnen abgehalten. Mentonas Initiative legte den Grundstein für die erste soziale Frauenschule der Schweiz.

Es begannen für Mentona kreative, glückliche Jahre, erfüllt von Plänen und einer in die Zukunft gerichteten Arbeit.

Im Stillen wuchs die Freundschaft zu einem Mann, der sozialkritisch dachte wie sie: Hermann Balsiger, Jurist und Sekretär des Bauamtes.

Sie hatten für die Kinderspielplätze zusammengearbeitet, er teilte ihre Hinwendung zu den Kindern der Armen, er konnte zuhören, wenn sie von ihren Visionen erzählte und setzte mit seinen Mitarbeitern ihre inneren Bilder um. Schon im Sommer 1908 freuten sie sich über den ersten Erfolg: Bei der Jakobskirche, auf dem ersten Spielplatz, sahen sie vergnügte Kinder spielen.

Balsiger setzte sich in seiner Freizeit für die Anliegen der Arbeiter ein im Sinne Hermann Greulichs. Greulich, dieser aus Schlesien stammende Volksvertreter, ein alter Mann mit schlohweißem Haar, gründete die ersten Gewerkschaften und war der erste vollamtliche Arbeitersekretär der Schweiz. Dank seiner pragmatischen Politik und seiner Nähe zur bürgerlichen Kultur wurde er in Zürich als ›Papa Greulich‹ von allen geachtet, im Stadtrat sprach er von der »Menschwerdung des Proletariats«. Es ging ihm darum, im Fabrikarbeiter den Menschen mit seiner Würde zu sehen.

Hermann Balsiger, in Zürich geboren, hatte Jura studiert, promoviert und gehörte der Sozialdemokratischen Partei an. Auch Mentona war dieser Partei beigetreten, doch für Mentonas Empfinden setzten sich die Sozialisten in Zürich zu zögerlich für ihre Ziele ein, noch fehlte den Fabrikarbeitern Einsicht in die ihnen zustehenden Rechte. Und vom Frauenstimmrecht, für das Mentona entschieden eintrat, war man noch meilenweit entfernt!

Da strahlten die Vorträge ihres Freundes Balsiger weit mehr Überzeugung und Temperament aus. Als er eingeladen wurde, an einem Genossenschaftskongress in der Westschweiz als Delegierter zu sprechen, fuhr sie nach Genf, wo er vor Hunderten von Menschen mit innerem Engagement und großer Klarheit sprach. Sie fühlte sich angezogen von diesen hellen Augen, dem üppigen, dynamisch nach hinten gekämmten dunkelblonden Haar, dem dünnen Schnauzbart.

Auch in Zürich war sie oft zugegen bei seinen Ansprachen vor Arbeiterführern. Im Anschluss fanden Diskussionen statt in einem der ersten Kinos von Zürich, in denen die noch stummen Filme von Klaviermusik begleitet wurden.

Mit Hermann Balsiger öffnete sich für Mentona Moser die Vision einer neuen Welt: menschenfreundlicher, gerechter. Manchmal, wenn sie in ein Lokal eintraten, drehte man sich nach ihnen um, man war erstaunt, Mentona Moser in Begleitung dieses sportlich aussehenden Mannes zu sehen, hatte es sich unter den jüngeren Leuten doch herumgesprochen, sie wohne im Haus eines lesbischen Paares.

Mentona hatte das Backsteinhaus jedoch verlassen, bewohnte jetzt eine eigene kleine Wohnung. Durch die Zusammenarbeit, die gemeinsamen Ziele, war zwischen ihr und Hermann Balsiger ein Gefühl von Nähe entstanden. Sie dachte, dass es in ihrem Leben Zeit wurde, ihren Frauenfreundschaften weniger Gewicht zu geben, erstmals seit ihrer früh verstorbenen Jugendliebe konnte sie sich vorstellen, mit einem Mann eine Zukunft aufzubauen.

Liebe im Schnee

Mitte März hatte es erneut Schnee und Frost gegeben, der Raureif verwandelte die Platanen vor Mentonas Fenster in zauberhafte Gebilde. Nun lud Hermann Balsiger Mentona ein zu einer Schlittenpartie auf den Uetliberg. Diesmal saßen sie auf der Abfahrt im gleichen Gefährt, er saß dicht hinter ihr und steuerte. Die schmale Wegzunge, links und rechts von Buchenstämmen gesäumt, schimmerte bläulich, von den kahlen Ästen fiel manchmal ein Brocken eisiger Schnee. Die Geschwindigkeit und der von Brocken holprige Weg presste Mentona auf dem Schlitten dicht an seinen Körper, sie vertraute sich seiner Führung an. Doch in einer der scharfen Kurven bremste er nicht rechtzeitig, der Schlitten landete im Abseits, mit viel Gelächter rappelten sie sich aus den Schneemassen. Bevor sie unten im Tal in ein Gasthaus traten, klopften sie sich gegenseitig den Schnee von Mütze, Mantel und Stiefeln. Hinter der heißen Teetasse färbte sich Mentonas Gesicht rosig, ihre dunklen Augen glänzten.

»Mentona, möchtest du meine Frau werden?«

Lange war Mentona jeder Bindung mit einem Mann ausgewichen, jetzt ging alles sehr schnell, die Heirat sollte im Frühling 1909 auf der Au stattfinden. Frau Moser Sulzer-Wart, nicht begeistert von einem sozialdemokratischen Bräutigam, ließ das Paar vom Standesamt mit einem Mietwagen abholen, ihr feudaler roter Wagen mit dem hauseigenen Chauffeur war ihr offensichtlich zu gut.

Die Zeremonie glich der von den Weihnachtsfesten: Auf Mamas Klingelzeichen kamen alle Dienstboten im Gänsemarsch in den Saal, an der Spitze, an der früher August, der Kutscher, seinen Platz gehabt hatte, erschien nun der Chauffeur des neuen Automobils. Die Angestellten sagten ihre Wünsche auf, dann, rechtsumkehrt, marschierten sie wieder hinaus.

Am Abend zog das Paar in die kleine Junggesellenwohnung des Bräutigams. Umschlungen traten sie ans Fenster, vom Hang des unteren Zürichbergs aus öffnete sich der Blick auf Stadt und See, dahinter die graue Erhebung des Uetlibergs, man erkannte, von Straßenlampen gesäumt, unter dem Gipfel die gewundene Straße ihrer Schlittenpartie. *Eine Weile standen wir da – traumverloren, glückerfüllt,* hält Mentona später diesen ersten Moment ihrer Ehe fest.

Sie hatte nicht an Kinder gedacht, nur an das Zusammenleben und Arbeiten mit dem geliebten Mann. Nun kam mit den schwelenden Knospen des Frühlings das Wissen: Ein neues Leben wuchs in ihr, ihr Körper blühte auf. Sie, die keine Mutterliebe gekannt hatte, freute sich darauf, ihrem Kind geben zu können, was sie selbst entbehren musste.

Ihre Arbeit an der Seite ihres Mannes setzte sie jedoch fort, auch da herrschte gute Hoffnung, noch schien die drohende Wolke des Ersten Weltkriegs fern am Horizont. Anfragen für Vorträge, die Gartenstadt betreffend, Mitarbeit in der Konsumgenossenschaft, der Genossenschaft für Bekleidung, der Tuberkulosekommission.

Abends kamen in ihre Klause unter dem Dach Gäste. Der kleine große Mann im Lodenmantel, Hermann Greulich, saß oft bei ihnen, er, der schon in Deutschland im Revolutionsjahr 1848 gekämpft hatte. Wie im Stadt- und Nationalrat, wo er beisaß, ließ er jetzt am Tisch seinen tiefen Bass hören, es ging ihm um bessere Verhältnisse in den Fabriken. Auch Künstler kamen abends, Ferdinand Hodler mit seinem alten Gönner Kissling, im Kunsthaus waren Hodler-Bilder mit dem Thema Liebe ausgestellt, und der Sittlichkeitsverein, damals in Zürich allgegenwärtig, begutachtete kopfschüttelnd die Werke und forderte ihre Entfernung. Es machte auch Spaß, Marc Henry, den Gründer und Leiter des Münchner Kabaretts *Die elf Scharfrichter* einzuladen, mit seiner Partnerin Marya Delvard spielte er zu dieser Zeit in einem Lokal am Bellevueplatz.

Am 24. Dezember, eine Stunde nach Mitternacht, kam in der Pflegerinnenschule das Töchterchen Annemarie zur Welt, in den Augen der glücklichen Eltern war es ein rosiges Kind, eine weiße Christrose.

Sie nannten es Amrey.

Amrey war ein sonniges Wesen, das mit einem lächelnden Gesicht einschlief und am Morgen lächelnd erwachte. Bald stellte es sich auf die Beine und tänzelte durch die Wohnung, da manifestierte sich schon die spätere Tänzerin. Eine Eigenständigkeit, die herausforderte, stellte doch die Kleine, sobald Mentona den Rücken kehrte, viel Unfug an. Doch im Glanz der jungen Ehe begrüßten die Eltern jede Aktivität, jeden Fortschritt der kleinen Amrey, ja, sie wünschten sich noch ein Kind dazu. Das zweite, das bestimmt wieder ein Mädchen sein würde, sollte Marianne heißen, denn die französische Operette *Annemarie et Marianne* machte gerade in Zürich Furore.

Doch die zweite Geburt, sie ging überraschend schnell vor sich, brachte einen Jungen! Die Nachricht erreichte Hermann Balsiger während einer Sitzung, er schloss sie mit den Worten: »Meine Herren, ich habe eben einen Sohn bekommen.« Er ging nach draußen, rief nach einem der damaligen ›Taxameter‹. Als die Hebamme im Gebärzimmer nach dem Namen des Neugeborenen fragte, wussten die Eltern keinen, Marianne passte nun nicht. Schließlich wählte der überraschte und sehr glückliche Papa den Namen seines Vaters Eduard.

Der Kleine, den sie ›Edi‹ nannten, war ein richtiger ›Moserkopf‹, lebensfroh und hartnäckig in seinen Ansprüchen. Bei Tisch wollte er alles allein machen, er ließ sich kaum füttern und schüttete alles daneben. Die jungen Eltern hatten wie viele ihrer Generation das Buch von Ellen Key *Das Jahr-*

hundert des Kindes gelesen. Sie vermieden Strafen, sie wollten alles liebevoll mit Erklärungen machen, das brauchte Zeit und war nicht sonderlich erfolgreich.

Für die beiden lebhaften Kinder wurde die Dachwohnung zu klein, Hermann mietete in einer stillen Straße am unteren Zürichberg ein Haus mit Garten.

BALSIGERS PLÄNE:
ST. ANNAHOF MIT FERDINAND HODLER

Für Balsiger wurde 1912 ein Jahr des Erfolgs. Seine Pläne realisierten sich. Selbst sein kühnstes Projekt, eine Einkaufshalle des Lebensmittelvereins an der eleganten oberen Bahnhofstraße von Zürich, St. Annahof genannt, fand die Zustimmung der Baukommission. Der unterste Stock war für die Lebensmittel reserviert, der erste Stock für den Verkauf von Kleidern und Schuhen, zuoberst lagen Sitzungszimmer und Büros. Balsinger hatte die Idee, an der Außenseite des im Jugendstil gehaltenen Gebäudes Fresken von Ferdinand Hodler anzubringen, eine Kommission sollte mit dem Künstler in Genf verhandeln. Sie trafen Hodler in seinem Garten, eine Melone auf dem Kopf und beim Spiel der Ziehharmonika. Er, der noch nicht sehr berühmt war, unterschrieb in froher Stimmung den Vertrag. Das Ereignis wurde in Genf im ›Krokodil‹ gefeiert, wo kleine Wandfriese des noch jungen Künstlers die Wände zierten. Mentona saß neben Hodler, sie hörte ihn, angeregt vom Wein, lebhaft plaudern, mal Französisch, mal im Berner Dialekt seiner Jugend.

Diesen wunderbar stimmigen Abend werde sie zeitlebens in Erinnerung behalten, schrieb sie in ihr Tagebuch.

Im Mai 1913 gab es noch Konzessionen von Hodler zu erwirken, welche die Fresken für den St. Annahof betrafen. Man hatte den Abend im Genfer ›Krokodil‹ noch im Gedächtnis, an dem sich der Künstler besonders lebhaft mit Mentona Moser-Balsiger unterhalten hatte. »Schicken wir am besten Frau Balsiger nach Genf«, befand der Vorstand des Lebensmittelvereins, »Hodler ist ein *homme à femme* und wird im Gespräch mit ihr am ehesten unseren Wünschen entsprechen!«

Mentona übernahm nicht ungern diese Aufgabe.

Die Adresse des Künstlers war in diesem Viertel von Genf schwer zu finden, mehrmals fragte Mentona in ihrem immer noch brauchbaren Französisch Passanten nach Hodlers Atelier. Zuletzt wies ein älterer Mann mit seinem Regenschirm auf einen großen verwahrlosten Garten: »Dort, zwischen den Johannisbeerbüschen, Madame, sehen Sie den weißgestrichenen hölzernen Vorbau?« Entschlossen ging sie den mit Gras überwachsenen Kiesweg entlang, betrat dann den türlosen Vorbau, fand den Künstler. Er stand auf einem Podest, eine Hünengestalt in einem scharlachroten Umhang, vor ihm das Kolossalwerk *Der Schwur* für das Rathaus Hannover. Hunderte von Männern in der farbigen Bekleidung der Landsknechte erhoben die Schwurhand zu dem einmütigen Bekenntnis, dem neuen lutherischen Glauben anzugehören! Sie sah dem Künstler eine Weile zu, wie er da und dort mit seinem Pinsel Korrekturen anbrachte, dann zog drüben, angelehnt an die Wand, ein anderes Bild ihre Aufmerksamkeit auf sich: der Entwurf für das Gemälde *Die Nacht*, das der

Sittlichkeitsverein in Zürich beanstandet hatte! Einsame, unruhige Männer auf einem Lager, im Vordergrund und im Hintergrund je ein liebendes Paar: das eine mit Hodlers Ehefrau, das andere mit seiner Geliebten.

Plötzlich, als habe sie ein Geräusch verraten, wandte sich der Künstler nach ihr um.

»*Ah, la chère Mentone!*« Sein Gesicht hellte sich auf.

Er stieg vom Podest, rieb sich die Hände an einem Tuch ab, küsste sie zur Begrüßung auf beide Wangen. Etwas später, sie hatte ihr Anliegen schon vorgebracht, servierte im Nebenraum ein junges Mädchen chinesischen Tee.

Für einen Moment setzte sich eine schöne, lebensvolle Frau zu ihnen, sie hielt ein kleines Mädchen im Arm, Hodler stellte sie als seine Frau, Berthe Jacques, vor, das Kind nannte er Paulette.

In Zürich hatte man während der Bildausstellung eifrig Einzelheiten ans Licht gezerrt über sein bewegtes Liebesleben: Berthe Jacques, seit 1897 Ehefrau des Künstlers, hatte zehn Jahre später eine Konkurrenz zu dulden, Valentine Godé-Darel, Modell und Geliebte ihres Gatten. Die junge Frau, die an Krebs litt, starb kurz nach der Geburt des gemeinsamen Kindes. Die Ehefrau Berthe, selbst kinderlos, hatte dann das Kuckucksei, genannt Paulette, schon während Valentines Krankheit aufgezogen, jetzt hatte Hodler es adoptiert.

Als Berthe den kleinen Salon verließ, neigte sich Hodler Mentona zu, sein markantes Gesicht mit dem rötlichen Bart und den kleinen blinzelnden Augen kam nahe: »Wissen Sie, Mentone, schon als Kind hatte ich erfahren, dass die Lebenszeit des Menschen beschränkt ist. Ich war von klein auf nicht vom Leben umgeben, sondern vom Tod. Erst starb mein Vater. Dann meine Mutter. Ja, alle an Tuberkulose, dieser

Krankheit, die Sie ja in Zürich bekämpfen wollen, nicht wahr? Jedenfalls hat meine Mutter acht noch kleine Kinder hinterlassen, ich als Ältester sah jedes Jahr eines der Geschwister sterben. Die Krankheit nannte man damals Schwindsucht. Eines nach dem andern schwand dahin. Eine Sucht des Verschwindens?

Mit zwölf Jahren arbeitete ich im Atelier für Theaterdekor, es gehörte meinem alkoholsüchtigen Stiefvater. Er verschlief im Suff seine Tage, und ich musste für die paar Übriggebliebenen Geld verdienen. Ich sollte also partout am Leben bleiben! Und ich blieb am Leben, Mentone! Und wissen Sie warum? Nur dank der Liebe.«

Trotz Mentonas Mission in Genf musste man später auf die Fresken von Hodler verzichten. Das bedauerten die Balsigers sehr. Doch Experten behaupteten, im Klima der Limmatstadt würden Fresken der Feuchtigkeit nicht standhalten, sie würden schon nach wenigen Jahren bröckeln.

Im dritten Jahrtausend steht der schöne, im Jugendstil erbaute St. Annahof neben den Geschäften trendiger internationaler Firmen. Doch er ist immer noch der beliebteste und lebendigste Markt an der Bahnhofstraße von Zürich geblieben!

DER LIEBHABER SCHNELLER SPIELZEUGE

Eine unheilvolle Wolke hängt 1913 am Horizont, aus einem gefühllosen Himmel die Ausschüttungen von allen Übeln wie aus der Büchse der Pandora.

Mit dem Schlimmsten vom Schlimmen setzt die Unglückssträhne ein: Balsigers gewitzt kluger Eduard wird ausgerechnet am 13. Juni, seinem zweiten Geburtstag, ernsthaft krank.

Es kommt rasch, wie ein Naturereignis.

Am Vortag sah ihn Mentona noch die Treppe hinaufsteigen. Doch am Geburtstagsmorgen liegt der sonst so lebhafte, alles Schnelle liebende Edi immobil im Bett: wachsweiß, die Augen fiebrig glänzend. Liegt da auf dem Rücken, kann sich nicht mehr aufrichten, neben ihm sein Lieblingsspielzeug, der aufziehbare, Trommel schlagende, Bein wirbelnde Bär.

Edi liebt alles, was sich schnell bewegt, heiß.

Da liegt, neben dem Bär, das rote von der Au-Großmutter zu Weihnachten geschenkte Auto, es dreht sich rasend im Kreis. Nur der kleine Herr des Spielzeugs ist plötzlich bewegungsunfähig.

Er streckt sich nicht wie üblich am Morgen der Mutter entgegen, er liegt still und reglos auf dem Rücken. Die Mutter spürt kaltes Entsetzen. Beugt sich tief über den Kleinen, küsst ihn, als könnte das Normalität herstellen.

Ein Arzt kommt, er ruft einen zweiten. Ein Krankenwagen fährt vor, das Kind muss sofort geröntgt werden: Das Ergebnis: Tuberkulose des Rückgrats: vier Wirbel befallen.

Die Mutter ahnt es: Spondylitis, eine endlose Geschichte.

Auf Rat der Ärzte wird Edi von Mentona nach Leysin in das Sanatorium des Dr. Rollier gebracht, in einer besonderen Abteilung pflegt man dort Kinder, die von früh bis spät in der Sonne liegen wie Frühgemüse, das noch nachreifen soll.

Mentonas Welt ist jetzt zweigeteilt, die eine Hälfte in Zürich bei ihrem Mann, wo sie ständig an ihren kleinen Sohn denkt, die andere auf 1200 Meter Höhe und Edi nahe, doch hier vermisst sie ihren Mann, ihre Tochter und das bewegte Leben in Zürich.

Die Zeit ist aus den Fugen. Die Wochen schleppen sich dahin. Dann und wann ein Ereignis, das ihren Lauf noch spürbar macht: In Zürich stirbt August Bebel. Ein Trauerzug, begleitet von Hunderten von Menschen, die nach mehr Gerechtigkeit hungern, nur schwer lassen sie den Kämpfer für eine bessere Welt scheiden.

Ende Juli 1914 lag Edi immer noch an der Sonne, zudem drang Unruhe aus der weiten Welt in die Einsamkeit des Bergorts. Kriegsgerüchte.

In Leysin las Mentona in der Zeitung, Österreich habe Serbien den Krieg erklärt, Russland und Deutschland mobilisierten.

Am 1. August eine Karte von ihrem Mann, er müsse zu Manövern einrücken. Das Telefon, nur noch für das Militär offen, habe er nicht benützen können. Mentona eilte zum Postamt, schrieb ein Telegramm, fuhr dann mit einem Zug, der überfüllt war von Soldaten, ins Tal. An jeder Station hielt man an, neue Uniformierte stiegen ein, mit stundenlanger Verspätung, nach Mitternacht, langte sie in Zürich an.

Mitte August 1914 notierte Mentona: »Der furchtbarste Krieg, den die Menschheit je erlebt hat, ist ausgebrochen. Frankreich, diesem herrlichen Land mit hoher Kultur, droht der Untergang. Über Leben und Tod herrscht die Schwerindustrie, die Männer an ihrer Spitze wollen den Krieg.«

Ferdinand Hodler unterzeichnete als Künstler ein Protestschreiben gegen den Beschuss der Kathedrale von Reims, darauf wurde er aus den deutschen Kunstvereinigungen ausgeschlossen.

Die Mutter und ihr Liebhaber

In Zürich, unter der Wolke des Weltkriegs. Während einzelne Stadtteile wie ausgestorben schienen, herrschte auf der Bahnhofstraße Hochbetrieb. Vor den Banken standen Soldaten mit aufgepflanzten Bajonetten, denn Reisende aus aller Welt stürmten in der Absicht, Geld abzuheben, die monetären Tempel. Vor dem Versatzamt, dem Pfandleihhaus, stauten sich Menschen, meist Ausländer, die ihren Schmuck versetzen wollten. Zürcher aus den Villenvierteln füllten ihre Autos mit Konserven und geräuchertem Fleisch, Hamsterkäufe, vor denen gewarnt wurde, doch in der Panik ist sich jeder selbst der Nächste.

Als Mentona auf der Bahnhofstraße Richtung Bahnhof ging, sah sie von weitem eine weißhaarige, ziemlich korpulente Frau, die sich mühsam auf den Arm eines jüngeren Mannes stützte. Sie erkannte in der Frau, die ihr entgegenkam, ihre gealterte Mutter. Der jüngere Mann war Mutters Liebhaber, der Vermögensverwalter.

Das Paar kam langsam näher, ohne Mentona wahrzunehmen, ihre Gesichter sahen gehetzt und sorgenvoll aus, als treibe sie der eben begonnene Krieg vor sich her.

Hatten sich Geld und Liebe in diesem ungleichen Paar vereint, so schien diese Fusion nicht gefeit zu sein gegen die Ängste und Unbill der Zeit. Die Begegnung wühlte Mentona so sehr auf, dass sie sich am Rand des Trottoirs an einem Baumstamm festhalten musste, Mitleid hatte sie überfallen, die Mutter mit einem Mal so alt und kraftlos zu sehen.

Ohne Mentona zu beachten, ging das ungleiche Paar humpelnd an ihr vorbei, beim nächsten Geldinstitut half der junge Mann der alten Frau die Granitstufen hinauf, sie verschwanden.

Seltsame Koinzidenz: Zu Hause fand Mentona einen Brief der Mutter. Eine Seltenheit, sie öffnete ihn sofort. Die Mutter teilte mit, der Krieg zwinge sie, ihre Hausführung umzustellen: Anstatt Leinenservietten gebe es jetzt solche aus Papier, die Angestellten, sie nannte sie im Schreiben ihre ›Diensten‹, erhielten nur noch Brot ohne Butter, sie lege jetzt auch Vorratsfässer an mit Kohl.

Dann das Sparprogramm, ihre Tochter betreffend: In Sorge um das in Deutschland deponierte Kapital sei sie nicht mehr in der Lage, die monatlichen Geldsendungen an Mentona weiterzuführen. Die Tochter las das Schreiben noch einmal, legte kopfschüttelnd den Brief beiseite und dachte: Reichen Menschen spendet der Krieg einen Vorwand, ihren knausrigen Umgang mit Geld den Untergeordneten gegenüber zu rechtfertigen.

Im September 1914 dann der Bericht von Dr. Rollier: Der Kleine sei nahezu geheilt, voraussichtlich könne er im Frühling entlassen werden! Ein Sonnenstrahl Hoffnung? Doch Eduard würde noch ein weiteres halbes Jahr an der Sonne von Leysin liegen, und das Geld der jungen Balsigers schmolz dahin wie der Märzschnee auf der Höhe von 1200 Metern! Es gab noch keine Krankenversicherung, welche die Kosten decken half, ein weiteres, immer noch unerfülltes Anliegen der Sozialisten.

Im April 1915 schließlich ein fast märchenhaftes Ereignis. Mentonas Mann sollte in Schaffhausen einen Vortrag halten und wandte sich an seine Frau: »Komm doch mit, es ist doch schon lange dein Wunsch, deine Vaterstadt und Schloss Charlottenfels kennenzulernen!« So reisten sie am folgenden Tag in Begleitung eines Freundes, eines Bildhauers, nach Schaffhausen. Am Bahnhof trennte sich Mentonas Mann von ihnen, man wollte sich am Abend im Gasthof ›Goldenes Lamm‹ wieder treffen.

»Gehen wir doch zuerst nach Charlottenfels«, sagte Mentonas Begleiter, und in der Straßenbahn, schon aufgeregt, flüsterte Mentona ihm zu:

»Ich gehe aber nur zum Schloss, wenn mein Halbbruder nicht dort ist.«

Von der Haltestelle aus verlief der Pfad hügelan, plötzlich standen sie vor einem Tor. Mentona verließ der Mut, sie wollte umkehren, doch der Bildhauer öffnete und ging auf das Pförtnerhaus zu, er wolle sich nur rasch erkundigen. Da erschien am Abhang ein hagerer Mann mit Tirolerhut. Und schon stand er vor Mentona, der Halbbruder Henri Moser, der Besitzer von Charlottenfels! Mentona hatte sich in Tagträumen den unbekannten Bruder vorgestellt: Tiefliegende, scharfblickende Augen, eine kühn geschwungene Nase, ein eigentümlicher Mund! Waren das nicht auch ihre Gesichtszüge und die von Heinrich Moser, ihrem Vater, der gleichzeitig der Vater dieses Mannes war?

Sie reichte ihm ihre Hand: »Ich bin Ihre Halbschwester, Mentona.«

»Kommen Sie«, sagte er. Schweigend geleitete er Mentona und ihren Begleiter hinauf zum Schloss, in seinem Arbeitszimmer befahl Henri einer Angestellten, seine Frau zu rufen.

Unterdessen nahm er eine Plakette vom Bücherregal und schenkte sie lächelnd Mentona: »Unser beider Vater, daneben der Rheinfall!«

Nun schien der Bann gebrochen, sie begannen miteinander zu plaudern, duzten sich. Dann erschien Marguerite, Henris Frau, eine kleine blonde Dame, die sehr pariserisch wirkte und auch Französisch sprach. Marguerite zeigte Mentona in ihrem Boudoir das Bild ihres Sohnes, der, kaum ein Jahr alt, in Paris gestorben war. »Mein Mann Henri hat den Tod dieses seines einzigen Kindes nie verwunden«, sagte sie. »Du möchtest doch sicher das Zimmer deines Vaters sehen?« Sie öffnete eine Türe, und Mentona blieb eine Weile im Raum ihres Vaters stehen, wie als Kind befiel sie die Sehnsucht nach dem Unbekannten, Tränen schossen ihr in die Augen.

Es war inzwischen sechs Uhr geworden, sie sagte Henri, ihr Mann warte im ›Goldenen Lamm‹. Und Henri ließ in den Gasthof telefonieren, Hermann Balsiger möge doch hinauf nach Charlottenfels kommen!

Er kam, und bis am späten Abend blieben sie alle beisammen.

Mit großer Lebendigkeit schilderte Henri seine weiten Reisen durch Russland und in den Orient. Er öffnete kurz seine Säle, wies auf seine Sammlungen aus den Kulturen Zentralasiens, Sammlungen, die er später dem Historischen Museum in Bern schenken sollte.

Am anderen Morgen, schon wieder aus Zürich, schrieb Mentona einen Dankesbrief. Henri schrieb ihr wider Erwarten sofort zurück, bat sie, bald wiederzukommen. Sie besuchte ihn noch im gleichen Monat, auf Charlottenfels spazierten sie zusammen im Park, es folgten lange Gespräche über ihren gemeinsamen Vater. Henri sprach auch von seinem jugendlichen Protest gegen den sehr autoritären Patriarchen mit seinem sturen Moserkopf. Die Wiederverheiratung des Vaters mit Mentonas Mutter sei ein Drama für ihn und seine vier Schwestern gewesen. »Wir Kinder aus erster Ehe wurden um unser Erbe geprellt.« Da spürte Mentona den Hass zwischen Stiefmutter und Stiefkindern, sie kannte ja auch den Hass der Mutter auf ihr zweites Kind, und sie notierte in ihr Tagebuch: *Geld war der Ursprung dieser negativen Gefühle, nur Geld!*

Mentonas Mutter erfuhr von Mentonas Kontakt mit dem Halbbruder Henri und reagierte mit heftigem Zorn.

Henri hingegen bat Mentona, beim nächsten Besuch doch drei Tage auf Charlottenfels zu verweilen, und sie möge doch auch Eduard mitbringen, wenn er dann endlich entlassen sei!

Bei diesen Besuchen, die später folgen sollten, spürte sie sein warmes Herz: Der Halbbruder unterhielt sich besonders gern mit ihrem kranken Sohn. Doch Henri kam auch auf sein eigenes Alter und seine Angst vor dem Tod zu sprechen. Im Gespräch über diese letzten Dinge tastete er nach Mentonas Hand, flüsterte: »Wenn ich sterbe, sollst du meine Hand halten!«

Mentona war gerührt, sie spürte ihre Zugehörigkeit zu diesem Bruder und zu Vaters Heimatstadt Schaffhausen. Sie nahm sich vor, Henri, wann auch immer, in seiner Todesangst beizustehen. Doch der Tod erledigte das eleganter: Henri sank 1923, ohne Ängste oder Schmerz zu empfinden, auf einem Spaziergang in Vevey zusammen.

Wer bezahlt das alles, Mentona?

Hermann Balsiger seufzte.

Es ging ihm schlecht.

Nach allzu großen Differenzen mit dem Verwaltungsrat des Lebensmittelvereins hatte er kapituliert und vor ein paar Tagen sein Amt freiwillig aufgegeben.

Er war jetzt stellenlos.

Mentona nahm es zur Kenntnis, dachte aber gleich wieder an ihren kleinen Sohn und wollte ihren Mann trösten, indem sie von Edis baldiger Entlassung sprach. Sie setzte sich neben Hermann und las den Bericht von Dr. Rollier vor: »Nach der Entlassung ist ratsam, dass das Kind sich weiterhin in sonniger Höhenlage aufhält ...«

»Wo denn? Wie stellst du dir das vor, Mentona?«, fragte Balsiger.

Mentona gestand, sie habe ein paar schlaflose Nächte lang darüber nachgedacht und nach Lösungen gesucht. Sei dann zu dem Schluss gekommen, ein Kinderheim zu eröffnen, im Nachbarkanton, in Höhenlage. Dort sei eine Fremdenpension zum Kauf ausgeschrieben.

»Und wer bezahlt das, Mentona? Du möchtest die Welt retten, aber du hast keine Ahnung, was sie kostet.«

»Durch den Unterhalt des Kinderheims erhalte ich ja eine Einnahmequelle«, wehrte sie sich, aber es klang bereits etwas kleinmütig.

»Und die Kinder für dein Heim? Woher kommen sie?«

»Wir haben viele Freunde mit Kindern, die Erholung brauchen ...«

Er zuckte die Achseln: »Unsere Freunde ... sie sind jung, haben wenig Geld, wie wir auch.«

»Ich könnte Mama einen Brief schreiben ... sie braucht ja das Geld nur vorzuschießen ...«

»Das kannst du vergessen«, sagte er.

Er wusste, Mentonas kleines Kapital war beinah aufgezehrt, sie hatte ja bloß einen Bruchteil von Vater Mosers Einkommen in der Schweiz erben können. Die Millionen von den Moser-Uhren in Russland und die noch funktionierenden Fabriken? Alles der Mutter zugefallen. Und die kümmerte sich nicht um die Familie ihrer Tochter. Wozu setzen die denn ein zweites Kind in die Welt, soll sie zu Freunden gesagt haben.

Hermann Balsiger stand jetzt von seinem Stuhl auf. Er stellte sich vor Mentona hin, blickte ihr direkt und streng ins Gesicht, wie einem Kind, dem man etwas Unangenehmes beibringen muss: »Höre gut zu. Ich bin von nun an nicht mehr bereit, etwas zum Unterhalt der Familie beizutragen.«

»Aber Hermann, du bist doch der Familienvater!«

»Du wirst ein Schreiben von einem Rechtsanwalt bekommen. Ich reiche die Scheidung ein.«

In Verbissenheit und Trotz lebte sie weiter, musste sie weiterleben. Sie liebte ihre Kinder und kämpfte um sie.

Es gelang ihr, die verlassene Fremdenpension in der Innerschweiz vorläufig nur zu mieten. Umzugsleute holten ihre Möbel, es berührte sie schmerzlich, Räume zu verlassen, die ihre so wunderbare erste Zeit der Liebe gesehen hatten.

Warum gab Hermann auf? Sie liebte ihn noch. Hatte, in der vielen Zeit, da sie in Leysin weilen musste und er allein war, eine andere Frau ihren Platz eingenommen? Oder war er einfach müde, an allen Fronten zu kämpfen? Konnte er es nicht ertragen, einen durch die Spondylitis behinderten Sohn zu haben?

Es blieb ihr keine Zeit, lange darüber nachzudenken. Zeit ist Geld, hatte Vater Moser, der Herr der Uhren, gewusst. Mit dem Kinderheim nicht lange fackeln, ernst machen, wir brauchen dringend Geld.

In der verlassenen Fremdenpension, in der Leere der Räume, wo kleine Bettchen, rotkariert bezogen, auf Pensionäre warteten, schrieb sie an ihre Bekannten Werbebriefe. Doch viele Bekannte hatte sie nicht mehr, sie waren durch ihre politische Arbeit verlorengegangen, und die Parteifreunde hatten zwar erholungsbedürftige Kinder, aber keine Mittel.

Unter der Pension, an den Hängen über einem kleinen See, standen hübsche Kapellen, es war ein katholischer Ort, und man begegnete der geschiedenen, noch jungen Frau mit Misstrauen. Mentonas Entscheidung war in Hast gefallen, nun, in dem leeren Haus überfielen sie Zweifel: War sie überhaupt fähig, ein Kinderheim zu leiten? Sie rief nach dem bisherigen Kindermädchen Marie-Luise, das der Krieg nach Hause getrieben hatte, nach Marseille. Auf Mentonas Telegramm hin kam sie auf mühsamer Zickzackfahrt durch das kriegsversehrte Frankreich zurück in die Schweiz.

Endlich zwei ›Pensionärinnen‹, Mädchen von fünf und sieben Jahren, die Mutter, eine Deutsche, sie war in einer Villa in der Nähe als Hausdame angestellt. Bald holte sie aber ihre Kinder wieder ab, sie müsse, entschuldigte sie sich, nach Deutschland zurück.

Von nun an blieben alle Bettchen leer.

Als kalte Tage kamen, streikte in der ehemaligen Fremdenpension die Heizung. Fachleute kamen und stellten fest, die Heizung sei veraltet und tauge nichts mehr. Doch das Geld für eine neue Installation fehlte der Besitzerin der Immobilie. So tat ein kleiner Ofen das seine, und man beschränkte sich in dem weitläufigen Haus auf nur drei Zimmer.

Edis Heimkehr und die Fiebersäule

Endlich durfte Mentona im Herbst den kleinen Eduard in Leysin holen.

Dr. Rollier sei verreist, hieß es, ein Assistent half dem Kleinen in sein Stützkorsett. Nach ein paar Schritten auf die Mama zu fühlte sich Edi müde und wollte zurück ins Bett.

»Ich hätte ihn noch nicht entlassen«, sagte der Assistent.

Mentona ging ein Stich durchs Herz. Sie versuchte sich zu trösten mit dem Gedanken, dass der erfahrene Dr. Rollier wohl wisse, wen er entlasse. Wollte sich der Assistent vielleicht wichtigmachen?

Die Pflegerin nahm Edi auf den Arm und trug ihn neben Mentona zum Bahnhof. Als der Zug kam, sagte sie beim Abschied etwas unsicher: »Sie müssen sich nicht ängstigen, Madame, der Kleine hat meist abends erhöhte Temperatur, oft gegen neununddreißig Grad. Der Doktor sagt, das komme von den Sonnenbädern.«

Mentona, die Krankenpflege gelernt hatte, dachte auf der Heimfahrt angestrengt über diese neununddreißig Grad nach. Über zwei Jahre war Eduard hier in Pflege gewesen, nie hatte man in den Berichten dieses abendliche Fieber erwähnt! Sie nahm als Beweis den letzten, fast euphorischen Bericht aus der Tasche, las ihn nochmals, Tränen flossen ihr dabei über die Wangen.

»Mama, du weinst ja«, flüsterte Edi und presste ihre Hand.

Sie wollte eine fröhliche Mutter sein, zuversichtlich, stark, doch das gelang ihr nicht immer.

Edi lag vor dem leeren Kinderheim weiterhin in seinem Bett an der Sonne, er sang mit heller Stimme und freute sich über die Anwesenheit seiner Mutter und der Schwester Amrey. Doch der kleine Sohn wuchs kaum und nahm nicht zu.

Und trotz des Korsetts war er nach ein paar Schritten zum Gehen zu müde, Amrey, die schon als Kleinkind mütterliche Gefühle zeigte, stützte ihn. Am Abend stieg die Fiebersäule regelmäßig auf die angesagten neununddreißig Grad.

In der Not
blieben nur ganz wenige Freunde

Fred – er hatte ihr bereitwillig und tatkräftig bei ihrem Umzug geholfen – und seine Frau Marie hatten zwar auch kein überflüssiges Geld, doch sie teilten, zusammen mit ihren eigenen Kindern, manchen einsamen Sonntag mit Mentona. Sie kamen in der Früh vom Zürichsee her mit dem Zug, schoben dann Eduard in einem alten Kinderwagen den Hang hinauf, machten auf dem herbstlich abgeräumten Feld, mit Sicht auf See und Berge, ein Feuerchen und brieten Servelawürste am Stecken. Für Edi waren solche Tage neu und wunderbar.

An einem Oktobersonntag nahmen sie Mentona und die Kinder mit hinunter in das alte Städtchen. Da feierte man Kirchweih, ein Karussell drehte sich. Amrey in einem rosafarbenen Röckchen saß auf einem Löwen. »Ich möchte auch reiten«, rief Eduard begeistert. »Nein, Mama, nicht in den Wagen mit den Goldkugeln, lass mich auf einem der Pferdchen sitzen!« Mentona traute das seinen schwachen Armen und Händen nicht zu, doch Edi blickte sie mit seinen hellen Augen fest an, ließ nicht nach mit seinem Begehren. Sie hob ihn schließlich hinauf auf das weiße Pferd, setzte sich dann auf das Nachbartier, bereit, Edi aufzufangen. Die Musik setzte ein, das Karussell begann sich zu drehen.

Mentona sah es staunend: Eduard hatte seine Ärmchen um sein Reittier geschlungen, sein blonder Lockenkopf lag vertrauensvoll auf dem Hals des Pferdchens. Er lachte, begann mit seiner hellen Stimme zu singen, und während sein Reittier mit ihm rund um die Welt galoppierte, sang er und sang und sang.

Das Karussell stand still.

»Was bist du für ein großartiger Reiter, Edi.« Sie half ihm vom Pferd.

Ich darf ihm etwas zutrauen, nahm sie sich vor. Er hat Kräfte, die stärker sind als seine Muskeln, weil sie aus seinem Innern kommen. Er hat einen Moserkopf, der steht vieles durch.

Ihre Freunde, man konnte sie an einer Hand abzählen, waren kostbar, denn sie getrauten sich, Ratschläge zu geben.

»Mentona, du solltest das Experiment Kinderheim abbrechen«, sagte Fred. »Der Winter kommt, du bist einsam hier, du kommst mir vor wie Schneewittchen, das vergeblich auf die Zwerge wartet. Die zwölf leeren Kinderbetten lachen dich jeden Abend aus.«

»Wohin denn?«

»Zurück in die Stadt.«

»Nochmals in Zürich eine Wohnung suchen? Und nochmals ein Umzug der zwar bescheiden gewordenen Habe? Wisst ihr, was das kostet?«

»Wir helfen dir, hörst du? Versprochen!«

Fred und seine Frau Marie waren nicht nur zuverlässig, sondern auch findig, die Wohnung, die sie dank Beziehungen für Mentona auftrieben, befand sich in Zürich in einer eher einfachen Umgebung, doch aus den Fenstern waren Bäume zu sehen. An einen der Stämme gelehnt eine rote Bank, die zum Lesen einlud, daneben ein Sandkasten für

Kinder, was wollte sie mehr? Der Umzug ging wie durch Zauberhand vonstatten mit seltsamen, teils privaten Fahrzeugen, auch ein Schlitten mit Pferden war organisiert, der mit den letzten Dingen, inbegriffen Mentona und ihre Kinder, den verschneiten Pfad hinunterfuhr zum Bahnhof. Vor der Abfahrt stürzte die Hausbesitzerin noch herbei, schwang in der Hand eine unbegliche Rechnung für Inspektion und Reinigung der schadhaften Heizung, Mentona wies darauf hin, dass sie ja nie funktioniert habe. Die Frau drohte mit einem Prozess. Mentona überließ ihr sieben der leeren, rotkarierten Kinderbetten, sie gab sich zufrieden.

DER KURPFUSCHER UND SEIN ERFOLG

Eine andere Freundin, Rose, traf Mentona nach ihrer Rückkehr in die Stadt in einem Café. Amrey trank eine heiße Schokolade, Eduard, von Kissen gestützt, saß in seinem alten Kinderwagen, von dort aus wollte er hinauf auf Mentonas Schoß und verlangte nach einem Mandelhörnchen.

Rose, die Freundin, überlegte, in welchem Jahr Edi geboren war. Vor fünf Jahren etwa, schätzte sie. Mentona nickte: »Nicht wahr, man gibt ihm höchstens drei, seine Entwicklung ist stillgestanden. Über zwei Jahre Leysin ohne großen Erfolg!«

Und sie verschwieg nicht, dass abends die Fiebersäule immer noch stieg.

»Konsultierst du einen Arzt?« – Mentona bejahte. Kürzlich habe sie Eduard zu einem in der Stadt berühmten Chirurgen gebracht, doch wozu? Für ein stolzes Honorar habe er nichts anderes gesagt als Dr. Rollier: »Die Wirbel sind geheilt, doch weiterhin Sonnenbäder, Höhenluft, gutes Essen ...«

Die Freundin überlegte schweigend. Mentona war die nicht mehr junge Rose immer im Gedächtnis geblieben durch ihre Einfühlsamkeit, ihre fast mütterliche Zuwendung anderen Menschen gegenüber.

»Mentona«, begann sie jetzt, »ich empfehle dir einen ganz besonderen Arzt, er praktiziert in Aarau. Viele seiner Kollegen nennen ihn ›Kurpfuscher‹, denn er geht andere Wege der Heilung. Zwar hat er sein Medizinstudium gemacht wie die Kollegen auch und ist eine Zeitlang sogar Assistent gewesen bei Professor Sauerbruch ...«

Rose hielt inne und forschte in Mentonas zweifelndem Gesicht: »Nun, ich weiß, du hast genug von Ärzten. Doch bitte, geh hin. Als letzter Versuch.«

Mentona hatte nicht gesagt, dass für einen letzten Versuch auch der letzte Rest ihrer Ersparnisse aufgezehrt sein würde: Noch hatte sie keine Arbeit gefunden, wie sollte sie diesen Arzt bezahlen?

Am nächsten Morgen, der Himmel war blau und voller Frühlingsahnung, schöpfte sie Mut. Sie bückte sich im Wohnzimmer nach einem kleinen Perserteppich, wickelte in ihn den Seidenschal und eine Perlenkette, Mamas Geschenke aus Rom. Dann brachte sie die Sachen zum Versatzamt. Als sie ihren Namen und ihre Adresse nennen musste, tuschelte man hinter ihrem Rücken. Egal.

Sie strich das Bargeld ein, fuhr mit Edi nach Aarau.

Der Arzt, ein hagerer Mann mit ernstem Profil, an die sechzig, nahm sich Zeit, Eduard gründlich zu untersuchen.

Das Stützkorsett sei wegzulassen, riet er, das Kind möge frei herumkriechen! Er gab der Mutter ein Pulver mit, täglich zu verabreichen, in einem Monat wünsche er den kleinen Patienten wiederzusehen.

Beim nächsten Besuch untersuchte der Arzt Eduard nochmals gründlich, murmelte dann: »Das Pulver hat gewirkt. Ich mache nun neben den angegriffenen Wirbeln einen kleinen Schnitt.«

Als er diesen Eingriff vor den Augen der Mutter ausführte, füllte sich ein ganzes Glas mit Eiter. Das also war die Ursache für die Temperaturerhöhung und für die Appetitlosigkeit, das hatte die Entwicklung des Kindes gestört! Mentona war es ein Rätsel, warum nicht einer dieser Spezialisten, die sie konsultiert hatte, das Vorhandensein dieses Herdes entdeckt hatte! Der Kleine, so überlegte sie später, wäre wohl langsam eingegangen, hätte nicht der sogenannte ›Kurpfuscher‹ ihn behandelt.

Eines Morgens weckte Edi seine Mutter mit dem Ausruf: »Es ist mir so leicht im Rücken, Mama! Ich glaube, ich kann richtig gehen!«

Er hangelte sich vorsichtig aus dem Bett, ging dann durchs Zimmer, ein bisschen vorgebeugt, eine Hand auf das Knie gestützt, die Mutter schaute ihm überrascht und mit angehaltenem Atem zu. Von da an übte Edi mit Ausdauer das freie Gehen, erst überall im Haus, schließlich auch auf der Straße.

In Aarau berichtete Mentona dem Arzt von dem Ereignis. Er nickte, beugte sich wieder über Eduard, entnahm den letzten Tropfen Eiter aus seiner Rückenwunde. »Es wird jetzt aufwärts gehen mit dem kleinen Mann«, sagte er und schenkte Edi einen Ball: »Den sollst du hüpfen lassen und wieder auffangen!« Und zu der Mutter gewandt, in gedämpftem Ton: »Es hätte nur alles vor Jahren schon geschehen sollen. Ein Schaden wird bleiben.«

DER VATER IHRER KINDER

Manchmal musste Mentona frühmorgens einfach alles hinter sich lassen, Haushalt, Kinder, dann ging sie durch die leeren Straßen die Limmat entlang, sie liebte den Fluss, direkt am Seeufer, dort wo sein Wasser aus dem weiten, schon von der Morgensonne erhellten Becken des Sees strömte.

Es war kurz nach acht Uhr, sie trat in eines der Cafés an der Limmat, wo sie oft mit ihrem Mann Kaffee getrunken hatte, das Büro des Bauamts befand sich in der Nähe.

In dem fast leeren Raum sieht sie ihren Mann an einem Tischchen sitzen, erschrocken bleibt sie am Eingang stehen.

Da sitzt er, liest Zeitung, doch sie sieht von weitem, dass er Kummer hat, seine rechte Hand liegt auf der Stirn, streicht hinauf zu der kleinen kahlen Stelle des Haaransatzes, wo sie seine hervortretende Ader erkennt, manchmal schmerzt sie, er fühlt sie dort pochen. Im Ansatz seiner straff nach hinten gekämmten dunkelblonden Haare, die sie sehr liebt, entdeckt sie ein weißmeliertes Büschel. Er wird älter, denkt sie, und fühlt in sich eine warme Welle aufsteigen, es drängt sie, auf ihn zuzugehen, um ihn zu umarmen. Ihre Körper, die sich gut kennen, werden sich erinnern. Er ist allein, sie ist allein, was soll das.

Da öffnet sich neben ihr die Tür des Cafés. Eine Frau tritt ein, streicht sich mit den Fingern ihre blonden Locken zurecht, Mentona kennt sie, es ist eine Sekretärin des Baubüros. Lächelnd geht sie auf Hermann zu. Er blickt auf, lächelt zurück.

Den Arm um ihre Schultern gelegt, verlassen sie das Café, entfernen sich Richtung Bürkliplatz. Im flimmernden Licht des Morgens das Passagierschiff, das dort Kurs aufnimmt Richtung Au. Die Kellnerin hat sich zu Mentona vorgeneigt, erkundigt sich zum zweiten Mal nach ihrem Wunsch. Sie bestellt eine Tasse Kaffee.

Eine plötzliche Kühle überkommt sie. Die warme Woge, diese Lava, die eben noch aus ihren Tiefen aufgestiegen ist, erstarrt, sie wird für immer zur Schutzschicht vor Impulsen. Man stirbt wohl an keiner Krankheit, denkt sie, sondern an dieser Schreckensstarre, an den immer neuen Ablagerungen der Enttäuschung.

Fred und Marie kamen zu Besuch und erzählten Mentona, dass Hermann Balsiger inzwischen in Zürich zum Richter gewählt worden sei und sicherlich anständig verdiene. »Nun musst du Alimente für die Kinder bekommen!«

Mentona schrieb mit diesem Anliegen Hermann einen Brief, doch er wehrte ihre Bitte postwendend ab.

Wie kann dieser früher so liebevolle Vater seine Kinder einfach dem Schicksal überlassen?, dachte sie empört und wandte sich an einen Rechtsanwalt. Dieser ließ sie über ihre finanziellen Probleme und über die Sorge um das behinderte Kind ausführlich berichten. Er erkundigte sich nach ihrer familiären Herkunft und war nun im Bild, aus welch reichem Haus die Klientin kam.

Er wolle sich erst an ihre Mutter wenden, sagte er.

Frau Moser Sulzer-Wart hörte im Brief des bekannten Rechtsanwalts von den Nöten ihrer jüngeren Tochter, unangenehm berührt von diesen Klagen reichte sie den Brief ihrem Geldverwalter weiter.

Dieser stand eines Morgens vor Mentonas Tür.

Ohne Aufforderung warf er sich in ihren einzigen bequemen Stuhl, erklärte mit Trompetenstimme: »Das Zerwürfnis zwischen Mutter und Tochter dürfte dank meiner Vermittlung nun beendet sein!«

Er fixierte Mentona mit starrem Blick: »Wissen Sie, es ist mir gelungen, Ihre Mutter umzustimmen und zu einer monatlichen Unterstützung zu bewegen! Aber nur vorläufig ...«

Mentona horchte erfreut auf. Nach einem kurzen Gespräch dankte sie dem Geldmenschen herzlich und begleitete ihn zur Tür.

Doch ein paar Tage später kam mit einem Schreiben der Mutter die Enttäuschung: Die versprochene Hilfe werde in Mark ausgezahlt! Der Erste Weltkrieg dauerte an, die Deutsche Mark hatte zur Zeit der jetzigen Inflation keinen Wert mehr, die sogenannte Rettungsaktion war ohne Nutzen.

In gedrückter Stimmung machte sich Mentona auf zu ihrem Rechtsanwalt. »Was antwortet mein Exmann Balsiger auf Ihr Schreiben?«, verlangte sie zu wissen.

Der Anwalt drucksste eine Weile herum. Zuletzt kam wohl die Wahrheit zum Vorschein: Balsiger habe seit kurzem ein Richteramt inne. Als Anwalt in Zürich könne er sich nicht gut gegen ihn stellen! Zumal Balsiger, so sehe es aus, wohl bei der nächsten Wahl sogar zum Oberrichter ernannt werde!

In was für einem Staat wachsen die Kinder des Oberrichters und Sozialdemokraten auf, dachte Mentona. Wo bleiben die Gesetze, welche die Rechte der Frauen und Kinder schützen?

Noch immer besuchte Mentona die Versammlungen der Sozialdemokraten. Auf ihre Frage nach neuen Gesetzen kam die Antwort: »Es ist Krieg, Mentona, soziale Anliegen müssen warten.«

Und man schilderte ihr die Zustände an den Grenzen, wo ein Teil der Bevölkerung Tag und Nacht Wache stehe, in latenter Bereitschaft vor einem feindlichen Übergriff.

Ende des Ersten Weltkriegs. Grippe und Hunger

1918, als der Krieg zu Ende ging, herrschte in der Schweiz noch kein Friede, im Gegenteil.

»Wir stehen am Rande eines Bürgerkriegs«, warnte Robert Grimm.

Man hatte den sozialdemokratischen Nationalrat und Arbeiterführer aus Bern zu seinen Parteigenossen nach Zürich eingeladen. Er analysierte die Situation: »Die Schere zwischen Arm und Reich hat sich durch den Krieg noch weiter geöffnet. Einige Schweizer Fabrikanten haben fette Gewinne erwirtschaftet!« Und er zitierte die *Neue Zürcher Zeitung*, die von einer »rücksichtslosen industriellen Gewinnsucht« schrieb.

»Im Kontrast dazu«, holte Grimm aus, »stehen Fabrikarbeiter und Kleingewerbler verschämt Schlange vor der einmaligen verbilligten Abgabe von Kartoffeln, Brot und Milch. Noch nie war die Grundnahrung so teuer wie jetzt! Und die Löhne? Tiefer als vor dem Krieg!«

In der Versammlung zustimmendes Gemurmel.

»Und ausgerechnet jetzt eine Erhöhung des Milchpreises!«, rief einer der Arbeiterführer. »Das hat letzte Woche in Zürich einen Hungerstreik ausgelöst!«

Grimm nickte ihm zu: »Den Bundesrat, ausschließlich von Wohlhabenden besetzt, rührt das kaum. Und General Wille, verheiratet mit einer von Bismarck und in Preußen geschult, denkt nur in militärischen Kategorien. Die Forderungen der Arbeiter betrachtet er als Meuterei, er malt das Schreckgespenst einer kommunistischen Revolte an die Wand!«

Grimm schilderte dann seine vergeblichen Bemühungen beim Bundesrat, die Teuerung der Nahrungsmittel zu stoppen: »Doch die Herren, die alle aus gutbürgerlichen Verhältnissen stammen – immer noch kein Sozialdemokrat in diesem obersten Gremium –, können sich nicht in die Bedürftigen einfühlen. So hat der Führungsstab der Arbeiterschaft, das sogenannte Oltener Aktionskomitee, einen landesweiten Generalstreik ausgerufen. Wie ihr wisst, haben im November in diesem Jahr 1918 zweihundertfünfzigtausend Arbeiter die Arbeit niedergelegt!

Streik ist in unserer Verfassung ein legales Mittel«, erläuterte Grimm. »Und doch hat General Wille einen Teil der Armee aufgeboten zum Kampf gegen streikende Arbeiter! Soldaten, martialisch in neuartigen Stahlhelmen, sollten in Bern und Zürich die Bevölkerung einschüchtern. Hoch zu Ross wurde aus Karabinern in die Luft geschossen. Und an Plakatwänden die Warnung: ›Unsere Truppen sind mit Handgranaten ausgerüstet. Sie haben Befehl, sie zu gebrauchen, wenn aus Fenstern und Kellerlöchern geschossen wird!‹

Schweizer schussbereit gegen Schweizer! Hat es seit den traurigen Religionskriegen so etwas gegeben? ›Der Arbeiter hat kein Vaterland mehr‹, stand auf Transparenten im Zug der Streikenden.

Wie ihr wisst, hat das Oltener Komitee am dritten Tag des Generalstreiks dann die Übung abblasen müssen. Viele der Streikenden wollten das nicht verstehen, doch es drohte ein Bürgerkrieg, sinnloses Blutvergießen musste verhindert werden!«

Grimm erlaubte sich eine kleine Pause, er bat, ein Fenster zu öffnen, das Thema hatte den kräftigen, gutaussehenden Mann sichtlich erhitzt. Er blickte über die Köpfe der Zuhörenden. Unter ihnen befanden sich viele Frauen, viele von ihnen hatten während der Kriegszeit Bauernhof oder Geschäfte führen müssen, während der Mann an der Grenze stand. Mit einem Seufzer fuhr Grimm fort:

»Der Weltkrieg außerhalb der Grenzen ist zu Ende. Deutsche und Österreicher haben kapituliert, gewonnen haben die Franzosen und ihre Entente. Nun gilt es, an anderen Fronten zu kämpfen: Die Spanische Grippe könnte mehr Opfer fordern als der Krieg, alle Lazarette sind überbelegt, die Sanität kann die Aufgabe nicht mehr bewältigen!

Doch es gibt auch gute Nachrichten: Der abgebrochene Generalstreik hat doch viele Bürger wachgerüttelt: Die 48-Stundenwoche für Arbeiter ist eingeführt! Und ab Oktober 1919 werden wir Sozialdemokraten doppelt so viele Sitze bekommen im Parlament!«

MENTONA BEWUNDERT ROSA BLOCH

In dieser bewegten Zeit Ende des Ersten Weltkrieges bewunderte Mentona Rosa Bloch, die in Zürich eine Frauensektion der Sozialdemokratischen Partei führte.

Rosa, aus einem verarmten Zweig der jüdischen Zürcher Kaufmannsfamilie Bloch-Bollag stammend, war eine stattliche Person mit klugen, etwas hervortretenden Augen, sie hatte üppiges, wirres Haar und ging vorsätzlich hutlos durch Zürich, für die damalige Zeit ungewöhnlich. Obwohl sie nicht mehr jung war und ihr Basedowsches Leiden ihr Beschwerden machte, kämpfte sie in ihren Vorträgen wie eine Löwin für bessere Bedingungen der Arbeiterinnen und für das Stimmrecht der Frauen.

Als Broterwerb war sie nebenbei in einem Juweliergeschäft tätig, was ihr in der bürgerlichen Presse den Namen ›Diamanten-Rosa‹ einbrachte. Als einzige Frau hatte man sie in das Oltener Komitee berufen, das zuständig war für die Bekämpfung des Hungers und für den Landesstreik 1918.

So sah man sie in der Werkhalle in Olten auf die proletarischen Mitkämpfer für den Landesstreik zuschreiten: Mit wehendem knöchellangen Rock und einer Bluse, an deren Ausschnitt, sie hatte einen üppigen Busen, eine Diamantbrosche prangte. Das Schmuckstück trug sie nicht als Reklame für ihren kleinen Juwelierladen, in der nur aus Männern bestehenden Delegation und in einer Zeit der hochgeschlossenen Kleider diente die Diamantbrosche ihr gewissermaßen als

Barriere der Sittlichkeit. »Genossen«, rief sie mit ihrer kräftigen, an den Wänden des Werksaals widerhallenden Stimme: »Nicht vergessen! Auf die Wunschliste an die Regierung gehört zuoberst das Frauenstimmrecht!«

Dank der Roten Rosa kam die Forderung »Frauenstimmrecht« tatsächlich auf die Liste, wenn auch nur an zweiter Stelle! Manche der Bürgerlichen bestaunten mitleidig lächelnd das Anliegen. Und Oberstdivisionär Sturzenegger soll im Gefolge von General Wille bemerkt haben: »Nicht genug, dass die Rote Rosa für billige Milch weibelt. Sie glaubt auch an eine politische Bescherung für ihre Proletenweiber!«

Ja, noch warteten die Frauen in diesem Land auf das Stimmrecht, sie warteten bis in die siebziger Jahre des zwanzigsten Jahrhunderts, Rosa war zu diesem Zeitpunkt längst tot! Doch in der Bevölkerung blieb unvergessen, dass sie während der Hungerjahre nach dem Ersten Weltkrieg die traurigen Lebensbedingungen der Arbeiterfamilien verbessern wollte. Handgreiflich kämpfte sie gegen die Preiserhöhung, indem sie auf dem Markt mit ein paar Freundinnen Stände mit überteuerten Waren umstieß.

Während der Hungerdemonstration im Juni 1918 in Zürich, an der auch Mentona teilgenommen hatte, zog Rosa Bloch mit Hunderten von Arbeiterfrauen zum Rathaus. Sie forderte Einlass zu der Sitzung des Kantonsrats, sie habe dort Grundsätzliches zu sagen. Man ließ sie warten. Mit ihr warteten an diesem Junitag zweitausend Frauen im strömenden Regen, die Trambahn konnte der wartenden Menge wegen nicht mehr passieren. Rosa ließ die Wartezeit nicht ungenutzt, gewandt stieg sie auf die Rampe des Rathauses und hielt eine ihrer flammenden Reden: »Ihr Räte. Ihr tagt da drin auf gepolsterten Stühlen, doch schaut auf die Menschen, die in dieser Stadt hungern! Lebensmittel sind sofort unter die Bevölkerung zu verteilen, und dies nach Maßgabe des Bedarfs!«

Als die Räte sich nicht entschließen konnten, Rosa Bloch-Bollag einzulassen, überreichten die Frauen das schon vorbereitete Memorial gegen Teuerung und Hunger. In der Folge wurde viel über diese Hungerdemonstration gesprochen, unter dem Druck der öffentlichen Meinung erhielt eine Woche später die Frauendelegation im Rat Einlass. Es sprachen Rosa Bloch, die Lehrerin Agnes Robmann und die militante Arbeiterführerin Marie Harri, man staunte über ihre hellsichtigen Analysen. Schließlich wurde die Bloch als Vertretung der Konsumentinnen in die Beratungen der Marktkommission eingebunden.

Rosa Bloch visitierte aber auch Fabrikationsbetriebe, diskutierte mit Arbeiterinnen und ihren Vorgesetzten über Entlöhnung und Arbeitszeit. Selbst Gegner empfanden Achtung für ihr Einstehen im Namen der gebeutelten Frauen, die neben der Familie noch einen Zehn- oder Zwölfstundentag in der Fabrik zu bewältigen hatten.

So erkannten viele die Klugheit und Hingabe der Bloch. Arbeiterfrauen, aber auch arbeitende Frauen aus bürgerlichen Kreisen, schätzten, ja liebten sie.

Ihr früher Tod, sie starb 1922 mit zweiundvierzig Jahren infolge der längst überfälligen Kropfoperation, hinterließ eine Lücke im politischen Zürich, die Stimme für das Frauenstimmrecht war für eine Weile verstummt.

Ihr Ehemann wollte nicht an einen Ärztefehler glauben, er schrieb die Tatsache, dass die Patientin nach der Operation verbluten musste, den vielen spottenden Feinden zu, die eine tüchtige linke Politikerin nur allzu gerne außer Gefecht sahen.

Möglich, dass Herr Bloch, in Trauer über den frühen Tod seiner Frau, die Aggressionen gegen die Rote Rosa überbewertete. Doch in der schwierigen Lage der Schweiz, die damals vor einem Bürgerkrieg stand, bemühten sich nur wenige etablierte Politiker um Einfühlung und innovative Lösungen in der Krise.

Hatte ein bürgerlicher Politiker eine Idee wie Dr. Horber für einen Reformbund, so bereitete die offizielle Schweiz dem Versuch, Frieden zwischen Arbeitgeber und Arbeitnehmer zu stiften, ein schnelles Ende, aus Angst, den Arbeitern gegenüber Konzessionen machen zu müssen.

Hass und Spott den wenig Privilegierten gegenüber beherrschten die Presse und das politische Klima.

Bei Fanny und Jaroslav Hoppe in Berlin

Aus Berlin erhielt Mentona von ihrer Schwester Fanny schlechte Nachrichten:

Die Mutter habe ihre Zahlungen vollständig eingestellt!

1914 litt das junge Paar, nun staatenlos geworden, unter dem Ausbruch des Ersten Weltkriegs, doch nicht genug damit, Fannys Ehemann Jaroslav Hoppe war ernsthaft krank geworden. Symptome einer unheilbaren Nervenkrankheit mit Geh- und Sehstörungen machten den noch jungen Mann pflegebedürftig. Fanny hatte jetzt ihre ganze Kraft und Aufmerksamkeit dem Partner zuzuwenden, ohne Zahlungen aus der Schweiz konnten sie sich keine Pflegerin leisten. Für einige Zeit zogen sie in Jaroslavs tschechische Heimat Kremsier. Fanny, die kein Tschechisch sprach, schrieb an Mentona: *Ich fühle mich aus all meinen Interessensgebieten herausgerissen, bin wie ein Baum im Sturm, dem man die Wurzeln abgeschnitten hat. Wo wird mir Hilfe?*

1919, als nach dem Krieg die Grenzen wieder offen waren, reiste Mentona zu ihrer Schwester nach Berlin.

Fanny hatte stets Wert auf schöne Möbel und Teppiche gelegt, die große Wohnung am Tiergarten war geschmackvoll eingerichtet, auch verrieten gläserne Bassins mit Fischen ihr zoologisches Interesse. Jaroslav, dessen Leben die Musik war, setzte sich für einen Willkommensgruß kurz an den Flügel. Dann schleppte er sich mit zwei Stöcken durch die Wohnung, seine Füße und Beine wollten ihm nicht mehr gehorchen, gestand er. Auch kaschierten dicke Brillengläser sein Augenleiden.

Fanny freute sich herzlich über den Besuch der Schwester, doch sie sah erschöpft aus. Tag und Nacht werde sie durch die schmerzhafte Krankheit des Gatten beansprucht, sagte sie, als Jaroslav sich in sein Zimmer zurückgezogen hatte. Das Hadern mit dem Schicksal, das Mitleid mit dem Ehemann lasse sie oft nachts nicht schlafen. Dann sei sie am Morgen müde und flügellahm.

»Habt ihr Freunde, die den Kranken manchmal besuchen?«

Fanny nickte. »Ein junger Musiker kommt heute Nachmittag, er spielt Bassgeige. Jaroslav versucht ihn auf dem Flügel zu begleiten, so gut es noch geht, das Sitzen ist für ihn schmerzhaft.«

»Und, kommt auch ein Arzt?«

»Ja, ein wunderbarer Mensch, alt und erfahren. Er schaut fast täglich vorbei, um Schmerzen zu lindern, heilen kann man nicht mehr.«

Als der junge Musiker am Nachmittag kam, Klänge durch das schöne Wohnzimmer fluteten, konnte Fanny das Haus für zwei Stunden verlassen. Sie wolle ihrer Schwester den nahen Park zeigen.

Hinter einer Allee von rosablühenden japanischen Kirschbäumen öffnete sich Weite, in einem Feld blitzte ein kleiner, von Felsen umgebener See. Frühlingswolken spiegelten sich im Wasser.

»Hier erhole ich mich«, sagte Fanny. »Ist es hier nicht ein bisschen wie auf unserer Au? Ach, weißt du, Jaroslav und ich wären schon vor dem Krieg gerne in die Schweiz gezogen, nach Wädenswil am Zürichsee, in Mutters Nähe. Sie wird ja auch nicht jünger, und wir hatten uns vorgenommen, ein bisschen nach ihr zu schauen. Jaroslav, der gerne neben mir zum Schweizer geworden wäre, hat aus dieser Überlegung damals das österreichische Bürgerrecht aufgegeben. Alles war für den Umzug nach dem Zürichsee vorbereitet.

Da, ganz plötzlich, missfiel Mutter unsere Nähe. Erst hat sie meinen Mann geschätzt, dann beschimpfte sie ihn aus heiterem Himmel. Für Jaroslav, der ein treuer, ehrlicher Mensch ist, ein Schock! Sein Nervenleiden verschlimmerte sich durch Kummer und Ärger über die unmotivierten Angriffe.

Als Staatenlose hatten wir im Krieg wenig Rechte. Um die teure Wohnung nicht zu verlieren, schrieb ich regelmäßig Artikel für wissenschaftliche Zeitschriften.«

Die Schwestern hatten sich jetzt auf eine Bank am Wasser gesetzt, Mentona war der Bericht über ihre Mutter in die

Glieder gefahren, von ihrer hässlichen Rolle Jaroslav gegenüber hatte sie noch nichts gehört. Dann, um Fanny etwas aufzuheitern, fragte sie: »Du hast es auf dem Gebiet der Zoologie zu einer Berühmtheit gebracht, findest du denn manchmal noch Zeit für neue Forschungen?«

Fanny wartete mit einer Antwort.

Ihr Gesicht war weicher geworden, reifer. Mentona verglich es in der Erinnerung mit dem strengeren, willensbetonten Aussehen der jungen Frau damals auf der Au, als sie der Schwester verriet, sie gedenke von der Medizin umzusatteln auf Zoologie.

Fanny lächelte jetzt, rückte näher an die Schwester: »Mentona, du sollst wieder als Erste um ein Geheimnis wissen! Ich möchte mich in ein völlig anderes Gebiet einarbeiten, eine Aufgabe, die mich wohl jahrelang in ihren Bann ziehen wird.«

»Ach, erzähl mir! Wie kam es dazu?«

»Mein ›Saulus-Paulus-Schock‹ wenn ich das so nennen darf, liegt schon einige Zeit hinter mir, ein Erlebnis, das mich seither nicht mehr in Ruhe lässt: Mit einer bekannten Psychologin habe ich hier in Berlin, drüben an der Fasanenstraße, eine spiritistische Sitzung besucht. Ich wollte als Wissenschaftlerin, das heißt voll Skepsis, an diesem Ereignis teilnehmen. Wir hatten uns um einen schweren Eichentisch gesetzt, neben uns ein Arzt, der aus Neugierde teilnahm, dann das ältere Ehepaar, dem die Wohnung gehörte.

Hier erlebten wir, dass der schwere Eichentisch, wie von unsichtbaren Kräften bewegt, sich vom Boden in die Höhe erhob. Er blieb unter der Decke des Zimmers schräg stehen. Fiel dann plötzlich herunter, wobei ein Tischbein zersplitterte.

Nach dem Ereignis erlaubte ich mir, als Wissenschaftlerin alles im Zimmer zu untersuchen, um einen möglichen Betrug festzustellen. Ich fand nichts. Ich war wie vor den Kopf geschlagen – wie jemand, der zum ersten Mal ein Erdbeben erlebt – wobei alles ins Schwanken und Stürzen gerät, was als feststehend und unverrückbar gilt. Gibt es unbekannte Kräfte? Woher stammen sie? Nun, Mentona, seither habe ich begonnen, mich in das Gebiet der Parapsychologie einzuarbeiten. Ich möchte kritisch arbeiten, echte okkulte Phänomene von Illusion und Täuschung trennen.«

Mentona tat sich schwer, mit diesem intensiv erzählten Ereignis umzugehen. Hatte sich Fanny auf der Au nicht schon immer für paranormale Dinge interessiert, für Träume, Wünschelruten, Gedankenübertragung? Für nächtliche Zeichen Verstorbener? Waren es damals eher vage Vermutungen gewesen? Die nun geschilderte Levitation war offenbar ein mit allen Sinnen wahrnehmbares Ereignis, gewissermaßen ein Erdbeben im System der Naturgesetze.

»Das Okkulte mit seinem Geheimnis hat dich jetzt fest im Griff?«, fragte Mentona.

Fanny lehnte sich zurück: »Nun, von außen betrachtet ist wohl mein Interesse unverständlich! Vielleicht habe ich durch die Krankheit meines Mannes eine Ahnung bekommen von den Abgründen der Psyche, der Nachtseite des Menschen. Da hinein gehören wohl auch die Erfahrungen mit Mutters Hypnose bei Freud in Wien und bei Wetterstrand in Stockholm. Ich möchte diese Phänomene sammeln, sie kritisch sichten und in Zusammenhänge bringen. Es schwebt mir vor, eine Art Handbuch der Parapsychologie zu verfassen, ein vermutlich Jahre beanspruchendes Projekt.«

»Was immer du dir vornimmst, es gelingt«, sagte Mentona. »Du hast die intellektuelle Begabung und den zähen Fleiß von Vater Moser geerbt. Hat er nicht gesagt: Ein Mensch soll im Leben etwas schaffen, das bleibt?«

»Nun«, gab Fanny zu, »das Studium dieser Dinge ist ungewöhnlich, ich setze mich damit ins Abseits ...«

Mentona nickte.

»Es könnte so ungewöhnlich sein wie das, was ich vorhabe, Fanny ...« Und als die Schwester sie mit fragenden Augen ansah: »Ich möchte helfen, die Welt ein bisschen gerechter zu machen, ich werde Kommunistin.«

»Du bist doch bereits Sozialdemokratin?«

»Ja schon. Aber es geht mir, vor allem in Zürich, zu zögerlich vorwärts.«

»Du träumst wohl, wie früher auf der Au?«

»Ich arbeite, Fanny, ich bin hellwach. Es geht um die gerechtere Welt von morgen. Ich denke an meine Kinder, an diese gefährdete Welt in einer nächsten und übernächsten Generation.«

Mentona gerät in Armut

Amrey ging seit zwei Jahren in Zürich zur Schule, sie lernte leicht, und nach dem Unterricht verbrachte sie viel Zeit mit Edi. Er war in seiner körperlichen Beweglichkeit nach wie vor eingeschränkt, aber wendig im Geist und hatte Sinn für Humor. So hörte Mentona die Geschwister viel zusammen lachen, sie waren einander herzlich zugetan.

Im Sommer war ein Inspektor wegen Eduards Schulbesuch erschienen und hatte die Bedingungen der Zürcher Schulpflege für behinderte Kinder erklärt. Man sammle sie morgens mit einem speziellen Auto und unterrichte sie in Sonderklassen, es sei denn, die Mutter erteile den Unterricht zu Hause. Mentona entschloss sich zur letzteren Lösung. Der kleine Schüler lernte gern und leicht, im Frühling sollte sie mit Edi ins Hirschengraben-Schulhaus zum Examen.

Sie trug ihn die Treppen hoch zum Schulhaus, von allen Seiten kamen andere Eltern mit ebenfalls gebrechlichen Kindern, es trieb ihr die Tränen in die Augen, dass ihr Sohn nun zu ihnen gehörte.

Das Examen hatte Eduard mit Leichtigkeit bestanden, doch das Gehen machte ihm nach wie vor Mühe.

Eine bekannte Familie, die das mitbekam, schenkte ihr einen alten Kinderwagen.

Es gebe doch spezielle Krankenfahrzeuge für Edi, sagte die kleine Amrey und blickte ihre Mutter fragend an.

Ich weiß, sagte Mentona. Aber ... Sie hatte gerade realisiert, dass sie vor dem finanziellen Nichts standen. Mit Edis Unterricht war der Tag für sie mehr als ausgefüllt, trotzdem sah sie sich gezwungen, Arbeit zu finden, vielleicht Heimarbeit? Niedergedrückt, der Verzweiflung nahe, ging sie in der Nähe ihrer Wohnung jeden Morgen das Nötigste einkaufen. Von Bekannten angesprochen, ließ sie da und dort etwas von ihrer Notlage verlauten, doch niemand hörte genau hin, Hilfe bot niemand an.

Vor einer Reise zu Eduards Arzt in Aarau begegnete Mentona in der Halle des Hauptbahnhofs Henriette. Sie stammte aus Mamas vornehmer Sulzer-Familie und war seit kurzem verheiratet mit einem Arzt in Zürich. An Fannys Hochzeit auf der Au hatten sie sich zuletzt gesehen, Henriette hatte die Tochter der Schlossherrin in Erinnerung in einem schmalen Samtkleid, der Hals geschmückt mit Perlen. Nun stutzte sie. Da stand eine seltsam gekleidete Frau mit verhärmten Zügen. Von Mentonas Scheidung von dem Juristen hatte sie zwar gehört, aber was war mit dem etwa achtjährigen Jungen los? Warum saß er gebeugt in einem verbeulten Kinderwagen?

Mentona sah Henriettes Blick und antwortete auf die unausgesprochene Frage: »Eduard ist geschädigt durch eine Spondylitis, er kann nur schlecht gehen. Wir fahren jetzt nach Aarau zu seinem Arzt.«

Henriette erschrak. Mentona sah es, fügte schnell hinzu: »Edi ist aber ein gescheiter kleiner Kerl. Nächstens kommt er in eine Privatschule, wo man mehr Rücksicht nehmen kann auf seine Behinderung!« Dass sie noch keine Ahnung hatte, wie das Schulgeld zu bezahlen war, verschwieg sie.

Vor den Bahngleisen, als Mentona sich verabschiedete, blickte ihr Henriette noch lange nach: Da ging die Tochter der schwerreichen Schlossbesitzerin mit ihrem behinderten Sohn, in einer schäbigen Jacke, hutlos! Henriette hielt einen Moment inne, rückte energisch das kleine Hütchen zurecht, von Modegazetten als ultimatives Nachkriegsmodell gepriesen. Drehte sich dann um. Fasste den Vorsatz, schon morgen mit der Großtante Moser-Wart auf Schloss Au deutlich zu sprechen.

Henriette hatte in puncto Überzeugung wohl ganze Arbeit geleistet. Nach einer Woche meldete sich bei Mentona erneut der Vermögensverwalter ihrer Mutter: »Mentona, Ihre Mutter besitzt in Süddeutschland noch ein kleines Bauerngut und ist willens, es Ihnen für einen billigen Pachtzins zu überlassen. Der Lebensunterhalt für eine alleinstehende Frau mit Kindern lässt sich dort gut mit Gemüseanbau verdienen.«

Während er sprach, stieg Mentona das Blut zu Kopf, und als er endlich schwieg, sprach sie aus, was sie dachte: Sie sei nicht willens, irgendwo im Ausland auf dem Land zu leben, ihre Kinder hätten in Zürich ihre Schulen. Von Gemüseanbau leben? Wie nur komme ihre Mutter auf diese ausgefallene Idee? »Nun, vielleicht möchte sie mich und meine Kinder fortschicken, zu ihren Beerenbüschen und Kohlköpfen, irgendwo ins Abseits!«

»Halt, halt«, rügte der Vermögensverwalter, »eine Tochter muss auf die Vorschläge einer Mutter eingehen, das ist Kindespflicht!«

Mentona hielt ihren Zorn zurück, blickte auf die Uhr, erhob sich: »Herr Verwalter, ich habe keine Küchenhilfe, es ist Zeit, für die Kinder Abendessen zu kochen.«

Und sie begleitete den Abgesandten der Mutter zur Tür.

Henriette hatte bei ihrem Besuch auf der Au um ein Krankenfahrzeug gebeten für das invalide Enkelkind. Frau Moser willigte schließlich ein unter der Bedingung, ihre Tochter dürfe nicht erfahren, von wem das Geschenk stamme!

So stand eines Morgens ein funkelndes neues Gefährt in Mentonas Hausflur. Die Beschenkte bestaunte es, diese Gabe freute sie außerordentlich. Als sie kurze Zeit später durch Henriette erfuhr, wer die Spenderin war, dass sie aber nicht genannt werden wolle, schrieb sie keinen Dankesbrief. Das kam wiederum schlecht an: Mentona habe nicht einmal für das großzügige Geschenk gedankt, hieß es dann unter den Bekannten der Freiherrin.

Dass sich der Vater der Kinder, der einst geliebte Mann, gegen Mentona verschwor, dass ein sonst sozialer Mensch sie mit den Kindern der materiellen Not überließ, war ihr unverständlich und färbte ihre Welt grau ein: *Die Sorge um die Zukunft verließ mich nie. Morgens beim Erwachen saß ich auf meinem Bettrand, hohläugig, in grauem Gewand. Meine erneuten Versuche, von meinem Mann Alimente oder das Schulgeld für Edi zu erhalten, scheiterten. Er lehnte ab, und kein Anwalt wollte meinen Fall übernehmen, um es sich mit dem Oberrichter nicht zu verderben ...*

Hilfe kam schließlich von unerwarteter Seite.

Eine Freundin von Rose, die einen Fabrikbetrieb leitete und mit ihren Arbeiterinnen auf eine soziale Art umging, stellte der in Schwierigkeiten geratenen jungen Frau eine größere Summe zur Verfügung. Doch sie blieb auch Geschäftsfrau und wusste, dass beim Tod der reichen Mutter der Tochter ein bedeutendes Erbe zufiel. Viel später, als es so weit war, verlangte sie die Rückzahlung der Summe mit Zins und Zinseszins.

Doch jetzt, in der Not, hatte sie Mentona einen großen Dienst erwiesen.

Von Henriette, die Mentona dann und wann in der Stadt traf, erfuhr sie, dass die Mutter in Abhängigkeit gekommen sei von ihrem Vermögensverwalter. Er verleite sie zu gefährlichen Spekulationen, und sie stelle ihm Blankoschecks aus.

Später hörte man, er habe ihr den Rat gegeben, die Au zu verkaufen und ein Schloss in Südfrankreich zu erwerben, dort lasse sich mit tüchtigen Leuten und Pferdezucht viel Geld verdienen.

Wenige Jahre später ging Frau Moser auf diesen Rat ein.

Sie wurde unglücklich und einsam in der Provence, auch wurde sie von Angestellten übervorteilt. Mit Verlust verkaufte sie schließlich das französische Anwesen.

Jetzt fiel es ihr wie Schuppen von den Augen, sie erkannte die schlechte Beratung, sah auch Unregelmäßigkeiten in den Abrechnungen des Vermögensverwalters.

Sie strengte einen Prozess gegen ihn an, und so endete ihre letzte Liebe.

Lenin sass da, ohne je seinen schmalen Mund zu öffnen

Aus Herzklopfen entstehen Anfänge ... Und – macht nicht jeder Anfang Herzklopfen?

Mentona war in Zürich vor zwei Jahren einem linken Flügel der Sozialdemokraten beigetreten, im Mai 1921 erlebte sie die Vereinigung dieser Ortsgruppen zur Kommunistischen Partei der Schweiz. Unter dem Dach dieser neuen Partei öffneten sich für Mentona weite Räume der Imagination.

Mit ihren Erfahrungen im Settlement in London, dem abrupten Verbot eines Reformbunds in der Schweiz und ihren persönlichen Enttäuschungen mit zögerlichen Politikern erwartete sie von der neugegründeten Partei mehr Gerechtigkeit und Weitsicht.

Immerhin, so überlegte sie, hatte die Kommunistische Partei die russische Oktoberrevolution zustande gebracht, die Leibeigenen befreit, und dies mit dem zurückhaltenden Lenin an der Spitze, der als Emigrant in Zürich oft an den

Versammlungen der Sozialisten im historischen Gewerkschaftshaus ›Eintracht‹ teilgenommen hatte! Da saß dieser Wladimir Ulianow, der sich Lenin nannte, man blickte nach dem Referat zu dem kleinen Mann mit Glatze und schütterem rötlichen Bart hin, erwartete seine Meinung, doch er saß stumm, ohne je seinen schmalen Mund zu öffnen.

Da ihr persönliche Berichte fehlten, las sie regelmäßig von Ernst Nobs im Zürcher *Volksrecht* über das neue Russland: Das russische Volk sei nach dem Sturz des Zaren zwar frei, doch im Land herrsche Chaos und Hunger. Der erste sozialistische Staat sei erst langsam im Begriff, Gestalt anzunehmen.

Russland! Es lag Mentona am Herzen.

Es war das Uhrenland ihres Vaters gewesen, als das riesige Reich noch nach dem alten Regime der Zaren tickte. Vater hatte sich Respekt verschafft mit seiner Moser-Uhr, von dem Zeitmesser am Handgelenk der begüterten Russen kam der große Geldregen. An diesem Geld würde Mentona eines Tages Anteil haben, es würde ihr helfen, die Welt ein bisschen besser zu machen, in diesem Sinn sollte ein Teil ihres Erbes zurückfließen in Vaters Russland.

Doch immer wieder wandte sich ihre Vorstellung von dem bis jetzt nur aus der Literatur bekannten Russland zurück zum Bild ihres Vaters. Sie sah einen genialen Mann vor sich, über sechzig und noch kein weißes Haar im dunklen krausen Haar, der über ein Uhrwerk gebeugt die Unruh einbaut, diesen beständigen Drang nach vorwärts, der auch im Ticken seines ruhelosen Herzens war. Gewiss hatte er die künftige Befreiung der russischen Leibeigenen vor sich gesehen, ihnen heimlich Glück gewünscht, ihren Aufstand begrüßt! All das vibrierte schon unterschwellig in der russischen Literatur, die

Vater an einsamen Abenden las, während sein Herz in den Wörtern pochte.

Die Versammlungen der Partei mit den zahlreichen Referaten im Gewerkschaftshaus ›Eintracht‹ brachten Mentona neue Impulse. In ihrem Umkreis lernte sie, Menschen besser zu erkennen: ungewöhnliche Persönlichkeiten, die sich mit Unscheinbarkeit tarnten, jede ein Teil der großen Energie des Umsturzes. Nur wer mit ihnen Gerechtigkeit suchte, konnte ihre Bedeutung ahnen: der begabte Redner Fritz Platten, Rosa Bloch, die Frauenanliegen verstand, der Armen- und Sexualarzt Brupbacher, Willi Trostel, Kantonsrat und Leiter der Arbeiterhilfe, mit seiner Frau Käthe Lehmann, die fremde Kinder wie ihre eigenen aufzog.

Der Charismatische: Fritz Platten

Der in St. Gallen Geborene, jetzt Achtundreißigjährige, wurde Sekretär der neuen Kommunistischen Partei der Schweiz. Er kannte die sozialistische Bewegung wie kein Zweiter, in der Zimmerwalder Konferenz bei Bern, die Rudolf Grimm noch organisiert hatte, lernte er Lenin kennen. Mit Hilfe von Platten hatte sich Lenin 1917 entschlossen, aus der Zürcher Emigration die Rückkehr nach Moskau zu wagen, denn für Lenin war damals der Zeitpunkt reif für die von ihm erträumte Revolution.

Eigentlich war der Berner Nationalrat Robert Grimm für die Organisation von Lenins Rückkehr ausersehen gewesen.

Doch Grimm überließ die schwierige Aufgabe lieber Fritz Platten, vor allem, weil sich Lenin begleiten ließ von einer Anzahl Bolschewiki, strengen Kommunisten.

Grimm mochte keine Bolschewiki, alles Extreme war ihm fremd. Auch Platten, den er seit der Zimmerwalder Bewegung kannte, mochte er nicht. Doch für die schwierige Fluchtaktion schien er ihm der Richtige zu sein. Platten hatte denn auch alles akkurat vorbereitet, Deutschland gab das Versprechen, den plombierten Zug als exterritorial, ohne Kontrolle, rollen zu lassen.

Von dem Ungewöhlichen, das sich damals mit Lenin ereignet hatte, sprach Platten in Zürich nie. Der Glanz jener Tage sollte nicht stumpf werden durch die indiskreten Augen und das Gerede der andern. Ihm war, als seien diese Ereignisse in geheimnisvoller Weise größer gewesen als er selbst.

Die Tage im plombierten Zugabteil. Die Überfahrt mit der Fähre nach Schweden, wo Platten an der russischen Grenze erst zurückgewiesen wurde und erst später zu Lenin nach Petrograd gelangte, dem St. Petersburg von damals. Durch die Anstrengung der Reise und durch die Emotionen war sein Mund wie verschlossen, und doch hatte er vor dem Empfangskomitee auf Russisch eine Rede zu halten. Am 14. Januar 1918, Platten saß in Petrograd in einem Automobil mit Lenin, ereignete sich der berühmt gewordene Mordanschlag. Platten, sich instinktiv der Gefahr bewusst, hatte Lenins Kopf blitzschnell heruntergedrückt, das mörderische Geschoss verletzte Plattens rechte Hand. Lenin kroch benommen, aber unversehrt aus dem Fahrzeug. Als auch Platten aus dem Wagen kam, war seine Hand schwer verletzt, sein Blut, rot wie die Revolution, tropfte in den russischen Schnee.

Unbekannte Männer eilten herbei, umarmten und küssten ihn: »Lenins Lebensretter.«

Wäre die Oktoberrevolution ohne Lenin ein Erfolg geworden?

Hatte also Platten in seiner Ahnungslosigkeit die Russische Revolution gerettet?

Mit verbundener Hand ging Platten erstmals durch das Moskau seiner Träume. Schwindlig, noch im Wundfieber. Die unter der Holzbrücke langsam ziehende Moskwa, das Wasser von treibenden Eisschollen durchsetzt. Die Sonne, matt zwischen ziehenden Wolken, als sei auch sie, wie dieses riesige Land, erst von schwerer Krankheit genesen. Die metallisch blinkenden, wie von begabten Kindern gezeichneten, damals noch knallbunten zwiebelförmigen Türme des Kremls.

Unter einem Torbogen Soldaten der Roten Armee. Sie standen Wache, reglos wie Wachsfiguren, in braunen langen Mänteln, den roten Sowjetstern auf der Budionovka. An der Uferstraße wenige Marktstände, ein paar Kohlköpfe, Brote, überteuertes Obst. Frauen in Fransenkopftüchern gingen langsam vorbei, schielten nach der Ware, doch ihre Hände blieben in den ausgebeulten Taschen der Wintermäntel stecken, die Finger umklammerten die Münzen. Immer fielen irgendwo Schüsse. Hinter den Ständen wurde von einem Heer von Arbeitern eine mächtige Baugrube ausgehoben. Platten blieb stehen. Ein Wache stehender Funktionär sagte zu ihm: »Hier auf der Uferstraße wird für die sowjetische Elite ein Wohnkomplex von gigantischer Größe entstehen.« Er musterte den Fremden, seinen schwarzen Mantel aus feinem Tuch, den Schlapphut: »Sind Sie nicht der Schweizer Fritz Platten?«

Fritz errötete, nickte.

»Dann können Sie wohl auch in ein paar Jahren hier einziehen, Ihr Name wird ja stets mit Lenins zusammengenannt!«

In der neuen russischen Ära im März 1919 war Fritz Platten neben Lenin Gründungsmitglied der Kommunistischen Internationalen geworden. Ging er über den Roten Platz, wurde er von Genossen erkannt: »Ah, Lenins Retter! Ihr seid es doch?«

Wenn Platten nickte, zitterte sein Nacken. Solche Szenen verursachten ihm Schwindel, es überkam ihn wie beim Schaukeln, der freundschaftlichen Begrüßungszeremonie in Russland. Der Gast, an Beinen und Armen gepackt, wird von zwei Männern in die Höhe geworfen. Höher, höher. Irgendwo lauert der Fall. Platten, hallo, stell dich nicht so an, sprach er sich zu, du hast Lenin gerettet.

In Zürich wusste man davon nichts. Oder nichts Genaues. Platten gab sich mit Vorliebe unbedarft, er, Sohn eines aus Norddeutschland in die Schweiz emigrierten Schreinermeisters, in St. Gallens Stadtteil Sankt Fiden geboren und aufgewachsen, dort zur Schule gegangen. Er war gerne gesellig, spielte mit den Genossen Karten, tanzte auch gelegentlich in einem der verrauchten Zürcher Altstadtlokale zu den simplen Klängen der Handorgel.

Da freilich fiel den Frauen seine verkrüppelte rechte Hand auf.

Aus der Tatsache, dass die Frauen ihn in seiner Art mit feinem Instinkt erkannten und ihn, den charismatischen Redner, verehrten, schlug er wenig Kapital. Er mochte Frauen, suchte sie aber nicht. Schon nach dem Zusammenbruch der

I. Internationalen hatte Platten 1906 in Riga auf der Seite der Russen gekämpft, dafür warf man ihn ins Gefängnis. Eine Freundin, die Jüdin Lina Chait, bezahlte ihm in Riga die Freiheit, das Geld für die Kaution war ihre Mitgift gewesen.

Sie folgte ihm darauf nach Zürich und gebar 1909 seinen ersten Sohn Fritz Georg.

Es gab keine Heirat, keine längere Beziehung.

Platten blieb in Zürich. Seinem geliebten Russland begegnete er da und dort in der Gestalt einer hübschen Studentin. Man brauchte diese jungen Frauen nicht zu suchen, in der Nähe der Universität liefen sie einzeln oder paarweise über die Straße, warteten dann an der Bushaltestelle mit ihren Kollegheften. Für Frauen standen damals weder russische noch deutsche Universitäten offen, so war es für Russinnen aus guten Familien in Mode gekommen, in Zürich Medizin zu studieren. Seine Bevorzugte wurde Olga Korslinki. Ihre rötlichen Zöpfe hatte sie um den Kopf gelegt, so kamen die kastanienbraunen Augen zur Geltung und gaben ihr den Ausdruck eines scheuen Waldtiers. Damit die Scheue nicht wieder in die Tiefe der russischen Wälder entfloh, heiratete er sie. Am 17. Dezember 1918 gebar sie ihm den zweiten kleinen Fritz: diesmal einen Fritz Nicolaus Platten. Nun war sie Mutter anstatt Ärztin geworden, gefangen in Zürich, vierzehn Tage nach der Geburt nahm sie sich am Silvesterabend 1918 das Leben.

Da stand nun Fritz ohne Olga, mit dem neugeborenen Würmchen.

Zum Glück gab es solidarische Genossen, zu ihnen gehörte Willi Trostel, jünger als Platten, mit dreiundzwanzig der jüngste der Zürcher Kantonsräte. Er tat sich 1920 mit Käthe Lehmann, einer Deutschen aus dem Badischen, zusammen, die Verbindung blieb kinderlos. Ein Glück für andere Kinder. Vor allem wurde es lebenswichtig für den Halbrussen Fritz Nicolaus Platten, der bei Trostels aufwuchs, später gesellten sich noch weitere kleine Emigranten dazu. Die ungewöhnliche, aus verschiedenen Elementen zusammengesetzte lebhafte Familie wohnte im Haus des Architekten Max Rotter, der ebenfalls der Kommunistischen Partei beigetreten war.

Schnell, Mentona, Fritz Platten ist da!

Sie hatte sich in Zürich herumgesprochen, die Aschenputtelgeschichte: Mentona Moser, in einem Schloss aufgewachsen, von der reichen Mutter verstoßen und nun mit ihrem Töchterchen und dem behinderten Sohn in finanzieller Not. Sie suche dringend Arbeit!

An einem Morgen, es war noch nicht acht Uhr, schrillte bei Mentona die Hausglocke. Die Genossin, die ab und zu im Haushalt half, kam zu ihr ins Zimmer gestürzt: »Schnell, schnell, Fritz Platten ist da!« Mentona hatte den legendären Platten bis dahin noch nie gesehen. Wegen seiner Beteiligung am Generalstreik war er einige Monate inhaftiert gewesen.

Sie hatte zu dieser Stunde erst ihre Morgentoilette hinter sich.

Nun hängte sie sich rasch ihren Morgenmantel um, Fritz Platten stand schon im Flur neben der Küche. Er legte den Schlapphut auf den Küchentisch, streckte ihr beide Hände entgegen, zog sein Notizbuch aus der Westentasche: »Mentona, was können Sie? Welche Sprachen sprechen Sie?«

Er hörte sich stehend ihre Antworten an, notierte. Setzte dann seinen Hut wieder auf, reichte ihr beide Hände – und schon war er wieder draußen.

Dieser Blitzbesuch beschäftigte Mentona noch lange. Suchte der Sekretär der Schweizerischen Kommunistischen Partei für sein Büro eine Hilfe? Sie hatte verlegen vor ihm gestanden, dem stattlichen Mann mit den blitzenden Augen, im Morgenrock, die Locken noch ungekämmt. Auf seine kurzen Fragen hin hatte sie erklärt, sie bedaure, sie könne weder Maschinenschreiben noch Stenografie, und sie spreche zwar vier Sprachen, fließend, sei in Orthografie aber nicht sattelfest.

»Sprechen Sie Russisch?«

»Nein, leider noch nicht.«

Der Sommer 1921 war in der Stadt Zürich brütend heiß geworden. Am Sonntag flohen die Parteimitglieder gemeinsam aus der Stadt hinaus zu den kleinen Seen, heute galt der Besuch dem Greifensee. Die Männer, beladen mit Grillwürsten und Getränken, waren vorausgegangen, die Frauen, umringt von Kindern, zogen die Kleinsten, geschmückt mit einem Kopfputz aus Indianerfedern, im Leiterwagen.

In den in Mode gekommenen Außenvierteln der Stadt bimmelten Kirchenglocken. Aus schmucken Häusern traten paarweise die Bewohner, Männer in Anzug und Krawatte, die Gattin am Arm im neuen Frühjahrskostüm. Dem wilden Zug der Frauen und Kinder schauten sie erstaunt nach, mit Kopfschütteln, das anarchische Gebaren der Kinder, die lockere Kleidung der Mütter, all das missfiel ihnen.

»Wohin?« fragte eine alte Frau auf dem Gehsteig.

»Zum Greifensee.«

»Und der Kirchgang?«

»Nach dem Bad hören wir eine Bergpredigt«, rief ihr Mentona fröhlich zu.

»Wie heißt denn der Pfarrer?«

»Fritz Platten!«

»Ach, alles Sozis!«, bemerkte ein Mann. »Der Platten hat 1917 den Lenin von seinem Zürcher-Exil in einem plombierten Zug zurück nach Moskau geführt, wäre der Platten doch nur dortgeblieben!«

Der Marsch dauerte an, endlich sah man die Seefläche zwischen krüppeligen Uferbäumen blitzen, die Kinder johlten, rannten los. Warfen dann am Ufer die wenigen Kleider in die Büsche und hinein ins Wasser! Die Mütter riefen Warnungen nach, denn schwimmen konnten die meisten der Kleineren nicht. Während die Kinder sich am Ufer mit Spritzschlachten und Ballspielen vergnügten, kamen die ersten Schwimmer aus dem noch kalten Wasser zurück. Die Frauen, in Rufnähe zu ihrem Nachwuchs, blieben auf den Steinplatten und trockneten ihre langen Haare.

Mentona sah die Mitkämpfer für eine gerechtere Welt in Badeanzügen am Ufer liegen, die weißen Beine ausgestreckt im Sand, es sah aus wie eine Auslage von ungebackenem Brot. Die Badeanzüge in diesen Jahren hatten noch züchtige Armflügelchen und kurze Beinansätze. Und trotzdem hatte die konservative Presse geschrieben: *Schwimmbäder sind Schandbäder, wo Männchen und Weibchen beinah unbekleidet zusammenliegen.*

Mentona sah, dass die Kinder, auch ihre eigenen, durch die Trostels beaufsichtigt waren, so legte sie sich ein bisschen abseits, hinter einen der Uferbüsche. Ihren Badeanzug hatte sie auf der Au gelassen, sie lag in ihrem Baumwollhemdchen und der kurzen Hose, die Augen geschlossen, glücklich, den lauen Wind über den sonst bedeckten Körperteilen zu spüren. Ein Wind voller Versprechen, kam er wohl von Osten? Ihre Genossen und Mitstreiter hatten wenig Besitz. Doch Mentona erfuhr selbst: Ohne die tausend scheinbar unentbehrlichen Dinge ist man freier, es bleibt Atemraum, Zeit!

Die junge Verwandte Henriette hatte ihr während eines Besuchs geklagt, durch ihre Heirat müsse sie sich an bürgerliche Konventionen halten. An den zahlreichen Teevisiten der Hautevolee in den Villen des Zürichbergs werden die Kleider examiniert: »Der Rock muss heuer die Fältchen vorne haben und nicht am Gesäß, die Jackenmode verlangt den Stehkragen, während die Hüte dies Jahr ohne Krempe sind, doch mit einem Ansatz von Schleierchen!«

Und Mentona, am Greifensee nur in Hemd und Hose, sah sich als einfache Frau losgelöst von solchen Verpflichtungen. Ach, was sparte das Zeit! Eine Frau gewinne durch Einfachheit Zeit für das Wichtigste: für das Kochen und für die Liebe, hatte Fritz Platten in einem seiner Referate in der ›Eintracht‹ gesagt.

»Ha, ha, ha, ein Männertraum«, hatte die Trostel neben ihr geflüstert und sie mit dem Ellbogen angestoßen, sie vertrieb Schallplatten mit proletarischen Liedern.

Fritz Platten sparte in Gesprächen seine politischen Begegnungen und Erfolge aus, doch das Heimliche pflanzt sich schneller fort als das Offensichtliche.

Wer davon Bruchstücke erhaschte, gab es hinter vorgehaltener Hand weiter, so wurde Fritz, der in der Jugend bei

Escher Wyss eine Ausbildung als Schlosser gemacht hatte, in den Augen des Volkes eine Art Held. Wo er auch auftauchte, im Tram oder in der Kneipe, hieß es nur: »Ah, da kommt unser Fritz! Salü Fritz!« Er trug meist einen Schlapphut mit breiter Krempe, der tauchte sein noch junges, straffes Gesicht mit den blitzenden Augen in den Schatten jener Abenteuer, von denen man höchstens eine leise Ahnung hatte.

Doch eines war klar: Das neue Russland war sein Ort, die Sanierung der dortigen Zustände sein Anliegen.

Mentona musste einen Moment eingeschlafen sein, als sie erwachte, ging bereits die Sonne unter. Mit großen Schritten, barfuß, kam Platten im Ufersand daher, hielt einen Moment vor Mentona inne, warf einen langen Schatten über sie, blickte ihr lachend in das noch traumverhangene Gesicht: »Auf zur Bergpredigt!«

Sie schlüpfte rasch in ihr Sommerkleid, fügte sich dann hinter schmalblättrigen Uferbäumen ein in das Halbrund der Zuhörer, hörte Platten reden:

»Genossen, wir werden hier noch zusammen Abendbrot essen und einen Apfelsaft oder ein Glas Wein aus der Gegend trinken, Musik hören und zusammen singen, bis der Mond aufgeht! Dann wollen wir das schöne Stück Natur verlassen, wie wir es angetroffen haben oder in noch besserem Zustand! Marx sagt das so: ›Wenn unsere Generation von dieser Erde abtritt, so gilt es, sie den nächsten Generationen verbessert zu hinterlassen!‹ Ja, wir wissen, der Zustand unseres Planeten verschlimmert sich von Jahr zu Jahr durch die globale Verwertungsmaschinerie der Profitsüchtigen, sie lassen keinen Fleck dieser Erde ungenutzt, beuten ferne Landstriche aus und benutzen die Kräfte der Eingeborenen zum Fällen von

Bäumen und zum Betreiben der Maschinen. Sie vergiften die Äcker mit Pestiziden, um mehr Ertrag zu bekommen. Sind die Arbeiter krank und wird die Erde unrentabel, ziehen sie ungerührt weiter, sorgen anderswo für Gewinn. Wachstum, jedes Jahr mehr, das ist die Devise. Doch diese Art von Wachstum ist wie ein Krebsgeschwür, er zerstört unseren Planeten.«

Worte, die nachhallten.

Noch in Gedanken ging man zu den Rastplätzen, kochte neuartige Maggisuppe – was waren die Würfel aus Fleischbrühe für Arbeiterinnen unter Zeitdruck eine begehrte Novität! Da und dort briet etwas überm Feuer: Würste, Schnitzel, Zwiebeln, Tomaten, Apfelhälften. Man lud einander ein zum bescheidenen Essen und Mitfeiern. Langsam war es dunkel geworden, Gesänge stiegen auf, doch der lange Tag hatte die Kinder müde gemacht. Mentona packte Edi in den Leiterwagen und zog ihn unter dem Sternenhimmel mit Amreys Hilfe hügelan, von weitem begleitet vom Gesang italienischer Gastarbeiter: »*La bandiera rossa trionfera* ...«

Pro Juventute und Edis Boxkunst

Dass Mentona immer noch Arbeit suche, dass sie Angst habe, das Geld gehe ihr aus, sprach sich weiterhin herum.

Da kam Hilfe von Dr. Horbers Nachfolger aus dem Zentralsekretariat Pro Juventute. Er ließ Mentona kommen und bot ihr, nach einem kurzen Gespräch, die Leitung der neuen Abteilung für Mütter- und Säuglingspflege bei Pro Juventute an.

Das Gehalt werde ausreichen, sie von ihren materiellen Sorgen zu befreien, dann könne sie sich mit ihrer ganzen Kraft einsetzen! Er zeigte ihr die Kisten mit der Wanderausstellung für Mütter- und Säuglingspflege, die Exponate überaltert, sie dürfe die Ausstellung nach eigenem Ermessen erneuern und ergänzen, dann in Kontakt treten mit Müttern und werdenden Müttern.

Dieses freie Entscheidenkönnen beflügelte Mentona. Sie zog einen angesehenen Kinderarzt hinzu, ergänzte mit seinem Rat die Ausstellung mit zeitgemäßen Umstandskleidern, Tafeln über Säuglingspflege und Darstellungen vom richtigen Stillen. Eine Babyausstattung nach neuestem Standard war dabei, auch Schnittmuster, um Kleider selbst zu nähen. Es fehlte auch nicht an selbst anzufertigenden Spielsachen, an Modellen von Wickelkommoden, alles zum Wohl der neuen Erdenbürger!

Die Kisten wanderten bald in der ganzen Schweiz umher, Mentona folgte ihnen. Pro Juventute, eine Organisation von ausgezeichnetem Ruf, weckte auch in der französischen Schweiz, im Tessin und in den Bündnertälern Vertrauen. Vor allem auf dem Land und in den Bergdörfern war die Ausstellung begehrt, da lag nicht alles schon in Geschäftsauslagen wie in den Städten. Viele Bäuerinnen sahen diese schönen Dinge zum ersten Mal, auch junge Paare, die ihr erstes Kind erwarteten, kamen gemeinsam, die Ausstellung steigerte ihre Vorfreude. Oft wurde Mentona vom Pfarrer oder vom Lehrer zum Mittagessen eingeladen, man sprach über Kinderkrankheiten und Kindersterblichkeit, und sie erkannte, dass die Armut in den abgelegenen Orten ebenso groß war wie in der Stadt. Die Anfragen für die Ausstellung und ihre Führungen wurden immer zahlreicher, Mentona war stolz auf den Erfolg, ganze fünf Jahre sollte sie bei dieser Arbeit bleiben.

Trotz der vielen Bahnreisen war der Arbeitstag so eingeteilt, dass sie Eduard selbst in seinem neuen Krankenfahrzeug zur Schule bringen konnte. Auf ihre Anfrage äußerte sich der Lehrer zufrieden mit den Fortschritten des behinderten Kindes. Ja, er sei, was die Leistung betreffe, oft der Klassenbeste! Nur mache er ein bisschen viel »den Löli«, er treibe viel Unsinn!

In den Pausen sollte Edi, aus Furcht, er könnte seiner Kleinheit wegen umgerannt werden, in seinem Krankengefährt sitzen bleiben, während die anderen Kinder auf dem Schulhof Fußball spielten.

Sie neckten ihn oft wegen seiner Behinderung, klopften an die Scheibe seines Gefängnisses, riefen: »Buckeli!« Nun, der Lehrer brachte seinen Schülern im Unterricht einen Fingerhut voll Wissen, einen Fingerhut voll Fertigkeiten bei, doch die Schüler unterweisen, wie sich ein Mensch mit Behinderung fühlt? Dafür sah er sich nicht zuständig. Er sei doch kein Kindermädchen, sagte er zu Mentona.

An einem Nachmittag bat Edi seine Mutter um Geld. Wozu? Er druckste herum, gestand dann, in der ›Eintracht‹ finde ein Boxkampf statt.

»Boxkampf? Das ist ein brutaler Sport!«

»Lass mich gehen! Es ist nur dieses eine Mal!«

Am andern Tag kam er gutgelaunt von der Schule und rief: »Dem hab ich's aber gezeigt. Er hat mich wieder ›Buckeli‹ gerufen, da habe ich ihm einen richtigen Kinnhaken versetzt, aus Nase und Mund hat er geblutet!«

Von nun an ließen ihn sogar die Großen in Ruhe, denn sie hatten Angst, der Kleine springe wieder an ihnen hoch und bearbeite sie nach den Regeln der Boxkunst.

Parteiarbeit und Tod Lenins

Nach dem frühen Tod der Rosa Bloch 1922 nahm Mentona nur mit Widerstreben die ihr aufgedrängte Nachfolge an.

Es stand in der noch kleinen Partei niemand sonst zur Verfügung, und die Parteidisziplin verlangte die Annahme! Rosa Bloch, diese charismatische Person, war nicht zu ersetzen, das war Mentona klar. Nun konnte sie ihre Aufgaben kaum mehr bewältigen: die Familie, der Beruf bei Pro Juventute, die Referate bei den Frauen, Vorbereitungen für den Frauentag, Pressearbeit und die Sitzungen im Zentralkomitee der Partei!

Sie brauchte die Nachtstunden für ihre Arbeit, nach einem Jahr brach sie zusammen.

Dr. Brupacher kümmerte sich um sie als Arzt, verschrieb ihr eine Auszeit, und da sie in dieser Zeit lesen wollte, empfahl er ihr weiterbildende Lektüren. So vertiefte sie sich in Nikolai Bucharins *Theorie des historischen Materialismus*, las aber auch Schöngeistiges wie Heinrich Manns *Göttinnen*.

Die Frauentage waren in Zürich gut besucht, besonders die Vorträge von Dr. Brupacher, der durch seine Broschüre *Kindersegen – und kein Ende?* bekannt war.

»Fabrikarbeit in schlechter Luft, bei ratternden Maschinen fördert die Sinnlichkeit!«

»Arbeiterinnen leiden Not unter dem Gebärzwang!«

»Wie der großen Fruchtbarkeit wehren?«

Nach diesen einschlägigen Referaten des Sexualmediziners hatte die Frauenabteilung der Partei zu reagieren: Sie setzte sich für eine Beratungsstelle ein und für die kostenlose Abgabe von Verhütungsmitteln!

Das Bildungsbedürfnis von Männern und Frauen war gleichermaßen groß.

Bei den Versammlungen lagen immer Bücher auf: Auszüge aus den Schriften von Karl Marx, Lenin-Broschüren, neue Literatur aus der Sowjetunion, darunter das Werk von John Reed *Zehn Tage, die die Welt erschütterten*. Doch am stärksten wirkte auf Mentona der russische Film *Panzerkreuzer Potemkin*. Sie konnte für die Schweiz eine Kopie erwerben, leider zensierte die Filmkontrolle in Zürich zahlreiche Stellen.

Am 21. Januar 1924 starb Lenin in Russland.

Als die Nachricht eintraf, schien der Erdball einen kleinen Moment stillzustehen, dann gab es einen Ruck, und die Menschen versuchten, weiterzumachen wie vorher.

Doch für viele blieben, wie immer beim Tod eines großen Menschen, Traurigkeit und Ratlosigkeit zurück. Freunde und Feinde verneigten sich vor einem, der immerhin versucht hatte, mehr Gerechtigkeit in die Welt zu bringen.

Der französische Dichter Romain Rolland schrieb: »Die Revolution verliert ihren Piloten.«

Doch Mentona notierte in ihr Tagebuch: *Der Sache des Proletariats entstehen immer neue Kräfte, aus der Asche steigen neue Flammen auf!*

Dass da aber eine politische Kraft aufstieg, die Lenin in seinen letzten Schriften vehement abgelehnt hatte, erfährt die Welt erst eine Generation später, als Chruschtschow 1956 Lenins Testament entdeckte! Stalin hatte es damals an sich gebracht und der Öffentlichkeit vorenthalten!

Das Original aus Lenins Feder, ein Brief an den Parteitag vom Januar 1923, enthält eine Anweisung, die großes Unheil hätte verhindern können:

Stalin ist zu grob, und dieser Mangel (...) kann nicht geduldet werden. Deshalb schlage ich den Genossen vor, sich zu überlegen, wie man Stalin ablösen könnte und jemand andern an diese Stelle setzt (...) der toleranter, loyaler, höflicher und den Genossen gegenüber aufmerksamer, weniger launenhaft usw. ist.

Die dreißiger Jahre standen ganz im Zeichen von Stalins verheerenden »Säuberungen«: Millionen Menschen, die sich sehnlichst eine andere Art von Kommunismus wünschten, ließ er in Arbeitslager deportieren und erschießen.

Fritz Platten, wird er der ›Unantastbare‹ bleiben?

Nein. Nach vier Jahren elender Haft im Gulag wird er an Lenins Geburtstag 1942 erschossen.

Doch damit greifen wir um achtzehn Jahre voraus.

DIE SCHWESTERN:
GEBURTSTAG UND FANNYS ATTACKE

Im Oktober 1924 feierte Mentona ihren fünfzigsten Geburtstag. *Bei den meisten Frauen ein Wendepunkt in ihrem Leben,* notierte sie und fährt fort: *Ich entdeckte an mir keine Anzeichen kommenden Alters und arbeitete rastlos und begeistert weiter, erfüllt von der Hoffnung auf bessere Zeiten »im Weltmaßstab«* (»im Weltmaßstab« wurde für sie ein gelieber Ausdruck*!). Manchmal fühlte ich mich allerdings grenzenlos einsam, alleinstehend im vollen Sinne des Wortes.*

Zu Mentonas Geburtstag kam ihre Schwester Fanny nach Zürich. Mentona, die mit der Aufbewahrung ihres Geldes einen eher chaotischen Umgang pflegte, fand in einem Umschlag zu ihrer Überraschung noch einen großen Geldschein. Wie jedes Mal freute sie sich über den Fund und bestellte für den Abend im ›Hotel Terrasse‹ einen Tisch mit Blick auf die Limmat.

Trotz schöner Aussicht verlief das Geburtstagsessen wenig harmonisch.

Fanny, die sich kritisch, ja wissenschaftlich, mit dem Phänomen der Spukhäuser befasste, berichtete, sie fahre morgen nach Stans, im Haus eines vornehmen Bürgers, eines Juristen und liberalen Politikers, ereigneten sich ungewöhnliche Dinge!

»Und was ist mit Zürich?«, fragte die Schwester. »Ist Zürich eine geistlose Stadt? Finden sich hier keine Geister?«

Fanny lachte. »Ja, seltsam, die Geister halten sich eher an die Innerschweiz, an Graubünden, die Altstadt von Bern ... wie Spinnen bevorzugen sie ihr eigenes Klima! Von der Stadt Zürich habe ich nur einen einzigen Hinweis von Spuk erhalten, in der Wohnung Talacker sieben, bei Professor Wölfflin, dem Dozent für Kunstgeschichte an der Universität ... Der geistreiche Herr will mit den Geistern jedoch nichts zu tun haben. Mittlerweile hat die Schweizerische Kreditanstalt, die spätere *Crédit Suisse* die Räume unter seiner Wohnung bezogen, die Adresse ist nun Paradeplatz, der Zugang für Unbefugte verboten...«

»Wo Geld ist, spukt es, haben wir das nicht bereits auf der Au erfahren?« Mentona blickte in Fannys amüsiertes Gesicht.

Mit ihren klassischen Zügen war sie noch immer eine schöne Frau, und doch war nicht zu übersehen, dass sie mager geworden war. »Schwester, belastet es nicht deine Nerven, wenn du dich dauernd mit Poltergeistern und durch Schlösser spukenden Weißen Frauen abgibst?«

»Nun, ich habe diese schreckliche Aufgabe aufgehalst bekommen!«, gab Fanny zu. »Weiß der Kuckuck, von wem! Ich fühle mich einfach gedrängt, diesen Dingen nachzugehen! Wohl eine ähnlich irrationale Verpflichtung wie dein Kommunismus!«

»Meinst du? Im Kontrast zu meiner Kindheit auf dem Schloss?«

»Ich erinnere mich sehr gut an deine Begabung für Träume, Mentona! Damals auf der Au, auf dem Mäuerchen beim Eichenwald, erfandest du im Gegensatz zu unserer Wirklichkeit eine liebevolle, heile Familie. In derselben Innigkeit hast du mir Jahre später in einem Brief ›deinen‹ Kommunismus beschrieben:

Ende des namenlosen Elends, das aus allen Teilen der Welt dem horchenden Ohr entgegengellt, aus Fabriken, Hütten armer Bauern und versklavter Eingeborenen, aus Verbrechervierteln und Zuchthäusern ... Dieses Furchtbare sollte aus der Welt geschafft werden, alle Menschen sich satt essen können und Freiheit genießen? Unvorstellbar! Und doch, die Möglichkeit war vorhanden, der Weg aufgezeigt. Dieser Gedanke zersprengte mir fast die Brust!

Mentona horchte einen Moment lang ihren eigenen Gedanken nach, im Gegensatz zu ihr besaß Fanny ein beneidenswertes Gedächtnis.

»Nun«, erklärte sie jetzt, »ich möchte mit meinen bescheidenen Kräften helfen, diese Welt ein bisschen menschlicher zu machen ... Neue Denkansätze brauchen wir ... Aus dem alten Menschen soll ein neuer entstehen.«

»Klingt echt religiös! Warum bist du nicht ganz schlicht bei Jesus und seiner Bergpredigt geblieben? Ist nicht Marx, auch er Jude, mit seinem *Kapital* ein hellsichtiger Verwandter?«

»Im Referentenkurs hat uns Fritz Platten beigebracht, dass es nötig sei, die bürgerliche Gedankenwelt loszulassen, um die materialistische Weltanschauung zu übernehmen ...«

»Materialistische Weltanschauung!«, rief Fanny aus, »sie ist spießig, eng und unwissenschaftlich!«

Fanny verstand es, solche Anwürfe kühl und ruhig aufzutischen. Und Mentona entgegnete nichts. Wie häufig, fühlte sie sich Fannys Eloquenz nicht gewachsen.

Sie hatten an der Limmat gut gegessen, nun spiegelte sich im Fenster des Restaurants der Abendglanz auf dem Wasser, ein beleuchtetes Schiff fuhr seewärts, verschwand im Grau des Brückenbogens.

»Es führt wohl ein langer Weg bis zu der Verwirklichung der kommunistischen Ideale«, versuchte Mentona die Wogen ihres Gesprächs zu glätten. »Gehst nicht auch du, Fanny, einen langen Weg, um deine Erkenntnisse über Okkultes zu veröffentlichen? Ich höre, C. G. Jung will ein Vorwort schreiben?«

Fannys Gesicht heiterte sich auf. »Ja, denk dir, was er mir geschrieben hat nach der Lektüre der Entwürfe für mein Buch *Spuk* (das allerdings erst 1950 erscheinen wird): *Das Buch bedeutet einen neuen Meilenstein auf dem langen Weg der Erkenntnis der seelischen Natur des Menschen.*«

Noch einmal entstand Stille. Während Mentona über Jungs Zitat nachdachte, spielte Fanny mit den Fransen der Serviette, sie musste jetzt, wenn auch am Geburtstagsfest der Schwester, den Ärger über ihre gemeinsame Mutter loswerden. Klartext wollte sie sprechen, Mentona ins selbe Boot ziehen.

»Mentona«, begann sie, »es dürfte dir aufgefallen sein, dass unsere Mutter während des Krieges einem Armutswahn verfallen ist. Daher 1917 ihr verzweifelter Versuch, das Schloss Au, dessen finanziellen Aufwand sie nicht mehr tragen wollte, so schnell wie möglich abzustoßen! So hat sie für den lächerlichen Betrag von einer halben Million das Au-Gut mitsamt Mobiliar an Oberst Hans von Schulthess-Bodmer verkauft.«

»Wo will sie denn jetzt wohnen?«

»Mit dem Ertrag hat sie ein Haus in Kilchberg erstanden – und einen Grabplatz!«

»Unsere wunderbare Au«, murmelte Mentona. »Ich kann den Ausee nicht mehr meinen Kindern zeigen ...«

Fanny nickte: »Doch es ist noch viel schlimmer gekommen. Ihre Angst zu verarmen ist mit dem Ende des Krieges abrupt verschwunden. Nun fällt sie in eine neue Phase, sie verschenkt Geld an ›Gutmeinende‹ und entfernte ›Verwandte‹! Sie, die mir und meinem kranken Gatten eine Unterstützung verweigerte, sie, die dich, Mentona, mit den beiden Kindern darben ließ, hat über eine Million an drei ihr Fernstehende verschenkt. An Fernstehende, wohlverstanden, die selbst reich sind und gegen die sie keine Verpflichtung hat! Skandalös!«

Mentona, die über das Gehörte nachdachte, wurde von Fannys lauter Stimme aus ihrer scheinbar lethargischen Haltung wachgerüttelt: »Ahnst du, was ich vorhabe, Mentona? Nein? Ich will unsere Mutter entmündigen lassen!«

Und Mentona, schockiert über die Enthüllung: »Hast du schon Schritte unternommen?«

Fanny nickte. »Ich habe mich an Professor Bleuler gewandt, damals Chefarzt in der Nervenheilanstalt Burghölzli, der Mutter behandelt hat. Ein weiterer ausführlicher Brief ist an Sigmund Freud gegangen, der in seinem Bericht *Emmy von N.* die Freiherrin über die Maßen lobt: *Es war eine ausgezeichnete Frau, die wir kennengelernt hatten ...*

»Sigmund Freud«, murmelte Metona, »hat er dich als junge Frau nicht als ›kärglich begabt‹ eingestuft?«

»Genau. Ich habe mir also in meinem Schreiben erlaubt, meinen Doktortitel zu erwähnen, inklusive ein paar meiner wissenschaftlichen Erfolge. Dann bin ich auf Freuds damalige Hypnosetherapie zu sprechen gekommen. Er hat sofort geantwortet! In seinem Brief wohl etwas beschämt zugegeben: *Ich weiß, dass kein Analytiker heute diese Krankengeschichte* Emmy von N. *ohne ein mitleidiges Lächeln lesen kann ...*« Er vermute, die Baronin habe wohl bei verschiedenen Ärzten während der Hypnosetherapie *dasselbe Täuschungsmanöver* aufgeführt.

»Nun, Mentona, unsere Mutter muss entmündigt werden ...«

Die jüngere Schwester stutzte. Sie sah ihre stolze Mutter vor sich und hörte sich leise, wie zu sich selbst, sagen: »Sie hat wohl auch viel Leid ertragen durch die ersten Kinder ihres Mannes, der Vorwurf, sie habe ihren Mann vergiftet, war brutal.«

»Dieser Vorwurf ist entkräftet worden«, sagte Fanny.

»Sie blieb verletzt«, sagte Mentona.

»Ja, schon. Doch nun ist sie dabei, unser Erbe zu verschenken. Wir brauchen beide das Geld, es steht uns zu.«

»Unser Vater hat es erarbeitet ... in Russland«, murmelte Mentona.

Fanny sah, das Wort Russland ließ die Gedanken der Schwester abschweifen, schnell fasste sie nach:

»Ich kann doch mit deiner Hilfe rechnen, Mentona?«

»Ich denke, ja ...«

»Mh ... das klingt lauwarm.«

Fanny sah an diesem Abend ihr Anliegen von der Schwester unverstanden. In dem anschließenden Gespräch fielen mehr und mehr agressive Sätze: »Du Träumerin mit deinem Kommunismus! Du nimmst dir vor, die Welt zu verbessern, und das ›im Weltmaßstab!!!‹ Doch um die Anliegen deiner Nächsten kümmerst du dich wenig!«

Draußen war es dunkel geworden. Mentona zahlte. Die beiden Schwestern umarmten sich, gingen auseinander: Die eine zu den Gespenstern, die andere zu ihrem Kommunismus.

Bald zeigte sich, dass die Zeugnisse der Ärzte für eine Entmündigung der Freiherrin Moser nicht ausreichten.

Schlimmer war für Fanny, dass Frau Moser von der Aktivität ihrer einstigen Lieblingstochter erfuhr. Sie setzte darauf in ihrem Testament *infolge des unerhört scandalösen Benehmens* Fanny auf den Pflichtteil. Auf diesem Pflichtteil war die zweite Tochter Mentona wegen ihrer ebenfalls *scandalös politischen Einstellung* schon längst gelandet.

Wohl waren der Freiherrin auch Fannys Forschungen über Gespenster bekannt, jedenfalls stand im Testament anschließend: *Ich gestatte auch nicht, dass sie (Fanny) im Hause wohnt, vor oder nach der Beerdigung!*

Fürchtete sie, während Fannys spiritistischen Sitzungen als Gespenst zitiert und erscheinen zu müssen?

Fanny machte jedenfalls nach dem Geburtstagsbesuch in Zürich den Versuch, ihre Mutter im nahen Kilchberg zu sprechen.

Doch die Angestellten waren angewiesen worden, mögliche Besuche ihrer Töchter schon an der Haustür abzuweisen.

Die Kommunistin
gelangt zu grossem Reichtum

Ein Ereignis, das Mentonas Leben eine entscheidende Wende gab, trat 1925 ein.

Am 2. April brachte ihr ein Bote ein Telegramm: »Ihre Mutter ist in der Nacht sanft entschlafen.«

Die Mutter zu verlieren, das hatte sich für Mentona und wohl auch für Fanny schon Jahre zuvor ereignet.

Die Freiherrin hatte ihre beiden Töchter auf den Pflichtteil gesetzt, eine vollständige Enterbung hätte ihr wohl mehr entsprochen, doch das wäre gesetzeswidrig gewesen. Das Vermögen der Witwe Moser war unterdessen zusammengeschmolzen, doch das Testament umfasste fünfundzwanzig Seiten und ein vierundneunzig Seiten langes detailliertes Vermögensinventar.

Mentona war im höchsten Maß erleichtert über den amtlichen Bericht, ihr Pflichtteil kam ihr riesig vor! Wie groß die Summe genau war, ließ sie gleichgültig, doch nun konnte sie ihre Brotarbeit aufgeben, ihre Kinder in gute Schulen schicken und sich ganz jenen Aufgaben widmen, von denen sie annahm, dass sie der Gerechtigkeit auf dieser Welt dienten!

Fanny hatte eine andere Beziehung zu ihrem Erbe. Mit dem scharfen Geschäftssinn ihrer Mutter prüfte sie die Legate, beanstandete dieses und jenes, focht schließlich das Testament an und verlangte von Mentona, es ihr gleichzutun. Mentona weigerte sich, »uns fällt mehr zu, als wir brauchen«. So machte Fanny alles im Alleingang. Am Ende brachte es ihr nichts als schlaflose Nächte und Anwaltsrechnungen.

Im Freudentaumel über das neue Geld brütete Mentona jeden Abend über einer Landkarte.

»Amrey, weißt du, was ich mit dem Geld als Erstes mache?«

»Was denn?«, fragte Amrey und rief schnell zurück: »Ich jedenfalls würde ein Ballkleid bei Grieder kaufen! Einen rosa Traum aus Tüll, die Taille betont und unten drei Stufen!«

Die Tochter Amrey, ein hübsches, schmales Mädchen mit den Beinen einer Tänzerin, hatte ein Jahr Ballettschule in Berlin hinter sich, nun war sie in Zürich in die Balletttruppe des Stadttheaters aufgenommen worden.

»Ach was, Liebes. Das Kleid ist in einem Jahr außer Mode. Für das gleiche Geld plane ich eine Reise nach Italien! Das Meer, die Sonne, die alten Palazzi! Fahren wir zusammen?«

»Oh, kann meine Freundin mitkommen?«, fragte Amrey. »Sie darf diesen Sommer nirgends hin, ihre Mutter hat nie Geld.«

Mentona nickte, sie fühlte sich solidarisch mit der Mutter, und das Geld der Freiherrin machte sie großzügig. Für Edi allerdings wäre die Reise zu anstrengend gewesen, sie wollten mit dem Rucksack ein Stück weit der Meeresküste entlangwandern.

Drei allein reisende Frauen in Italien! Unüblich in jenen Jahren! Wie Honig zogen die beiden blonden Mädchen junge Männer an, die Mama hatte zu wachen und zu wehren. Mentona verglich Italien mit früheren Aufenthalten, sie spürte in den Städten die politische Veränderung durch den Mussolini-Faschismus: Viel Militär, viel Kontrolle, die einstige Fröhlichkeit der Menschen schien ihr gedämpft.

Nach Zürich zurückgekehrt, kaufte Mentona, die Neureiche, mir nichts dir nichts ein kleines Haus mit Garten. Dort, wo die Aussicht schön war, an der oberen Stadtgrenze.

»Es gleicht dem Balsiger-Häuschen, in dem ihr geboren seid«, sagte sie zu den Kindern.

»Eine echte Kapitalistin ist sie geworden«, urteilten ihre Genossen: »Wohnt am Zürichberg, hat eine Hausangestellte, ein Gärtner schneidet im Garten ihre Bäume und Sträucher! Und wenn jemand aus unserer Partei sie um ein Darlehen für einen Milchladen bittet, weist sie die Anfrage mit dem Argument ab: ›Wollt ihr wirklich Kleinbürger werden? Wir müssen doch als Kommunisten in großen Linien denken! Kämpft in den Reihen der Genossen weiter!‹«

Doch Mentona sah ein, das große Geld war ungeeignet, Harmonie und Glück zu bringen, es löste die Probleme nicht, die sich mit den größer gewordenen Kindern stellten. Eduard hatte einen gesundheitlichen Rückfall, der die Mutter von neuem in Ängste stürzte. Und die junge Amrey wollte ihre Jugend genießen, Bälle besuchen, sie dachte an Vergnügungen, Kleider, Frisuren.

Die Welten von Mutter und Tochter prallten aufeinander.

Mentona überlegte: Das ihr zugefallene Vermögen hatte ihr Vater in Russland erworben, doch in seinen Uhrenfabriken hatten die Arbeiter wenig verdient. Nun herrschte in Russland nach der Revolution Unruhe und Hunger, Kinder irrten elternlos durch die Straßen der Städte.

In ihr Tagebuch notierte sie: *Ich wollte aber nur nach Russland zurückkehren, wenn ich die Möglichkeit gefunden hatte, dort etwas zu leisten oder zu gründen. Ich sagte mir: Das Erbe, das ich angetreten habe, stammt von meinem Vater. Sein Vermögen hat er in Russland gemacht. Aber die russischen Arbeiter gingen leer aus. Sie erhielten nur den üblichen Lohn. Einen kleinen Teil des Gewinns beschloss ich, ihnen in irgendeiner Form zurückzugeben.*

Doch wie sollte sie nach Russland, das keine Touristen ins Land ließ, gelangen, wie konnte sie ihren Plan verwirklichen? Nur Fritz Platten konnte ihr raten.

Fritz Platten war nach einer kurzen Episode mit einer Lisa aus Wilna, seiner zweiten Ehefrau, wieder allein in Zürich. Er liebte den Austausch von Gedanken, nach Büroschluss trank er mit Mentona gerne noch in der Altstadt ein Gläschen. Beim eifrigen Diskutieren legte er, wohl unabsichtlich, seine Hand auf ihren Arm, beim Abschied küsste er sie auf beide Wangen. Das waren in Zürich übliche Rituale, doch sie spürte in diesen kleinen Zeichen der Sympathie seine Wärme, seine Sinnlichkeit. Wenn er sich verabschiedete und in den Altstadtgassen verschwand, war ihr schmerzlich bewusst, dass ihr ein Herzensfreund fehlte, sie sah ihre leeren Abende vor sich, spürte ihren Hunger nach Austausch und Zärtlichkeit.

Mit Fritz, da war sie sicher, wäre eine Gemeinschaft möglich gewesen.

Schon vor zwei Jahren hatte Fritz ihr seine Absicht verraten, für länger, vielleicht für immer, nach Russland zu ziehen! Im Sinne von Lenin, der entsetzt gewesen war über die Misswirtschaft in seinem großen Land, wollte er in der Sowjetunion mit erfahrenen Schweizer Bauern einen landwirtschaftlichen Musterbetrieb gründen.

Mentona hatte ihn damals bei einem Bürobesuch geneckt:

»Fritz, du kannst zwar viel, aber ein erfahrener Bauer bist du wohl nicht?« Er hatte nur gelächelt, auf einen Berg von Büchern über Milchwirtschaft gezeigt: »Seit Wochen studiere ich, was man mit den armen russischen Kühen machen soll! Die Tiere haben in Russland keine Ställe, werden hinter den Häusern einfach angebunden, klar geben sie kaum Milch! Und die Bauern hungern, weil sie nichts von Tierhaltung und Ackerbau verstehen, man muss ihnen helfen!«

»Wann fährst du?«

»Noch in diesem Frühjahr.«

Mentona, die sich manchmal mit dieser inneren Wärme, die nach außen drängte, als kleiner Vulkan bezeichnete, hörte sich jetzt sagen: »Wie gerne käme ich mit. Was willst du dort allein?«

Er wollte ihr gerade beibringen, dass er nicht allein sei ... da flog die Bürotür auf, die junge Genossin Berta Zimmermann stürmte herein. Überrascht von Mentonas Anwesenheit blieb sie stehen, reichte ihr nur steif die Hand. Ging dann zu Plattens Sessel, küsste den Chef. »Da, für unsere Reise«, sagte sie, und zeigte ihm lächelnd einen neuen Koffer. Mentona blickte verdutzt auf Berta, es war ihr, als sehe sie die Kollegin zum ersten Mal mit den Augen von Platten: Der cholerische, wilddunkle Blick, das volle, kurzgeschnittene Haar, die sinnliche, wie trotzig vorgestülpte Unterlippe.

Als Berta wieder draußen war, sagte Mentona: »Reisegenossin und wohl dritte Ehefrau?« Sie sagte es leichthin, fast lachend, obwohl jedes Wort in ihrem Innern ein kleiner Dolchstoß war.

Tatsächlich ging Platten vor seiner Reise mit Berta Zimmermann zum Standesamt. Er heiratete zum dritten Mal, ganz ohne Klimbim, schon routiniert.

Einen Monat später erhielt Mentona eine Karte mit Plattens Adresse in Moskau. »Ich freue mich auf deinen Besuch«, stand da.

Sie las die Karte immer wieder. Galt ihre Sehnsucht dem neuen Russland oder galt sie Fritz Platten?

Wie immer, nun hatte sie für die große Reise genügend Geld.

Als Delegierte der Internationalen in Moskau

Im Frühling 1926 reiste Mentona zum ersten Mal nach Moskau. Als Schweizer Delegierte konnte sie an der 6. Tagung des erweiterten Exekutivkomitees der Kommunistischen Internationale teilnehmen. Es sollte keine lange Abwesenheit von Zürich bedeuten, das war ihr recht. Eduard ging es zum Glück besser, das Resultat seines Bluttests war gut, auch konnte er wieder beinah beschwerdefrei laufen. Mentonas Freundin Rose, die sich gut mit Amrey verstand, sollte unterdessen Familie und Haus hüten.

In der Schweiz gab es keine russische Gesandtschaft, Mentona musste ihr Visum nach Sowjetrussland in Berlin abholen. Nach kurzem Aufenthalt in Deutschland begann der abenteuerliche Teil der Reise: Der Zug fuhr durch den polnischen Korridor, die Lichter waren gelöscht, die Wagen verschlossen. Dann ging zur Erleichterung der Fahrgäste das Licht wieder an, die Reise setzte sich fort durch Litauen und Lettland.

Da endlich – die Grenzstation Negoreloje! Am Bahnhof Hammer und Sichel und ein flammend rotes Transparent: »Proletarier aller Länder, vereinigt euch!«

Man stieg aus, Koffer wurden aus den Händen gerissen, dann Passkontrolle, Geldwechsel. Zum Essen im Buffet reichte die Zeit nicht, schon stand der Zug nach Moskau bereit.

Die Wagen waren aus Holz, breite Bänke, auf denen die Reisenden sich ausstrecken konnten. Durch das Fenster des geheizten Zuges, vor den Augen der Reisenden, entrollte sich ein Wintermärchen: Schneefelder, kleine Dörfer mit Strohdächern. Kirchen mit farbigen Türmen, gekrönt von Schneehauben. Bäuerinnen und Bauern in Schafpelzen, der Pelz nach innen gekehrt, an den Füßen die typischen Filzstiefel. Junge Frauen mit hübschen runden Gesichtern und steilen Pelzmützen, ihre träumerischen Augen blickten lange dem internationalen Zug nach.

Endlich erreichten sie Moskau.

Am Bahnhof warteten Genossen auf die ausländischen Delegierten, ein paar offene Schlitten standen als Taxi bereit zur Weiterfahrt.

Sechzehn Grad unter Null!

Doch Mentona empfand keine Kälte, es war eine trockene, weiche Luft, die ihre Wangen streichelte. Oder war es die Aufregung, die sie erwärmte?

Der Schlitten hielt vor ihrem Hotel. Es war nicht das bekannte Hotel mit dem Namen Lux, es war kleiner und wohl einfacher. In der ersten Nacht konnte sie nicht schlafen, eine Ratte flog wie ein schwarzer Strich über ihr Bett. Am Morgen entdeckte sie neben dem Schrank das Rattenloch, sie meldete dem Direktor am Empfang, das Loch sei unbedingt zu verstopfen. Doch als sie spätabends wieder in das Zimmer kam, war das Rattenloch immer noch offen. Im leeren Speisesaal fand sie eine Wasserflasche, sie zerschlug sie mit den Absätzen der Schuhe, stopfte mit den Glassplittern das Loch. Die Ratte blieb in ihrem Unterschlupf eingesperrt, die nächste Nacht war ruhig.

Am Morgen wurde sie von Clara Zetkin im Kreml erwartet. Mentona fand zu Fuß dort hin. Auf der Holzbrücke über der Moskwa, die langsam und eisgrau dahinfloss, prüften Rotgardisten ihre Empfehlung, einer der Kontrolleure gab die Ankunft des ausländischen Gastes telefonisch durch.

Mit bezaubernder Liebenswürdigkeit kam ihr Clara Zetkin aus einem Flügel des Kremls entgegen: »Genossin Moser, kommen Sie!« Mentona schätzte diese Frau, die unbestechliche Kämpferin für Frauenstimmrecht und Lohngleichheit für Mann und Frau. Clara, eine bekannte Persönlichkeit im heimatlichen Preußen, genoss offensichtlich auch im neuen Russland großes Ansehen. In ihren Räumen stand ein Samowar, eine Dienerin reichte Teetassen aus erlesenem Porzellan und Pralinenkugeln aus der neuen Süßigkeitenfabrik mit dem aktuellen Namen ›Roter Oktober‹. Die Zetkin erzählte von ihrem Aufenthalt in Basel. Sie hatte dort Arbeiterinnen einer Bandfabrik besucht und kämpfte bei der Leitung des Betriebs für die Frauen um einen Achtstundentag und bessere Entlohnung.

»Und wie geht es den Arbeiterinnen in Zürich, Genossin Moser?« Clara Zetkin hörte Mentona aufmerksam zu. Sparte dann auch nicht mit Ratschlägen.

Die Konferenzen für die erweiterte Exekutive fanden ebenfalls im Kreml statt.

Auf dem Boden in den Prunkräumen lagen aus früherer Zeit kostbare orientalische Teppiche, sie waren blutrot und ließen Mentona mit Schaudern an die Erschießung der Zarenfamilie denken. An Wänden und Decken noch immer goldfarbener Luxus, doch die proletarischen Delegierten saßen auf Holzbänken. Das empfanden die meisten als unbequem, denn die Reden, meist auf Englisch und Deutsch übersetzt, zogen sich in die Länge.

Am nächsten Morgen, die Konferenz sollte laut Protokoll um zehn Uhr beginnen, kamen die Delegierten unpünktlich, der erste Referent stand vor beinah leeren Bänken. Er blickte sich um, sagte sarkastisch lächelnd: »Erst die industrielle Revolution wird wohl dieses Land zur Pünktlichkeit erziehen!«

Die ausländischen Delegierten lachten.

Doch einer der russischen Teilnehmer rief: »Wie soll das geschehen, wenn viele unserer Delegierten keine Uhr besitzen, nach der sie sich richten können? Geschätzte Damen und Herren, schauen Sie dort drüben an die Wand, nur der Zar wusste, dass es zu spät war!«

Die Moser-Uhr im Kreml

Vorne, wo ein Podest den Platz markierte, an dem vor kurzer Zeit noch der Thron des Zaren gestanden hatte, hing eine vergoldete Uhr. Ein bemalter Holzengel im Stil der Jahrhundertwende stützte sie. Mentonas Nachbar auf der Holzbank, der fließend Deutsch sprach, wandte sich zu ihr und bemerkte: »Ah, da hängt noch eine echte Moser & Co.!«

Mentona, die auf der vordersten Bank saß, konnte jetzt den ihr bekannten Namenszug erkennen.

Sie war wie elektrisiert von der Tatsache, hier im Kreml der Arbeit ihres Vaters zu begegnen: Russland und meinem Vater bin ich jetzt so nahe wie noch nie.

Ihr Nachbar bemerkte ihr Interesse: »Ja, die einzigen russischen Uhrenfabriken sind von einem Schweizer gegründet worden, von Heinrich Moser. Dostojewski hat in seinen Novellen *Der ewige Gatte* und *Die Sanfte* Mosers Namen erwähnt! Doch nur Bestandteile aus der Schweiz wurden in diesen Werken zusammengesetzt, so hat sich der geniale Uhrenbauer den Zoll erspart und ist wohl zu großem Vermögen gekommen!«

»Sind denn die Moser-Werke noch intakt?«

»Im Weltkrieg hat man einige aus Hass auf ausländische Unternehmer zerstört. Sie wurden wieder aufgebaut und nach der Novemberrevolution verstaatlicht, die meisten sind jetzt noch in Betrieb. Sie hörten es ja eben: Auch das neue Russland funktioniert nicht ohne Uhren!«

Auf dem Podium wurde nun wieder referiert. Doch in einer Pause wandte sich der Delegierte erneut ihr zu:

»Woher kommen Sie, gnädige Frau?«

»Aus Zürich.«

Zum Glück konnte der Nachbar ihr heftiges Herzklopfen nicht hören: Er fragt nicht nach Namen, ist nur begierig auf seine Uhrengeschichte ...

Und schon fuhr er fort: »Wissen Sie, dass der Uhrenbauer, ein Mann mit Köpfchen, zuerst die Zarenfamilie für seine Uhren begeistert hat? So wurde es später der Wunsch jedes vermögenden Mannes, eine solche Uhr zu besitzen! Für besondere Verdienste im Heer wurde in Sowjetrussland eine Moser-Uhr verschenkt. Übrigens, der Bruder meines Vaters hat in einem der Moser-Werke gearbeitet!«

»Hat er gut verdient?« Mentona war gespannt.

»Nun, es hat wohl knapp für sein Leben gereicht. Als ich ein Kind war, sah ich Onkel Wladimir nach der Fabrikarbeit noch bis zum Einbruch der Dunkelheit auf dem Acker, diese Arbeit war für ihn wichtig, er hatte fünf Kinder zu ernähren!«

Mentona merkte sich diese Geschichte.

Am Nachmittag erschien auf der obersten Tribüne, die für das Präsidium reserviert war, für eine kurze Rede der bedeutendste Machthaber der neuen Sowjetunion, Genosse Stalin. Er sprach jetzt von seinen Plänen für eine schnelle Entwicklung des Landes: »Die Industrie, vor allem die Stahlindustrie, ist sofort zu fördern! Ich habe mir ja beim Eintritt in die Partei nicht vergeblich den Namen Stalin zugelegt!«

Lachen und Klatschen aus den Reihen der Abgeordneten.

Stalin, der Stählerne, eigentlich Josef Dschugaschwilli, fuhr fort: »Was die brachliegende Landwirtschaft betrifft, so gedenke ich, im Sinn einer effizienteren Bewirtschaftung, die Bauern zu Kollektiven zusammenzufassen! Sie stehen dann unter der Kontrolle des Staates. Ich sage Ihnen voraus: Die Ernten werden durch Staatsbetriebe um mindestens fünfzig Prozent gesteigert!«

Applaus. Viele der Delegierten hatten sich von den Bänken erhoben und blickten nach oben zu dem neuen Retter Russlands. Dort stand der kräftig gebaute Mann mit dem breiten Nacken, dem vollen dunklen Schnauzbart, er lächelte abwesend dem Publikum zu, als erblicke er in ferner Zukunft schon wogende Weizenfelder.

Mentona missfiel der schon jetzt einsetzende Personenkult.

Als sie das am Abend Fritz Platten erzählte, meinte er: »Wohl nötig für die emotionale russische Seele.«

Mentona hatte an diesem ersten Sitzungstag das Bedürfnis gehabt, Platten aufzusuchen, doch die Konferenz im Kreml, die am Morgen verspätet begonnen hatte, zog sich hin bis zum Einbruch der Nacht. Frierend und hungrig konnte sie sich auf dem Roten Platz endlich in eines der Schlittentaxis setzen.

»Twerskaja? Noble Adresse«, sagte der Kutscher.

Tatsächlich hielten sie auf einer der schönsten Straßen in Moskau, inmitten von Geschäften, nahe dem Gorki-Platz. An der Türe eine neuartige elektrische Klingel. Als Mentona den Knopf drückte, ging, ausgelöst von einem grellen Alarm, ein Zittern durch das Haus.

Fritz Platten öffnete.

»Fritz, was hast du für eine Prachtwohnung!«, rief sie ihm entgegen.

Platten winkte lachend ab. »Was mich betrifft, ich würde lieber auf dem Land wohnen! Doch die Stadtwohnung ist nützlich, sie muss mir erhalten bleiben.«

»Man erfüllt dir hier wohl jeden Wunsch! Du, der Retter Lenins.«

»Wäre nicht schlecht«, gestand Platten. »Zeiten des Umbruchs sind nicht ungefährlich. Doch komm herein, meine Eltern sind da und freuen sich auf dich. Gestern sind sie aus St. Gallen nach mühsamer Reise angekommen.«

Das alte Paar saß in einem weitläufigen Wohnzimmer. Vater Platten, ein rüstiger Mittsiebziger, erhob sich und kam erfreut auf Mentona zu. Die Mutter stellte sich neben ihn, ergänzte: »Fritz hat uns oft, und dies mit Begeisterung, von Mentona Moser erzählt!«

»Von Fritz habe ich in Zürich gelernt, was Kommunismus ist und wie er funktioniert«, sagte Mentona. »Doch wo ist seine Frau, Berta Zimmermann?«

Und Fritz, der schnell dazugetreten war: »Berta führt hier ein Eigenleben. Sie ist selten in dieser Wohnung. Konferenzen treiben sie durchs ganze Land, Gespräche mit mächtigen Politikern! Mehr kann ich darüber nicht sagen, solches hält man hier besser geheim.«

An einem großen Holztisch, er stammte aus der Werkstatt des Schreinermeisters Platten aus St. Gallen, setzte man sich um ein bäuerliches Mahl: »Würste, Kartoffeln, Gemüse – alles aus unserem Mustergut!«, sagte Fritz stolz. »Ja, meine Eltern und ich haben Eile, aufs Land zu ziehen. Doch erst ist noch eine Delegation aus der Schweiz abzuwarten: Landwirte aus dem Zürcher Weinland, Melkerinnen aus der Innerschweiz! Sie werden den russischen Bauern helfen, die im Weltkrieg und in der Revolutionszeit Vieh und Felder vernachlässigt haben. Lenin hat den Niedergang der russischen Landwirtschaft sehr ernst genommen: ›Was ist das für ein Koloss, der unfähig ist, seine Einwohner zu ernähren!‹«

»Aber Stalin ...«, warf Mentona ein und blickte auf die von ihrer Gabel eben aufgespießte Kartoffel, »sucht er nicht das Heil in der schnellen Industrialisierung? Er hat heute im Kreml darüber gesprochen. Seine Gefolgsleute und ein Teil der Delegierten haben nach seiner Rede stehend applaudiert!«

Fritz Platten sah plötzlich müde aus, er saß still da und rieb sich über die Augenlider. Dann blickte er mit geröteten Augen zu seiner Zürcher Genossin: »Stalin denkt leider anders.«

Mentona zuckte die Achseln, meinte leichthin: »So lassen wir ihn anders denken. Russland ist riesengroß, da wird es wohl Platz geben für verschiedene Ansichten? Selbst im kleinen Zürich gedeihen diverse politische Tendenzen, die man besser nicht gleich an den Wurzeln ausreißt ...« Sie suchte in Fritzens Gesicht eine Bestätigung, und da sich nichts dergleichen abzeichnete, wollte sie weitersprechen, das Glas Wodka hatte wohl ihre Zunge gelöst.

Doch Fritz unterbrach sie: »Es wäre verheerend, Mentona, wenn man nicht auf Lenin, sondern auf seinen Nachfolger hört! Weißt du, was mit einer Kollektivierung der einzelnen Landgüter passiert? Die Bauern werden zu Staatsangestellten. Die üblen Konsequenzen sind absehbar, doch Staatsführer, denen Menschen egal sind, denken an Rendite und Macht. Trotzki, den ich im schweizerischen Zimmerwald mit Lenin kennengelernt habe und der entscheidend beteiligt war an der Oktoberrevolution, wird von Stalin kaltgestellt. Er hat ihm sein Amt als Kriegskommissar entzogen, überlässt ihm untergeordnete kleine Aufgaben! Schlimmer noch: Im ganzen Land verachtet man jetzt die sogenannten Trotzkisten als ›Abweichler‹ und wirft sie ins Gefängnis.«

»Gibt es denn hier nur die Einheitspartei?«

»Ja.«

»Warum konzentriert sich in Stalins Hand so viel Macht? Wozu die Revolution, wenn nun einer wie zur Zeit der Romanows allein regiert?«, schaltete sich Fritzens Mutter ein.

Mentona blickte zu ihr auf, inmitten der Falten und Furchen ihres Gesichts verriet das Blitzen der Augen den jung gebliebenen Geist.

»Mama«, antwortete Fritz jetzt, »Stalin hat als junger Mann ein autoritäres Priesterseminar besucht. Er kennt den Mechanismus der Unterdrückung und weiß seine Ansichten radikal durchzusetzen. Lenin hat noch vor seinem Tod die grobe Art des möglichen Nachfolgers erkannt und die Genossen vor ihm gewarnt. Doch wir diskutieren hier nicht offen wie in der demokratischen Schweiz, das ist hier verpönt und gefährlich.«

Eine nachdenkliche Stille entstand.

»Doch Schluss mit der Politik!«, forderte Fritz. »Wer trinkt nach dem Essen eine Tasse englischen Tee? Oder wäre euch Kaffee lieber?«

»Trinken wir doch einen kleinen Schwarzen«, rief die Mutter. »Ich habe ja auf deinen Wunsch, Fritz, deinen geliebten Bohnenkaffee aus St. Gallen mitgebracht!« Und der Vater: »Und wenn schon Kaffee, kann man dann nach schweizerischem Brauch dazu auch eine Runde Karten spielen? Sie machen doch mit, Mentona?«

»Ja schon. Ich muss nur heute Nacht noch mein Hotel finden«, antwortete sie leicht gequält.

»Mentona, musst du wirklich deiner Ratte Gesellschaft leisten?«, rief Fritz. »Gönne ihr doch heute Nacht die Alleinherrschaft, sie wird es genießen!«

Mentona verzog das Gesicht: »Ich hasse Ratten.«

Nach dem Kartenspiel, bei dem ein bisschen gestritten und viel gelacht worden war, zogen sich die Eltern Platten, noch erschöpft von der langen Reise, in ihr Zimmer zurück.

Fritz und Mentona hatten sich auf den Diwan gesetzt für einen Abendtrunk. Unter dem Licht der modernen Stehlampe landete ihr Gespräch sofort wieder bei der Politik.

»Fritz, deine Bemerkungen über Stalin lassen mir keine Ruhe: Verlangt der Kommunismus seinem Wesen nach eine Diktatur? Er möchte ja die Ausbreitung über den Erdball erreichen: Proletarier aller Länder, vereinigt euch?«

»Eine Diktatur?« Platten nahm nachdenklich den ihm zugeworfenen Faden auf. »Eine menschenverachtende Regierungsform? Für mich kein Mittel, um eine friedliche Welt zu schaffen, in der jeder satt wird und in Freiheit leben kann. Du weißt, Kriege lassen sich oft nicht vermeiden, doch ich bin meinem Wesen nach Pazifist.«

»Und Leninfreund?«

»So ist es, und ich hoffe, beides zu bleiben.«

Das Gespräch schien Platten zu ermüden, Sprechpausen entstanden, in denen wohl das Wichtigste im Schweigen unterging. Auf dem Nebentisch, im Samowar, Geräusche von kochendem Wasser.

»Lass uns doch nach dem Wodka noch einen russischen Abendtee trinken«, schlug Mentona vor. Im Versuch, dem Gespräch für Fritz eine erfreulichere Wendung zu geben, lenkte sie das Thema auf seine Lieblingsidee, das Mustergut.

Das hatte seine Wirkung, er blickte sie überrascht an, seine alte Munterkeit kehrte zurück.

»Stell dir vor, Mentona! Über hundert Helfer haben sich freiwillig gemeldet! Bereit, ihre Heimat für ein Jahr zu verlassen, um im fernen Russland ohne Lohn Ställe zu errichten und Felder zu bebauen! Man will dem neuen, noch armen Land unter die Arme greifen. Die ersten Helfer sind schon am Werk. In den Bauerngärten gedeiht wieder Gemüse. Stolz fahren an den Markttagen die einheimischen Bäuerinnen nach Moskau und setzen dort ihre Produkte ab ...«

Er redete sich in Begeisterung, wie in Zürich lag dabei seine Hand auf ihrem Arm. »Im Vertrag ist abgemacht, dass auch die zugehörigen Frauen, falls keine kleinen Kinder zu versorgen sind, mitarbeiten. Die meisten sprechen jedoch kein Russisch und wagen nicht, zum Einkauf allein nach Moskau zu fahren! Sie langweilen sich ... Dein Russisch, liebe Mentona, ist unterdessen ganz ordentlich. Du wirst den Frauen Mut machen!«

»Das möchte ich gerne, Fritz. Doch du weißt ...«

»Ja, diesmal fehlt es dir an Zeit ... Du kommst aber bald wieder nach Moskau, nicht wahr?«

Und sie heftig: »O ja.«

Er lächelte, erfreut über ihren entschlossenen Ausdruck. Sein Gesicht, von Zuneigung erfüllt, neigte sich zu ihr, und wie schon in Zürich bemerkte sie seine ungewöhnlichen Lippen. Hörte die Genossinnen in der ›Eintracht‹ witzeln: »Frauenlippen. Wie er wohl küsst? Unterlippe gepolstert, Oberlippe geschwungen!«

Fritz hatte sie, wie es in Zürich üblich war, stets auf beide Wangen geküsst. Nun küsste er sie erstmals auf den Mund.

Während sie dem Kuss nachspürte, hörte sie ihn sagen: »Unsere gemeinsame Liebe zum neuen Russland, liebe Mentonuschka, sie bringt uns nahe zueinander!«

»Er mag Frauen, aber seine große Liebe ist Russland.« Sie dachte es, prägte es sich ein als Warnung.

Nun tranken sie Kräutertee aus dem Mustergut. Er war müde, wovon wohl. Nochmals rieb er sich über die entzündeten Augenlider, schwieg, sein Gesicht hatte dabei einen ungewohnt besorgten Ausdruck angenommen.

Das Gespräch wiederaufnehmend, klang seine Stimme schleppend: »Mentona, lass mich ehrlich sein. Stalins Pläne, von denen du heute erzählt hast, erfüllen mich mit Angst. Eine Kollektivierung, was würde das bedeuten? Alle diese kleinen Leute, denen wir jetzt im Sinne Lenins helfen, müssen ihre Felder, ihre bescheidenen Häuser aufgeben. Trauer wird über diese tapferen Kleinbauern kommen, Proteste sind nutzlos. Zugunsten der Kolchosen nimmt man ihnen das Vieh weg, die Ernten, das Saatgut. Einige versuchen zu fliehen. Wohin? Mit dem letzten dürren Zugpferd oder zu Fuß? Wohin auch, überall herrscht Hunger. Mit einer sofortigen Kollektivierung wartet wohl die größte Hungerkatastrophe in der Geschichte Russlands. Weißt du, wie elend und langsam Menschen aus Hunger zugrunde gehen?«

Sie wusste es nicht. Sie blieb in diesen Gedanken hängen, verfing sich in ihrem Netz. Er wartete auf ihre Antwort, und als nichts kam, schleppte sich seine Stimme weiter. Seltsam, er sprach jetzt immer leiser, als höre außer ihr noch ein anderes Ohr mit. Seine Hand glitt von ihrem Arm. »All das muss streng unter uns bleiben, Mentona! Mit Berta, um sie nicht zu gefährden, darf ich solche Überlegungen nicht offen aussprechen.«

»Arbeitet sie für den Geheimdienst?«

»Ja.«

»Für Stalin?«

»Nein, ihre Kontaktpersonen, ich darf sie nicht nennen, gehören zur Opposition.«

Jetzt fühlte sich Mentona plötzlich auch belastet, schwer, müde.

Sie bat um ein Kissen, eine Decke.

Sie küsste Fritz, wünschte ihm gute Nacht. Er blickte sie fragend an, sie sagte nochmals: »Dann schlaf gut.« Als er in seinem Zimmer verschwunden war, löschte sie das Licht.

Nicht er lag diese Nacht bei ihr, nur seine Angst blieb da, trieb wie bräunlicher Nebel im Zimmer.

Als sie endlich eingeschlafen war, hatte sie einen klaren Traum: Die Moser-Uhr im Kreml erschien als Menetekel an der Wand.

Es war zwölf Uhr nachts, der große und der kleine Zeiger lagen vereint, verschmolzen zu einem einzigen dunklen Strich. Da löste sich der kleine Zeiger aus dem Schatten des großen, machte holprige Schritte steil abwärts, zwei Minuten, drei Minuten, fünf Minuten ... nach zwölf.

Der goldene Engel, der sie stützte, war lebendig geworden. Der Engel hätte wohl den Auftrag gehabt, das Voranschreiten der Zeit zu verhindern. Die Kuppen seiner schmalen vergoldeten Engelfinger glitten in die Höhe, unter den Balken des vibrierenden Minutenzeigers.

Das Uhrwerk stockte.

Die Moser-Uhr schwankte, der Engel, der es bemerkte, blickte erschrocken nach oben. Da fiel die schwere Uhr mitten in sein Gesicht. Die vollen, geschwungenen Lippen des Engels wurden verletzt, Blut färbte seine Wangen.

Da fiel der Engel. Auf dem Teppich des letzten Zaren sank er in sich zusammen.

Mentona begann im Schlaf zu weinen. Als sie erwachte, war ihr Kopfkissen feucht. Schlaflos lag sie noch eine Weile unter dem Druck schwerer Gedanken, bis durch die Ritzen der Vorhänge blasses Tageslicht drang.

SEHNSUCHT, EIN MENTONA-WORT. TESSIN ODER RUSSLAND?

Ihre Gedanken waren noch nicht in Zürich angekommen.

Noch immer lebte sie dort, wo Ebenen und Flüsse, Wörter und Gedanken anders sind.

Anderswelt, seltsam nah. Liegt sie auf der anderen Seite unseres Wesens, in einem nie ans Licht gekommenen, ungeborenen Teil unseres Selbst?

Sehnsuchtsland, das die Kraft hat, uns zu verwandeln.

Und der Albtraum in der letzten Nacht in Moskau?

In ihrem Häuschen am Zürichberg verdrängt sie ihn, schreibt ihn der Überreizung der Nerven zu. Auch Platten wird einsehen müssen, dass nach den chaotischen Revolutionsjahren ein strengeres Regime in Russland nötig ist. Die Russen, man lernt es aus ihrer Literatur, sind Gemütsmenschen. Stalin muss sich wohl Strategien ausdenken, um diesen trägen Koloss Russland aus dem Schlamassel zu ziehen.

Noch sieht sie Stalin im Kreml auf dem Podest stehen: seine kraftprotzende Gestalt, den Stiernacken, das schon im Morgenlicht des Erfolgs glänzende Gesicht. Der Mund versteckt unter zwei schwarzen Flügeln. Das Auf- und Abwippen dieser Flügel bei jedem Satz: »Das Russland, das heute darbt, wird morgen die Kornkammer für ganz Europa.«

»Seine Bartenden?« – »Zwei Unglücksraben«, sagt Platten.

»Positiver denken!«, flüstert Mentona beim Abschied.

Sehnsucht nach dem neuen Russland, nach dem flirrenden, von neuen Impulsen vorwärtsdrängenden Leben.

Sie findet Zürich zu kleinkariert, auch die neue Partei zu träge.

Sie wollte ein Internationales Heim gründen für Waisenkinder! Für die Opfer der revolutionären und kummervollen Jahre. Ein Heim für elternlose Kinder, die immer noch in Rudeln durch Russlands Städte irren, betteln, sich von Abfällen ernähren.

Es wird Geld kosten, warnt man.

Doch zum Geld hat sie seit ihrer Jugend ein Hassverhältnis.

Geld hat sie um die Freuden der Kindheit gebracht. Mutterliebe gab es nicht. Aufwachsen in einem leeren Schloss, ohne Gespielinnen, von Privatlehrern unterrichtet. Die Mutter hat die Töchter in schlimmer Zeit ohne Unterstützung gelassen, Geld als Macht, als unmenschliches Druckmittel, Menschen fügsam zu machen.

In Zürich sprach Mentona mit dem Sekretär der Roten Hilfe. Er war der Meinung, dass ein Heim, finanziert mit Schweizergeld, nicht in Sowjetrussland, sondern in der Schweiz stehen müsse, zum Beispiel im Tessin!

Der Sekretär beharrte auf seiner Meinung. Für einmal gab Mentona nach: Mit drei Genossen von der Internationalen

Roten Hilfe fuhren sie in einem Mietwagen nach Süden, dabei war auch der ihr und Edi in Freundschaft zugetane Eugen Schönhaar, ein Württemberger in Berlin, wo er zuständig war für das internationale Jugendwerk der Partei.

Von der Passhöhe des Gotthards ging es in endlosen Schleifen hinunter durch das steile Val Tremola, das Trümligental! »Trümlig heißt auf Schweizerdeutsch das, was wir jetzt im Kopf spüren, schwindlig!«, lachte Mentona.

Wirklich, das erste zum Verkauf ausgeschriebene Grundstück inspizierten sie noch leicht über dem Boden schwebend! Vor allem hatte es den jungen Schönhaar gepackt, er schwankte wie betrunken durch den verkrauteten Garten, stolperte über Steine, von den Stufen einer Granittreppe zeigte er auf verwilderte Palmen. Dann wankte er auf Mentona zu, klopfte ihr auf die Schulter: »Oh, greif zu, phantastisch und spottbillig, diese Traumhäuser!«

Doch Mentona hatte sich längst von der Fahrt erholt. Nüchtern griff sie nach dem Meterstab, hieß Freund Schönhaar nachmessen: »Da, schau gut hin, für vierzig Kinder ist das Haus zu klein, zu abgelegen, keine Wasserleitung!«

So hakte sie auf ihrer Liste ein Objekt nach dem andern ab: »Ungeeignet.«

»Du hast nur deinen russischen Traum im Kopf, Mentonuschka«, meinte Schönhaar und machte eine Grimasse, zwischen Palmblättern blickte er auf glitzerndes Seewasser, die Welt um ihn flimmerte blau.

Er war es, der die kleine Gruppe zu guter Letzt antrieb, bei Brissago vom Ufer des Lago Maggiore hinaufzuklettern zu dem Weiler Fontana Martina, nahe dem Hügeldorf Ronco.

Die Mittagszeit war vorbei, der Himmel wolkenlos und weiß vor Hitze. In ihrem Eifer hatten sie noch nichts gegessen und getrunken. Die Wanderung durch Kastanienwälder und Steilhänge mit Gestrüpp und spitzen Steinen wurde mühsam. Endlich winkte zwischen Baumwipfeln ein steinerner, hoher Bau. Das große Gebäude hatte zum See hin Holzterrassen, links und rechts davon kleinere Häuser, alle in schlechtem Zustand. Am Gartentor trafen sie den Besitzer der Siedlung, den Berner Fritz Jordi, das Gesicht gebräunt und ebenso verwittert wie seine Häuser. Nach dem Tod seiner Frau habe er mit seinen drei Kindern Bern und seine Druckerei verlassen und an einem heißen Tag, so wie heute, diese Perle, dieses kleine Dorf gefunden: Zum Verkauf! Der Preis für den gesamten Weiler niedrig, er habe sein ganzes gespartes Geld sofort dafür hingelegt!

»Ja, schauen Sie sich die eigenartigen, kunstvollen Häuser an mit Treppenbogen, Turmbauten, unterirdischen Kellersystemen! Damals standen sie alle leer: Türen, Fenster gähnend offen, verlassen. Die Bewohner, die einst im Sommer in der nahen Poebene im Baugewerbe gearbeitet haben, sind ausgewandert, irgendwohin, wo es mehr Brot gibt, wohl nach Amerika!«

Jordi schwieg jetzt, hörte sich mit geneigtem Kopf die Wünsche der Fremden an.

Als er vernahm, dass es um ein Grundstück für ein Kinderheim der Roten Hilfe ging, unterbot er seinen schon günstigen Verkaufspreis. Er sei Sozialist, bewundere die neue Sowjetunion, plane hier, wenn er die viele Arbeit bewältigen könne, so etwas wie eine Künstlersiedlung für Selbstversorger!

»Ein proletarisches Pendant zum nahen Monte Verità?«, fragte Mentona.

Er verzog den Mund, als fühlte er Schmerz, zuckte die Achseln: »Ja, so ungefähr. Ein paar Künstler sind schon eingezogen, doch von Landwirtschaft verstehen sie leider nichts. Auch ich, von Beruf Buchsetzer, muss noch täglich dazulernen! In meiner ersten Zeit habe ich am Steilhang wie wild Terrassen gebaut und Beerensträucher gepflanzt. Dann hat ein Gewitter in einer Nacht alles zerstört: Granitstufen, Randsteine, Pflanzen. Die Arbeit vieler Wochen von einem tropischen Regenguss über den Abhang gefegt! Ach«, stöhnte er, »arbeite mit Fleiß und Schweiß, doch die Natur macht, was sie will ...«

»Und – ist Wasser da?«

»Die Wasserleitung im großen Haus muss erst noch instand gesetzt werden«, gab Jordi zu. »Für die Elektrifizierung der Häuser will mir der Maler Vogler von der norddeutschen Künstlersiedlung Worpswede für ein paar Wochen zu Hilfe kommen, ich hoffe, wir schaffen es in so kurzer Zeit ...«

Unterdessen waren drei blonde Kinder am Zaun erschienen, neugierig betrachteten sie die verschwitzten Wanderer. Jordi schickte das älteste Kind in die Küche, um Brot mit Schafskäse und einen Krug Kamillentee zu holen. Nun hatten die Gäste Zeit, die Aussicht zu betrachten: In der Tiefe der im Licht glänzende Lago Maggiore mit den kleinen, wie grüne Floße im Wasser treibenden Inseln. An den Hängen Palmen, Rebstöcke, Feigenbäume. Und drüben über dem See Hügelzüge mit tiefen, rauchblauen Einschnitten. Auf den Flanken der Hügel, im pelzigen Überzug des Buschwalds, saßen die kleinen Dörfer des Gambarogno.

Auf der Heimreise, sie hatten noch in einem Grotto am See Risotto gegessen, blieb es zwischen den Reisenden still. Erst auf der Passhöhe, schon unter bestirntem Himmel, warf Schönhaar die Frage in das rollende Geräusch der Räder: »Und – was jetzt?«

Sie besprachen sich kurz. Hielten fest: Wenn überhaupt, so komme nur das Grundstück bei Ronco in Betracht. Unter den Kollegen der Roten Hilfe war ein Russe, das Fleckchen Erde hoch über dem See hatte ihn verzaubert. Er überredete die anderen: Man müsse wenigstens einen Vorschlag von einem Architekten erstellen lassen: Kosten für die Wasserleitung, die Zufahrt und die Instandsetzung des großen Gebäudes!

Die Berechnungen des zugezogenen Architekten überstiegen bei weitem den zur Verfügung stehenden Betrag.

Der Plan, das Kinderheim im Tessin zu errichten, wurde aufgegeben.

Mentonas zweite Russlandreise. Das Kinderheim

Mentona war erleichtert.

Jetzt konnte sie sich ganz auf die Durchführung des Projekts in Sowjetrussland konzentrieren. Im neuen Russland, sie hatte sich erkundigt, waren Grund und Boden Eigentum des Staates, Schule, Lehrkräfte, Betriebskosten würden von der staatlichen Hilfe übernommen.

Vor einer Abfahrt quälten sie jedoch familiäre Probleme: Sie musste die heranwachsende Tochter und Eduard für längere Zeit mit einer Haushilfe allein lassen. Zum Glück zeigte eine erneute Blutsenkung, dass Edi offenbar geheilt war. Die

Folgen der Spondylitis jedoch, seine körperliche Behinderung, würde ihm ein Leben lang Mühe machen, sagte der Arzt, doch das Glück dieses jungen Menschen sei seine hohe Intelligenz und sein heiteres Gemüt.

Im Juli 1928 trat Mentona ihre zweite Reise nach Russland an.

Sie wohnte in Moskau bei polnischen Genossen in einem neuen Mietshaus in der Nähe des Alexander-Bahnhofs.

Schon am Tag nach der Ankunft läutete sie an der Twerskaja bei Fritz Platten.

Seine Hausglocke hatte keinen schrillen Klang mehr, sie war sanfter, melodiöser, Tonfolgen aus einer Querflöte!

Fritz Platten, durch Briefe von Mentonas Plan unterrichtet, war bereit, sich nach ihrer Ankunft in ihr Projekt zu vertiefen. Am Küchentisch entfaltete er eine Landkarte: Er habe nachgedacht und einen idealen Standpunkt für ein Kinderheim gefunden: in Waskino, einem Dorf südlich von Moskau! Dort stehe ein verlassenes Herrenhaus mit Weiher und Wald, das Gebäude in der Bausubstanz gut erhalten. In der Nähe, am Rand des Dorfes Nowaja Lawa, befinde sich das von Platten errichtete Schweizergut. Diese Nachbarschaft sei für das Kinderheim von Vorteil: Frische Milch, Beerenobst und Gemüse können täglich geliefert werden! Auch stehen für notwendige Fahrten Fuhrwerke zur Verfügung! Und die Schweizer fühlen sich durch das Kinderheim unter deutschsprachiger Leitung ein bisschen weniger in der Fremde, so hilft ein Projekt dem andern!

Platten reichte Mentona eine Landkarte, die Lage des alten Herrnhauses hatte er rot markiert, doch sie konnte sich wenig darunter vorstellen.

Er bemerkte es. »Wir werden bald hinausfahren und schauen, ob du dich für das Haus in Waskino erwärmen kannst. Wenn es dir gefällt, können wir das Projekt zügig angehen: gemeinsame Hilfe für unser neues Russland!«

Mentona hatte kaum zu träumen gewagt, dass ihr Platten seine Hilfe zusicherte, sie wusste, man schätzte ihn hier, die Türen der Verwaltungen standen ihm offen.

In den nächsten Tagen hatte sich die Kunde über das neue Projekt schnell herumgesprochen. Immer wieder ertönten die Flötentöne der neuen Wohnungsglocke, Neugierige erschienen: deutsche, schweizerische, russische Genossen! Sie setzten sich ohne große Hemmungen zu ihnen an den Tisch. Er war zwar belegt mit Entwürfen und Kaffeetassen, doch diese Dinge interessierten nicht, die eigentliche Sensation, die sie hierhergetrieben hatte, war das noch unbenutzte Kapital der Genossin Moser!

Der deutsche Genosse Frank schlug vor, anstelle eines Kinderheims mit dem Geld eine Fabrik für bunte Borten zu errichten, die Verzierung für die Rubaschkas, die Russenhemden! Ein anderer, ein Schweizer namens Dübi, wollte eine Fabrik für Schuhwichse: »Ja, lacht nicht, ein Mangelartikel in Russland, damit lässt sich Geld machen!«

Doch Mentona und Fritz ließen sich nicht beirren.

Am anderen Morgen nahmen sie die Eisenbahn hinaus Richtung Kursk-Serpuchow nach Waskino.

Nur mit Mühe ließen sich noch zwei Sitzplätze auf den harten Holzbänken finden, der Zug war rappelvoll besetzt mit Bäuerinnen und Bauern, die regelmäßig Gemüse und Obst in Moskau verkauften. Sie lehnten an Matratzen, auf denen sie am Stadtrand die Nachtstunden verbracht hatten, in ihrer Nähe auch der unvermeidliche Samowar. An jeder Haltestelle kochten sie ihren Tee im Waggon.

Als sie an Podolsk vorbeifuhren, einem Zentrum der Textilindustrie, drängte sich Mentona ans Fenster, ganz in der Nähe lag das Gut von Leo Tolstoi! Wie aufmerksam hatte sie in Zürich seine Bücher gelesen, sich die Weite der russischen Landschaft vorgestellt!

Eine Weile später, in Lopasnja, verließen sie den Zug. Hier wurden sie von einem Schweizer erwartet, seine altmodische Kalesche stand am Bahnhof. Über holprige Feldwege fuhren sie hinaus in die Landschaft, Steine und Schlaglöcher auf dem Fahrweg erschütterten das Gefährt, seekrank sank Fritz mit dem Kopf an Mentonas Brust, Mentona stieß an Fritz, lachend zeigte er ihr am linken Arm eine Beule. Das Pferd trabte unterdessen unerschütterlich voran. Eine endlose Weite entrollte sich vor dem Blick. Fern am Horizont erschien eine rauchblaue Hügelkette, darüber die hohe zartblaue Glocke des Himmels.

Waskino und Nowaja Lawa

Nach einer Stunde erreichten sie Waskino: Holzhäuschen, deren Strohdächer in der Sonne rotgolden leuchteten, die Balken mit Schnitzwerk verziert. Am Ausgang des Dorfes erschien der von Fritz erwähnte, hinter knorrigen Weiden blitzende kleine See. Und jetzt tauchte das Herrenhaus auf: ein langgestreckter, eingeschossiger, Bau, vor dem Eingang das von Säulen getragene schmucke Vordach. An der Ecke des Gebäudes ein Erker.

Vom Schweizergut in der Nähe kamen Leute gelaufen, sie begrüßten die Ankömmlinge erfreut mit einem »Grüezi«.

Fritz, der alle gut kannte, schüttelte Hände und erkundigte sich nach dem Ergehen der Farmer.

Dann öffnete er die schwere Eichentür. Überrascht standen sie in einer weißen, hohen Halle, welche die ganze Breite des Hauses einnahm. »Ein wunderbarer Speisesaal«, murmelte Mentona.

Durch blinde Fensterscheiben ging der Blick in einstige Gärten, jetzt spross da Unkraut, im angrenzenden Wäldchen lagen kleine Hütten und verrostete Eisenrohre.

Im Saal fiel Mentona der Blüthnerflügel auf. Die Saiten zerrissen: »Wer hat hier Musik gemacht, wer hat hier gewohnt?«

»Eine reiche Familie mit wohl mehr als einem Dutzend Angestellten«, antwortete Fritz. »Und bald werden hier vierzig Kinder wohnen.« Er ging voraus, trat durch eine der Flügeltüren in kleinere Säle, schließlich kam er zu einem Flur mit Türen zu verschiedenen kleinen Zimmern.

Mentona folgte. Die weitläufige Küche fesselte mehr als alles andere ihr Interesse: im Mittelpunkt ein großer Herd und der Backofen, mit Holz heizbar, in die Rückwand eingebaut. Altertümlich alles. Die Küche wie alle anderen Räume nur von Öllampen erhellt.

Im Weitergehen fanden sie die Aborte in überaus schlechtem Zustand, die Keramikschüsseln zerbrochen, keine Wasserspülung. Und trotzdem war Mentona am Ende des Rundgangs überzeugt: Dieses großzügige Gebäude eignet sich für ihr Kinderheim!

Noch am selben Abend stellte Fritz eine grobe Kostenberechnung auf: Wasserleitungen mussten neu gelegt, Fensterscheiben und Klosette ersetzt, die Wände neu gestrichen werden, in fröhlichen Farben. Doch Mentonas Augenmerk galt vor allem der Küche: »Für den Großbetrieb müssen elektrische Geräte her, anstelle der Öllampen brauchen wir elektrische Beleuchtung, ja, Fritz, das erfordert im ganzen Haus die Installation von elektrischen Leitungen!«

»Kostet eine Stange Geld«, warf Fritz ein, doch Mentona zitierte Lenins Definition für den Sozialismus: »*Sowjetmacht plus Elektrifizierung!*«

Fritz lachte: »Dann benötigen wir einen starken Motor! Durch die elektrische Olga, die du bald kennenlernst, werden wir wohl kostengünstig dazu kommen!«

Am nächsten Morgen zeigte ihr Fritz am Rande des Dorfes Nowaja Lawa das nahgelegene Schweizergut. Die Katen, früher von Leibeigenen bewohnt, standen sauber geweißelt, umgeben von kleinen Nutzgärten. Zwei Frauen ließen die Gäste durch den schmalen Einlass, durch die niederen Fenster drang nur wenig Helligkeit. »Es ist alles schlicht«, sagte eine Frau aus Winterthur, »das kann man in Kauf nehmen, doch die Böden aus gestampfter Erde werden mit allem Reinemachen nie sauber! Allerlei kleines Getier freut sich darüber!« Auch die zweite Frau zeigte sich unzufrieden. Im dämmrigen Licht der Kate begann sie zu murren: Plattens Familie habe das beste Haus ergattert, das große Holzhaus, das der alten Bäuerin Alissja gehöre! »Und die Funktionäre der Partei, sie wohnen in Hotels und haben ihre Dienstboten! Auch der Kommunismus ist ungerecht!« Gerne trat Mentona wieder hinaus ins Freie, sie atmete auf, eine milde Sonne schien über dem rötlichen Espenwäldchen. Platten winkte einen alten Bahnarbeiter aus Schaffhausen herbei, der die Besucher liebevoll durch Gemüsepflanzungen und durch Reihen von Beerensträuchern führte.

Am nächsten Tag kehrten Mentona und Fritz nach Moskau zurück.

Platten nahm sofort Verbindung auf mit dem Volkskommissariat für Liegenschaften, Mentona kümmerte sich um den Kontakt mit dem Vorsteher für das Schulwesen. Die Frau des Vorstehers war vor Jahren Emigrantin in Zürich gewesen, sie sprach fließend Deutsch und fand heraus, dass Mentonas ehemaliger Mann, der Jurist Balsiger, ihr damals aus vielen Schwierkeiten geholfen hatte! Auch die Leiterin der Roten Hilfe, Jelena Stassova, eine bekannte und strenge Bolschewikin, zuständig auch für Todesurteile, begrüßte den Plan eines Kinderheims.

Müde von all dieser Betriebsamkeit aßen Mentona und Fritz an diesem Abend in einem der noch raren Restaurants an der Twerskaja, die später Gorkistraße hieß. Fritz entspannte sich. Er erzählte von der Sprachschule im internationalen Zentrum für Agrarwirtschaft, an der er vorläufig nur zweimal die Woche unterrichte, in zwei Jahren aber ein volles Pensum übernehmen könne! »Weißt du, Mentona«, flüsterte er ihr zu, »Stalins Leute versuchen wohl, mich in diese eher unbedeutende Funktion abzuschieben. Doch die Kurse machen mir wirklich Spaß! Du solltest die vielen jungen Frauen sehen, die mit Begeisterung Deutsch lernen! Komm doch morgen auf Besuch!«

Mit Fritz trat Mentona anderntags vor die Klasse, er stellte sie als Lehrerin aus Zürich vor. Dreiundzwanzig junge Frauen saßen da und ein einziger etwas eingeschüchterter junger Mann! »Ein Nest voll weiblicher Energie!«, sagte Mentona nach ihrem Besuch. »Und wie diese Schülerinnen dich anhimmeln, Fritz!«

»Wirklich? Davon merke ich wenig. Ich freue mich nur, wie motiviert sie sind und wie fleißig sie lernen! Wohlverstanden, alle verrichten unter der Woche strenge Arbeit, ein paar der Frauen auf Verwaltungen, andere in der Bonbonfabrik ›Roter Oktober‹ und die Olga, die ganz vorne sitzt und so gut aufpasst mit ihren kullerigen Käferaugen, arbeitet im städtischen Elektrizitätswerk ... Olga bastelt mit Kolleginnen in ihrer Freizeit elektrische Türklingeln, ist dir nicht die feine Musik an meiner Wohnungstür aufgefallen?«

»Oh, ja«, rief Mentona, »kein Vergleich mit dem schrillen Alarm von früher!«

Fritz nickte. »Olga wird nächstens bei mir hereinschauen, ich habe ihr ein Wörterbuch versprochen. Weißt du, viele dieser jungen Frauen machen im neuen Russland eine große Veränderung durch. Olga war Dienstmädchen bei einer reichen Familie und wurde von ihrem Patron, einem feisten Textilfabrikanten in Podolsk, wie eine Leibeigene behandelt. Ging die Ehefrau für drei Tage zum Einkauf nach Moskau, legte er sich nachts ungefragt im schmalen Dienstbotenbett auf sie!«

»Zum Glück sind diese Feudalzeiten vorbei«, sagte Mentona erschrocken.

DIE ELEKTRISCHE OLGA.
BERTA UND OSSIP PJATNITZKI

Am Nachmittag, sie saßen noch vor ihren Heften mit der Planung, klingelte es.

»Die elektrische Olga?«

»Ja.«

Sie trug ein rotes Kleidchen, trippelte auf hohen Absätzen in den Flur. Fritz küsste sie und sagte: »Setz dich ins Wohnzimmer, Käferchen, magst du Kaffee?«

»Oh, pitte scheen, Herr Fritz.«

Fritz kam zu Mentona in die Küche. »Trinkst du mit uns eine Tasse Kaffee?«

»Nein, ich bleibe lieber hier bei den Planungen.«

Die Tür blieb etwas offen, Mentona hörte Olga kichern, dann und wann auch »pitte scheen, Herr Fritz« sagen, auch immer wieder »scheenen Dank!«. Doch es schien ihr, Olga sei hier schon überaus gut bekannt. Während er wohl in seinem Zimmer das versprochene Wörterbuch holte, wartete sie mit überschlagenen Beinen auf dem Diwan, nippte an ihrem Kaffeetässchen. »Schmeckt er, der Kaffee aus St. Gallen? Meine Mutter hat ein paar Kilo mitgebracht. Eine Schokoladekugel noch? Vom ›Roten Oktober‹?«

Sie kicherte wieder.

»Heute habe ich wenig Zeit!« Er zeigte auf die halboffene Küchentür, dort sah sie Mentona sitzen.

»Grüß dich, Olga!«, Mentona winkte ihr zu.

Im Flur küsste Fritz Olga wieder, zum Abschied. Mentona sah genau hin, er küsste sie auf die Wangen.

»Du kennst sie schon gut?«, fragte sie, über die Skizzen der Waisenhaus-Küche gebeugt.

»Ja, sie ist ein nettes Mädchen.«

Mentona schob die Pläne zusammen, dann kochten sie gemeinsam Abendessen, Mentona wollte nachher zurück in ihr Zimmer bei den polnischen Freunden.

Da klingelte es. Die hübschen, allerdings langsam etwas nervenden Flötentöne.

»Ist das wohl wieder die Olga?«

»Ach nein«, Fritz lachte. »Sie wohnt ziemlich weit weg auf der anderen Seite der Moskwa, dort, wo die Fabriken sind.«

Nein, es war nicht Olga, im Flur stand Plattens Frau, Berta.

Fritz schien überrascht. Nochmals Küsse.

Doch hinter Berta drückte sich ein Schatten durch die Tür, ein untersetzter Mann mit unrasiertem Gesicht. Er schloss die Tür, stand im Flur, als er Mentona begrüßte, beugte er sich über ihren Handrücken zu einer Andeutung von Kuss.

Sie erschrak über sein Gesicht, es war von weißen Bartstoppeln wie überschneit, Mund und Augen nur zu erahnen. Sie traten ins Esszimmer, der Mann schien sich hier gut auszukennen, er angelte sich ein Wodkaglas aus dem Gläserschrank.

Fritz schenkte ein. »Wie geht es dir, Ossip?«

»Man zieht gemeinsam voran, an den Karren gespannt vor unserem neuen Russland!« Ossip lachte, er hatte den Satz geläufig auf Deutsch gesprochen.

Mentona erinnerte sich an ein Gespräch mit Fritz auf der Reise nach Waskino, unter dem Siegel der Verschwiegenheit hatte er von seiner Frau Berta gesprochen, sie arbeite als Sekretärin für Ossip Pjatnitzki, einen berühmten und berüchtigten Bolschewik, Berufsrevolutionär und Praktiker illegaler Parteiarbeit! Heute habe er eine führende Position im Komintern.

»Hast du schon von ihm gehört, Mentona?«

»Pjatnitzki hat doch in Berlin mit dem Journalisten Karl Radek zusammengearbeitet? Parteiarbeit im Untergrund? An der Kasse der proletarischen Buchhandlung in Berlin hat ein Buch gelegen über seine Tätigkeit, *Aufzeichnungen eines Bolschewiks* hieß es oder so ähnlich. Man kannte ihn in Deutschland unter dem Pseudonym Freitag, nicht wahr?«

Berta rief, man setzte man sich zu viert an den Tisch.

Während die Frauen den Tee aus dem Schweizerhaus vorzogen, tranken die Männer Wodka, ihr Gespräch lief jetzt auf Russisch.

Mentona verstand wenig.

Doch plötzlich fragte Platten auf Schweizerdeutsch, mit Blick zu seiner Frau:

»Bleibt ihr heute Nacht da?«

»Nein.«

»Schade.«

»Wir sollten mit unserer Eingabe schon weiter sein, Fritz.«

»Eure Petition für die Duma?«

»Ja, ihr Inhalt wird dich interessieren.«

Bertas Augen blickten müde, ihre rechte Hand strich das üppige braune Haar aus dem Gesicht.

Ossip reichte Fritz über den Tisch einen Bogen mit Unterschriften.

Platten überflog das Blatt. »Eine Aktion gegen Stalins neue Agrar-Beschlüsse«, murmelte er.

»Gegen die Zusammenlegung der Bauernhöfe«, sagte Ossip. »Die Ausschaltung von Bauern, die Stalin herablassend Kolaken nennt ...«

Und Berta warf schnell ein: »Die Aktion läuft übrigens nicht unter Ossips Namen. Er und andere jüdische Genossen stehen im Moment nicht in Stalins Gunst.«

»Und – soll ich unterschreiben?«

Berta nickte. »Fritz, mach es ruhig, Du bist in diesem Land ein Unantastbarer. Doch pass trotzdem auf, Denunzianten schlafen nicht!«

Berta wandte sich nun an Mentona:

»Kommt Olga, die von der Elektrischen, manchmal hier ins Haus?«

Mentona lächelte: »Heute Nachmittag war sie da.«

»Aufpassen. Sie ist eine Spionin.«

Und dann, in Richtung ihres Mannes: »Hast du mitgehört, Fritz?«

Er blickte zu seiner Frau: »Ich weiß Bescheid. Trotzdem, sie ist ein lieber kleiner Käfer.«

Berta, sah, dass Mentona wenig verstand und erklärte: »Durch die Übergriffe ihres Brotgebers ist Olga damals schwanger geworden. In so einem Fall zahlt der Brotgeber die Abtreibung, und die Brotgeberin entlässt ›die Sünderin‹ zur Rettung der Familienehre. In der damaligen Gesellschaft konnte ein sogenannt gefallenes Mädchen keine Anstellung mehr finden, es blieb ihm nur die Prostitution. Zum Glück hat die Novemberrevolution die internen Ringe der Prostitution aufgehoben, und ehemalige Prostituierte bekommen nun normale Arbeit, Olga trägt sogar Verantwortung in der ›Elektrischen‹. Aber die kleinen Drahtzieher, die Verräter, die schon immer im Umkreis dieser Frauen waren, bedrängen sie weiter, für jede Denunziation bekommen diese Flüsterer von einem kleinen Apparatschick, der sich ebenfalls nach oben beliebt machen will, eine Prämie! Lässt sich Fritz als Lehrer, zum Beispiel mit Olga, nur das Geringste zuschulden kommen, landet er im Straflager.«

Die Männer hatten unterdessen wohl andere wichtige Dinge besprochen: Ossip entnahm jetzt seiner Mappe ein Konvolut Blätter, reichte es Fritz.

»Für das Archiv?«

Ossip nickte.

Wie erschreckend streng er aussieht, dachte Mentona. Was ist passiert mit diesen wohl einmal träumerischen Samtaugen? Sie blicken unbewegt, ohne Lidschlag. Wie einer, der aus der Schreckensstarre nicht mehr herauskommt …

Die beiden Männer verschwanden, ihre Stimmen drangen jetzt aus Plattens Schlafzimmer.

Mentona schenkte Berta nochmals Tee ein.

»Warst du schon in Fritzens Zimmer?«, fragte Berta.

»Weshalb diese Frage?« Mentona war leicht irritiert.

»Nun, ich denke dabei nicht an erotische Dinge, Mentona, die ich dir übrigens zugestehen würde. Du wirst wohl wissen, dass Fritz und ich aus politischen Gründen eine Scheinehe eingegangen sind?«

Mentona schwieg, völlig überrascht.

Berta nutzte die Stille und fuhr fort: »Ich habe Ossip Pjatnitzki vor ein paar Jahren durch Platten in Zürich kennengelernt, man hat mich damals kurz hinzugezogen für eine Durchsicht seiner deutschen Buchausgabe. Als dann feststand, dass Fritz in Russland leben wollte, schlug Pjatnitzki vor, mich für die zukünftige Mitarbeit im Geheimapparat des Komintern durch eine Heirat mit einem Schweizer zu schützen. Platten war mit einer solchen Ehe, die nur auf dem Papier existiert, einverstanden.«

»Wohl auch ein Opfer für sein geliebtes neues Russland?«

Berta nickte. »Doch ist Ossip nicht, wie du denken könntest, mein Geliebter. Julia, seine hübsche intelligente Frau hat ihm zwei Söhne geboren, und Ossip, der übrigens Jude ist, nimmt seine Ehe ernst.«

»Und was ist deine Aufgabe?«

»Ich gehe für ihn als seine Sekretärin durchs Feuer! Das ist mein Tribut für Russland. Nur – es ist manchmal sehr ermüdend.«

Sie seufzte. Diese Arbeit hat sie um Jahre altern lassen, dachte Mentona.

»Nun, Mentona, was das Zimmer von Fritz betrifft ... du ahnst es wohl, dort ist unser Archiv. In diesen einst feudalen Wohnungen befanden sich immer Doppelböden und geheime Schubladen.«

»Ach so«, Mentona lächelte. »Durch die Wand höre ich es manchmal knacken. Meine Schwester, du weißt, die Geisterseherin, würde wohl mit den Gespenstern reden.«

»In Russland waren immer Gespenster, und sie sind immer noch da!«, stellte Berta fest.

Während des Winters fuhr Mentona nochmals zurück nach Zürich. Sie kümmerte sich um den Einkauf von Bettwäsche und Küchenartikeln für das Kinderheim. Auch waren Medikamente und Verbandstoffe in Russland kaum aufzutreiben, die Frau des Armenarzts Brupbacher, selbst Ärztin, stellte eine Liste für die notwendigsten Dinge zusammen.

Als der Schnee am Zürichberg schmolz, Schneeglöckchen und erste Veilchen sprossen, löste sich die kleine Familie auf:

Amrey und Edi, nun 18 und 20 Jahre alt, fuhren zu Freunden nach Paris. Die Mutter, ebenfalls voll Tatendrang, nahm den Zug nach Berlin.

Berlin: Die Fundgrube für Schallplatten an der Linienstrasse

In Berlin kümmerte sich Mentona bei der Firma Siemens und Halske um elektrische Küchengeräte, zusammen mit den andern, schon in der Schweiz erledigten Einkäufen sollte die Aussteuer für das Kinderheim mit der Eisenbahn nach Russland gelangen. Fritz Platten hatte schon für die Einfuhrbewilligung gesorgt. Mentona dachte aber auch an die langen Winterabende in Waskino, erstand einen großen Plattenspieler mit Tanzmusik und Arbeiterliedern, in Zürich hatte die aus Süddeutschland stammende Frau Trostel ihr eine Adresse für gute Musik in Berlin mitgegeben.

Das Geschäft, das ›Arbeiterkult‹ hieß, entpuppte sich als Fundgrube!

Es lag an der endlosen Linienstraße, zwischen der Neuen Königsstraße und dem Brandenburger Tor, wo sich Haus an Haus reihte, schmale Gebäude mit dunklen Eingängen, jüdische Feinkost-Handlungen, koschere Fleischereien sowie Läden für Kerzen und Devotionalien. Weiter unten, wo die Linienstraße die Prenzlauer Straße schneidet, befand sich ein größeres Geschäft, auf den breiten Fenstern der Aufdruck: ›Arbeiterkult‹. In der Auslage Windjacken, rote Wimpel, Sportabzeichen, dazwischen Grammophone und Schallplatten!

Im Innern des Ladens arbeitete Alfred Oelssner, ein rothaariger kleiner Kobold, zwischen zwei Verkäufen immer bereit für Luftsprünge und freche Sprüche. Ein vergnüglicher Kerl, der mal hier, mal dort in dem engen Ladenschlauch auftauchte, hier eine Elle Stoff abmaß, dort eine Schallplatte herauszog. Dann ans Telefon eilte, redete, schimpfte und lachte.

Abends, wenn die anderen Angestellten nach Hause gingen, beugte er sich in seinem winzigen Kontor über Geschäftsbücher, erledigte Korrespondenz. Eine Treppe führte zu einer Kammer, in die nur wenige Kunden vordringen durften, Mentona gehörte zu ihnen: Ein Tisch, Stühle, ein enges Fenster, den ganzen Tag über brannte hier Licht!

Mentona arbeitete da oben, ließ Pakete voller Schallplatten mit der Post zu Trostels in die Schweiz und anderswohin schicken. Die proletarischen Lieder mit Texten von Brecht, Mehring, Tucholsky und anderen Autoren, meist mit der Musik von Eisler, waren begehrt.

»Sie finden Absatz wie frische Brötchen! Doch die Auswahl muss vergrößert werden!«, sagte Mentona mit ihrer festen Stimme.

»Neue Schallplatten? Großartig. Doch eine eigene Produktion kommt teuer, können wir uns das leisten?«, bezweifelte Oelssner.

»Dann rechne mal nach, Alfred!«, forderte ihn Mentona auf.

Alfred langte nach dem Bleistift hinter dem Ohr, kritzelte Zahlen auf ein Blatt. Mentona rechnete still mit. Er sei in der Schule kein Musterschüler gewesen, verrät Alfred. Manchmal lässt er in der Eile beim Briefeschreiben Buchstaben aus. So schrieb er einmal ›komen‹ Sie.

»Hallo, kommen schreibt man mit zwei m«, sagte sie.

»Ganz einfach«, sagte er, »man macht über dem m ein Strichlein, dann heißt es mm.«

»Ah, so machst du das?« Sie lachte.

Alfred erinnerte sie an ihren Sohn Eduard, auch bei ihm galoppiert beim schnellen Sprechen sein Geist voraus, überspringt Wörter, seine Zunge verhaspelt sich. Alfred, der ab und zu ein bisschen behindert erscheint, ist in Wirklichkeit wie ihr Edi ein Schlitzohr, pfiffig, einfallsreich, voller Energie!

Nun beobachtete sie Alfred beim Rechnen, sah ihn sorgenvoll die Stirn runzeln. Hinter seinem Rücken schmuggelte sie ein paar Scheine in die Ladenkasse: »Alfred, zähl das Bargeld nochmals nach!«

»Ich glaube, ich habe mich vorhin verzählt. Es klappt ja, Mentona!«

Alfred strahlte.

Nach Feierabend klingelten sie an der Wohnung von Hanns Eisler.

Musiker und Dichter besaßen selten eines dieser teuren Wandtelefone, man konnte Besuche nicht anmelden. Doch Künstler verstehen, in einem Gesichtsausdruck zu lesen, die Betonung von Fragen zu deuten. Eisler hörte heraus, dass die beiden, die vor der Tür standen, Liebhaber seiner Musik waren. Er bat sie in seine ärmliche Wohnung herein, entschuldigte sich für den kalten Ofen, Kohle sei teuer.

Eisler spielte auf dem Klavier mit Temperament Melodien vor, seine Musik heizte ein, Mentona war hingerissen!

Bei einem Bier dann anschließend ein Gespräch über Eislers Schwester, die Kommunistin Ruth Fischer. Mentona hatte sie während der Tagung der Internationalen im Kreml als eigenwillige Interpretin ihrer Anliegen kennengelernt! Die kleine Frau hatte ihre eigene Vorstellung von Kommunismus. Funktionäre sprachen dagegen. Doch sie blieb bei ihrer Meinung. Man sandte Experten in ihr Hotel, um sie auf Linie zu bringen, vergeblich! Als Mentona davon erfuhr, ärgerte sie sich: Müssen denn alle gleich denken? Doch im Kreml wollte man von einer Freiheit des Denkens nichts wissen, verbannte Ruth Fischer drei Monate lang in ihr Zimmer im Moskauer Hotel Lux, aber die Umerziehung missglückte. Man schickte sie zurück, nach Deutschland.

»Halt, halt! Wir sind hier nicht im Kreml, wir sind in Berlin und brauchen einen Sänger!«, rief Alfred jetzt.

Hanns Eisler bestand darauf, nur mit Ernst Busch zu arbeiten, einem schönen, vollen Tenor! Schließlich ging es auch um neue Texte. Mentona und ihr roter Kobold plädierten für den Dichter Erich Weinert, sein proletarisches Weihnachtslied – ein Hit! Doch Eisler weiß, der Dichter, ausgelastet mit Arbeit, kann keine Aufträge mehr annehmen …

»Ach, Mentona, wir suchen ihn einfach auf!«, entschied Alfred.

Auch Weinert kam vor die Tür seiner Wohnung, las ebenfalls in den Gesichtern, ließ die beiden ein. Es verging keine halbe Stunde, und er ließ sich bewegen, neue Liedtexte zu verfassen!

Klar, auch der Name ›Arbeiterkult‹ war Empfehlung.

Es war schon dunkel, als Mentona neben Alfred den Heimweg antrat.

Er ging schnell, wollte zurück in seinen Laden, und Mentona, die viel ältere, folgte tapfer seinen langen Schritten. Sie liebte diese Abende in Berlin, vor allem zur Winterzeit, wenn schon früh die neuartigen elektrischen Lichter angingen! Die

Stadt hat keine Lust zu schlafen, dachte sie, es knistert in den Straßen, Gedankenblitze entladen sich!

Auch Mentona fühlte sich voller Energie: »Morgen Abend besuchen wir im Theater am Schiffbauerdamm *Cyankali* von Friedrich Wolf, einverstanden?« Alfred ist trotz seinem Arbeitspensum im Laden abends immer dabei, und beide sind am nächsten Abend hin und weg von der Stimme der Hauptdarstellerin, Ilse Stobrawa! »Was für eine Stimme, wäre es nicht großartig, sie auf eine unserer Schallplatten zu bannen?«, sagte Mentona.

»Ach, sie ist doch zu berühmt für uns!«, meinte Alfred.

»Fragen kostet nichts!«, entgegnete Mentona.

Sie fanden die Schauspielerin noch in der Garderobe, beschworen sie, eine Aufnahme für sie zu machen, mit einem Text von Weinert.

Die Stobrawa betrachtete die beiden Bittsteller: bemerkte den Glanz in den Augen dieser nicht mehr jungen Mentona, daneben, etwas vorgeneigt, dieser Kobold Alfred. Sie hörte ihn lispeln, Wörter sprudeln.

Dann lachte sie. Lachte und sagte ja!

Es wurde März und April. Der Frühlingshimmel über Berlin war ein weißgesprenkeltes Rehkitz, der Duft der Forsythien hing in der Luft. Genau die Mischung von Frühling, um sich mitreißen zu lassen von den proletarischen Liedern, enthalten sie nicht auf freche Art Lebenswahrheiten zum Ungeist der Zeit? Nicht nur im bescheidenen Wedding, nein, auch im feineren Wilmersdorf pfeifen und singen junge Leute die Melodien auf Plätzen und Straßen!

Den 1. Mai 1929, den ›Blut-Mai von Wedding‹, hatte Mentona letztes Jahr im Zentrum des Aufruhrs erlebt.

Die traditionelle Kundgebung war amtlich verboten worden. Doch der Zuständige für Wedding und die Arbeiter ließen sich ihren 1. Mai nicht nehmen, die Straßen füllten sich an jenem Tag mehr und mehr mit entschlossenen Demonstranten. Schupos auf einem Lastwagen, der sich auf der Straße quer gestellt hatte, drohten mit Gummiknüppeln. Im Gegenzug Barrikaden aus Pflastersteinen. Da raste, wie aus heiterem Himmel, ein Panzerwagen in die Menschenmasse. Schüsse. Die Menschen rannten davon, eine wilde Hasenjagd, Mentona verschwand mit anderen Flüchtenden in einem Hinterhof, mit vereinten Kräften verriegelten sie das Tor.

Durch ein Fensterchen konnte man auf die Straße blicken. Als es ruhiger wurde, die Straße sich leerte, flüchtete Mentona zur Untergrundbahn. Sie überwand eine Sperre aus Stacheldraht, irgendwann, nach langem Warten, tauchte ein Zug auf.

Der rote 1. Mai in Wedding hatte dreiunddreißig Tote gefordert und viele Schwerverletzte. Der Rote Frontkämpferbund, dem auch Mentona angehörte, wurde für schuldig erklärt und in der Folge verboten.

Die quirligen Zwanziger waren Vergangenheit, die dreißiger Jahre warfen ihre Schatten bereits voraus, über der heiteren, vor Leben sprühenden Stadt Berlin zogen dunkle Wolken auf, die Nationalsozialisten hatten begonnen, die Szene zu beherrschen.

Towarisch Moser,
bitte Nägel einkaufen!

Von Fritz Platten traf aus Russland die lakonische Nachricht ein: »Liebe Mentonuschka, wir sind bereit, du kannst kommen, wann du willst!«

Ach ja, es zog sie zurück in ihr neues Russland, sie brannte darauf, ihre Idee, das Kinderheim, zu verwirklichen!

In Waskino hatte das Team der Handwerker noch zu tun, es wurde gehämmert, gestrichen. Immer wieder fehlte irgendetwas. Towarisch Moser, uns fehlt weiße Farbe! Towarisch Moser, wir brauchen Nägel! So musste die Genossin Mentona immer wieder nach Moskau fahren. Doch Einkäufe brauchten Zeit: Erst hatte man vor dem Amt für einen Bezugsschein anzustehen, dann endlich ging es weiter zu einem der Genossenschaftsläden.

Mentona hatte das Wort Nägel auswendig gelernt, es aber noch auf einem Zettel aufgeschrieben. Endlich gelangte sie in der Schlange der Kunden zum Schalter. »Nägel? Welche denn?«, wollte der Verkäufer wissen.

Sie suchte nach dem Muster, konnte es in der Aufregung nicht finden, sie begann zu stottern, zwei ausgestreckte Finger zeigten die Größe der gewünschten Nägel an. Neben ihr drängte die Schlange der Wartenden vorwärts.

Eine dralle kämpferische Russin schob sie mit dem Ellbogen zur Seite: »Erst mal schön Russisch lernen, Genossin!«

»Halt, Genossin, die Reihe ist an mir!«

Doch die Kämpferin gab schon ihren Wunsch bekannt, und der Verkäufer eilte davon in sein Lager. Mentona schimpfte auf Deutsch, ein paar der Wartenden horchten amüsiert auf. Doch man drängte sie unbeeindruckt weiterhin weg, bis schließlich einer der Verkäufer sich erbarmte.

Diese Stadtbesuche waren kräfteraubend, viel zu schnell wurde es Abend. Die paar wenigen Läden machten zu, viele der Besorgungen blieben unerledigt. So klopfte sie bei Freunden an und bat um ein Nachtlager.

Zurück in Waskino, es war Wochenende, nahmen die Dorffrauen im kleinen Weiher ein Bad. Sie seiften sich erst überall ein, tauchten dann unter Wasser. Eigentlich zogen die Russinnen, wo es möglich war, ein Schwitzbad vor. Es gab eine primitive Ausgabe davon im Schweizergut: Pritschen übereinander, in der Ecke ein großer Ofen, wo eingeheizt wurde, man besprengte ihn mit Wasser, bis Dampf den Raum füllte. »Mach doch mit, Towarisch Moser«, riefen die Frauen, als sie Mentona heimkommen sahen. Mentona legte sich, wie die anderen es ihr vorgemacht hatten, splitternackt auf eine Pritsche und wurde nach dem Schwitzen mit kaltem Wasser begossen und mit Birkenruten gepeitscht. Krebsrot war sie nun, ihre Haut prickelte. Doch ihr Kopf war jetzt frei, fort die Frustration, die Müdigkeit!

Gut so. Denn am andern Morgen, es war noch früh, hörte sie unter dem Fenster Plattens Stimme: »Steh schnell auf, Mentona, ich höre eine ›Exkursi‹ kommen, wir müssen sie empfangen!« Ja, sie hörte einen fernen wohlklingenden Gesang aus wohl hundert Frauenkehlen. Fabrikarbeiterinnen nahten, die einen Ausflug, eine Art Wallfahrt unternahmen, sie hatten in der Zeitung von dem Kinderheim und dem

Schweizergut gelesen! Die Frauen waren zu Fuß eine ganze Nacht unterwegs gewesen.

Fritz hatte auch im Schweizergut die Männer geweckt, nun schleppten sie volle Bütten ins Freie und kochten auf dem Rasen Milch ab. Die Frauen setzten sich draußen im Kreis hin, zusammen mit der Milch verzehrten sie ihren Proviant. Nach der Stärkung wollten sie die Ställe sehen und das Silo, Fritz führte sie in zwei Gruppen und ging wie immer geduldig auf Fragen ein. Anschließend zeigte Mentona das Kinderheim. Noch waren die Einkäufe aus dem Westen nicht angekommen, so beschrieb sie die elektrischen Geräte aus Berlin für die neue Küche, märchenhaft klang das für die Frauen, staunend saßen sie da, wollten die Küche kaum mehr verlassen.

Eine Gruppe Balalaika spielender Jugendlicher kam dazu, die Arbeiterinnen gingen nach draußen und begannen zu tanzen. Was für eine Energie sie an den Tag legten nach dem nächtlichen Marsch!

Solche Exkursionen kamen nun häufig, es erschien auch eine Männergruppe zu Pferd aus dem Süden Russlands, sie begehrten die Ställe zu sehen und vor allem das für Russland exklusive Silo.

Endlich wurde die Ankunft des Waggons mit den Einkäufen gemeldet! Die Ware hatte man am Bahnhof in Moskau auf Fuhrwerke geladen, nun näherten sie sich langsam Waskino, Jugendliche kamen aus ihren Häusern und begleiteten den Zug. Aus Moskau erschien mit einer gesonderten Kalesche Fritzens Frau Berta mit drei Freundinnen. Sie wollten helfen, jetzt wurde es ernst.

Fritz, in seinem Element, gab Befehle: »Die Kisten der Reihe nach auf dem Rasen lagern! Bis zum Abend muss alles ausgepackt und am richtigen Ort im Haus sein! Nichts darf gestohlen werden!«

Was noch immer fehlte, waren die eisernen Bettgestelle, in ein paar Wochen erst sollten sie eintreffen.

DAS RICHTFEST.
FRITZ PLATTEN WIRD VERSCHAUKELT

Neben dem Herrenhaus war ein eigener Bau für die Schule entstanden, eine Tanne stand auf dem Giebel, das Signal zum Richtfest.

Die Arbeiter hatten im Freien Tische und lange Bänke aufgestellt, auch Essen eingekauft: Wurst, Essiggurken, frisches Brot, Gebäck, Wodka!

Es wurde eine lange heiße Nacht.

Vorne, auf dem Platz für die Ehrengäste, saßen Fritz Platten und Mentona Moser nebeneinander, verbunden durch ihr gemeinsames, nun vollendetes Werk.

Genugtuung auch in den Gesichtern der Arbeiter.

Man trank den Wodka aus Zahnputzgläsern, immer wieder wurde angestoßen, Fritz und Mentona mussten mittrinken. Der Wodka war grob und scharf. »Er zwickt mich in die Zunge«, flüsterte Mentona Fritz ins Ohr. »Es ist wichtig, dass wir mithalten«, flüsterte Fritz zurück.

Der Baumeister, ein hagerer Mensch mit blondem schütteren Haar und einem englischen dünnen Schnauzbart, hielt jetzt eine Rede, anschließend überließ er das Wort zwei Vorarbeitern. Sie drückten Dankbarkeit aus angesichts des

Gelingens: »Ein großes Werk ist vollendet! Wo früher ein Herrenhaus war für eine einzige Familie und ihre zwei Dutzend Diener, steht jetzt ein schönes Heim für vierzig elternlose Kinder! Daneben eine Schule, um die Kinder für das Leben tüchtig zu machen! Es lebe unser neues Russland!«

Als die Redner geendet hatten, neigte sich Fritz wieder zu Mentonas Ohr und flüsterte: »Mentonuschka, nun musst auch du sprechen, sie erwarten es!«

»Wie? Mein Russisch ist armselig!«, flüsterte sie zurück.

»Rede einfach, wie dir der Schnabel gewachsen ist! Steige dazu auf den Tisch!«

»Und wer übersetzt?«

»Drüben, der Schreinermeister. Er hat einige Jahre in Berlin-Wedding gearbeitet.«

Es musste also sein. Fritz bot ihr die Hand, sie kletterte auf den Tisch. Was für eine Übersicht da oben auf die neuen Gebäude, auf die erwartungsvollen Gesichter! Mentona strahlte. Da stand sie, vom Wodka schon ein bisschen schwankend, drückte ihre Freude aus, unterstrich mit ausladenden Gesten, was sie auf Deutsch sagte.

Der Schreiner, ein langer, weißgesichtiger Mensch, fing jeden von Mentonas Sätzen auf. Seine Lippen formten mühsam Wort um Wort, Hobelspäne aus deutscher Sprache. Ob er wirklich das sagte, was ihr eben aus Mund und Herz gekommen war, wusste sie nicht. Jedenfalls hingen die Blicke der Menschen nicht an ihm, man schaute herauf zu Mentona, die immer noch auf dem Tisch stand, hatte ihre Begeisterung vor Augen und dankte es ihr mit brausendem Applaus!

Etwas entfernt, in der Nähe des neuen Schulgebäudes, sah Mentona aus ihrer Vogelperspektive eine neu angekommene, strengblickende Frau. Die Gestrenge schaute durch eine-

Brille auf ein Heft mit Einträgen, unberührt von der festlichen Laune. Ah, das ist sie, Jelena Stassowa! Abgeordnete aus der stalinnahen Regierungsgruppe für Erziehung. Sie gab Direktiven durch für den Unterricht, und sie gehörte zu der Kommission, die die Kinder für das neue Heim auswählte!

In einer Pause stand sie auf und stellte sich den Anwesenden vor. »Wie soll denn das neue Kinderheim heißen?«, fragte sie.

»Internationales Kinderheim Erster August«, rief Mentona vom Tisch hinunter. Ein paar Leute aus dem Schweizergut klatschten. Doch Mentona wusste: Der Erste August war nicht nur der Schweizer Nationaltag, er wurde in der Sowjetunion auch als Kampftag gegen Krieg und Faschismus gefeiert.

Die Bänke für die Leute aus dem Schweizergut waren gut besetzt, Fritz Platten hatte dafür gesorgt, dass man sie in die Feier mit einbezog. Solche gemeinsamen Festivitäten seien für die Gemeinschaft wichtig, fand er, denn es ärgerte ihn, dass viele der Helfer untereinander Streit hatten. Und die Frauen waren, wie in der Schweiz auch, in ihren kleinlichen Haushaltssorgen befangen, beneideten einander um diesen oder jenen vermeintlichen Vorteil. Die gestampften Fußböden mit dem Ungeziefer seien eine Zumutung, viele konnten kaum abwarten, bis ihr Vertrag auslief und sie zurückkonnten in die Schweiz!

»Fritz, es ist dein Fehler«, hatte Mentona den Freund kürzlich gerügt, »du hättest ihnen mehr vermitteln müssen, was sich in Russland politisch abgespielt hat. Sie leben hier mit ihren Kühen, Ziegen und Kräutern wie auf einer Schweizer Insel, ohne jede Annäherung an ihre Umgebung! Ein Grundkurs für Russisch müsste ebenfalls obligatorisch sein!«

Platten gab Mentona recht.

Und er wusste, dass die Frauen auch über ihn tuschelten: Warum war Plattens Frau immer nur zwei Tage da? Ist Mentona Moser der Ersatz? Dübi, der stramme Sozialist aus Basel, sprach abends beim Bier viel Ungereimtes, vielleicht aus Langeweile und Frustration, da er allein im Schweizergut weilte, er sorgte sich um seine Frau, die unterdessen in Paris für eine geheime Mission der Komintern arbeitete, ähnlich wie Berta. Fritz hörte sich die Bemerkungen über seinen Umgang mit Frauen lachend an: »Schade, dass mein Ruf viel aufregender ist als die Wirklichkeit! Berta, meine Frau, hat andere Aufgaben, doch sobald die Heimkinder in Waskino eintreffen, bleibt sie länger und hilft in der Küche.«

Die Nacht des Richtfests öffnete sich wie eine Wundertüte: Ein Sternreigen stieg auf, ein rötlicher Ballon segelte über das Zelt des Himmels, helle Mondschatten fielen auf Bäume und Tische, Grillen zirpten, es duftete streng nach den gelben Blütensträuchern vor dem Espenwäldchen.

Nur die Wodka-Flaschen standen leer.

Da fiel es den Gastgebern ein, ihre Ehrengäste zu schaukeln.

Eine russische Sitte, die Platten nicht mochte. »Muss es wirklich sein?«, fragte er. »Auch Lenin hat sich dagegen gesträubt!«

Doch schon hatten ihn zwei kräftige Männer gepackt, der eine hielt ihn unter den Armen, der andere an den Beinen, sie schwenkten ihn hin und her, warfen ihn in die Luft, fingen ihn wieder auf. Das wiederholten sie drei- oder viermal.

Endlich saß der Geschaukelte wieder neben Mentona. Ihm war, als hätte man ihn buchstäblich verschaukelt. Fallen

gelassen am Ende der zivilisierten Welt, in einem Sumpf-
gebiet ...

»He, Fritz, du bist beim Richtfest!«, flüsterte ihm Mentona ins Ohr. Sie legte ihren Arm schützend um seine Schultern, sie hörte ihn stoßweise atmen, sein Herz schlug heftig.
Es brauchte eine Weile, bis er gewahr wurde, dass er in Waskino auf der Holzbank der Bauarbeiter saß.

Und jetzt kamen die Männer auf Mentona zu, packten sie
für das gleiche Ritual, leicht wie eine Feder flog sie in die
Höhe.

Sie flog hinauf bis zu den Baumwipfeln!

Und genoss es.

Endlich dämmerte der Morgen, man brach auf. Mentonas
Bett stand nicht weit entfernt im Erkerraum des alten Her-
renhauses, doch sie fürchtete sich, allein zu gehen, viele der
Arbeiter waren betrunken.

»Fritz, willst du mich begleiten?«

Fritz antwortete betrübt: »Ich kann doch nicht mehr
aufrecht gehen, entschuldige, Mentonuschka!« Und er entfernte sich schwankend in entgegengesetzter Richtung zu
den Schweizerhäusern.

Michail, der russische Bauer und Nachbar

Unter den Schweizer Gästen war auch Michail gewesen, still hatte er seinen Wodka getrunken. Er war ein Mann von hohem, hagerem Wuchs, gut vierzig Jahr alt, ein schmales, nicht unschönes Gesicht mit zwinkernden, von der Arbeit auf dem Feld geschädigten Augen. Seit Generationen hatte seine Familie ein großes Gut an der Grenze von Waskino bewohnt, hinter dem Wäldchen beim Dorfweiher, früher hatten hier im Sommer wogende goldene Kornfelder gestanden. Dann kamen die Kriege und Aufstände, Michails Gut war geschrumpft, seine Frau umgekommen. Nun lebte er allein, eine Magd, ein altes Pferd und fünf Kühe waren ihm geblieben. Die Schweizer hatten ihm geholfen, den Kuhstall zu bauen, er dankte es ihnen mit Obst, und die Kühe dankten es mit Milch. Seine Großeltern waren einst mit ihren Nachbarn, den Bewohnern des Herrenhauses, befreundet gewesen, an schönen Sommerabenden hatte Michail als Kind in der Gartenlaube durch das offene Fenster die junge Frau des Gutsherrn auf dem Blüthnerflügel spielen gehört.

Als Jugendlicher, noch vor der Revolution, hatte man Michail in Moskau auf eine bekannte französische Schule geschickt. Michail gab sich im Umgang mit den Bauern des Schweizerguts zwar bescheiden, doch es war nicht zu übersehen, dass er feinere Umgangsformen hatte, auch unterhielt er sich mit Mentona, die nur schlecht Russisch sprach, in einem weichen, fließenden Französisch. So gelang es ihm, mit Mentona Dinge zu besprechen, die nicht für andere Ohren bestimmt waren.

Am Abend nach dem Fest, in einem Gespräch mit Mentona, äußerte sich Michail besorgt: »Die staatlichen Kontrolleure sind erneut zu mir gekommen. Sie verlangen Abgaben von meiner Ernte. ›Ich habe keine Vorräte. Das winzige Kornfeld, das mir geblieben ist, gibt wenig Ertrag, ich muss Brot im Dorfladen nachkaufen‹, habe ich gesagt.«

»Wer mehr als drei Kühe hat, ist ein Kolake, muss abgeben. Neueste Verordnung!«

»Dann bleibt mir nur der Hunger.«

»Wir haben Befehl, beim Ablieferungsstreik der Kolaken den Hof anzuzünden!«

Als Platten durch Mentona davon hörte, packte ihn die Wut: »Es gibt hier keine Versorgungskrise, nur eine Krise der staatlichen Getreideabgaben! Man finanziert mit dem Getreide der Bauern den Ankauf neuer Maschinen für die forciert vorangetriebene Industrialisierung!«

Der goldene russische Sommer ging abrupt zu Ende, und schon im Oktober fiel der erste Schnee.

Von Moskau aus wurde die Ankunft der Waisenkinder gemeldet.

Zum Glück waren endlich auch die Betten eingetroffen und standen in Reih und Glied in den Zimmern und Schlafsälen! Mentona fuhr mit Platten nach Moskau, vor dem Kominterngebäude warteten zwei kleine Busse. Die Kinder waren ärztlich untersucht worden, aber statt der gemeldeten fünfundzwanzig oder dreißig Kinder waren es nur zwölf, was hatte da nicht geklappt? Noch diesen Monat werden an die dreißig dazukommen, verhieß man. In Lopasnia stieg die Schar aus den Bussen auf zwei Pferdewagen um, und die Parteijugend der Dörfer, die Komsomolzen, begleiteten mit Gesang und roten Fahnen die Gefährte. In Waskino angekommen, stürzte die Dorfjugend zusammen mit den Heimkindern zu den gedeckten Tischen!

Berta, die in der Küche waltete, sorgte auch für Ordnung im Speisesaal, sie verstand es, ungeduldige Kinder abzuwehren und scheue in der noch ungewohnten Umgebung zu ermuntern. Nach der Speisung tönte aus Mentonas vielbewundertem neuen Grammofon Musik. Und als weitere Überraschung: Zum ersten Mal brannte anstatt der Öllämpchen das elektrische Licht!

Die Kinder konnten sich nicht satthören an der Musik und sattsehen an den ruhig glimmenden Lichtsternen an der schneeweißen Decke! Waren sie hier im Haus der sieben Zwerge, von dem Mentona am Nachmittag erzählt hatte? Endlich lagen sie nach diesem Tag voller Überraschungen ruhig im Schlafsaal, die Frauen und Fritz Platten gingen von Bett zu Bett, sie murmelten die neuen Namen, die sie sich eingeprägt hatten, wünschten gute Nacht.

Nur die zwei Kleinsten weinten stumm in ihre Kissen.

Berta, die kinderlose, blühte im Umgang mit den Waisen auf. An diesem ersten Abend sang sie im Schlafsaal einen Haussegen, von ihrer schönen tiefen Altstimme hatte bisher niemand gewusst.

Nun gönnten sich die drei Betreuer in der Küche noch einen Schlummertrunk. Gegen Mitternacht betrat Mentona auf Zehenspitzen noch einmal den Saal, alle schliefen, auch die zwei Kleinsten, es waren Geschwister, die sich in den Schlaf geweint hatten.

»Unser Kinderheim, es atmet und lebt, nicht wahr?«, sagte Mentona gerührt zu Fritz.

Fritz stand jetzt am Küchenfenster. Winkte plötzlich mit heftiger Bewegung die Frauen herbei: »Drüben, beim Dorfweiher, in der Dunkelheit, eine Feuerlohe!«

»Michails Haus und Scheune«, rief Mentona.

Erschrocken sprang sie auf, griff nach ihrem Mantel, wollte hinaus. Fritz hielt sie zurück. Vor der Eingangspforte des Kinderheims hörten sie das Feuer knistern, aus dem Dach der Scheuer stoben Funken. Fritz mahnte die Frauen, bei den Kindern zu bleiben. Dann machte er sich eilig auf den Weg zum Schweizergut, Hilfe zu holen.

Doch schon bei der großen Buche, im steilen Schneehang, sah er einen alten, lahmenden Gaul den Weg herunterkommen, an seinen Hals geklammert eine dunkle Gestalt.

Ein Schuss löste sich aus dem nahen Espenwald, der Reiter stürzte zu Boden.

Platten näherte sich, da erkannte er, auf dem Rücken im Feld liegend, Michail. Blut sickerte aus seiner Brust in den Schnee.

Er versuchte den schweren Oberkörper aufzurichten, Michail atmete nicht mehr.

DIE ALTE ALISSJA UND DIE TOTEN VON NOWAJA LAWA

Im fahlen Licht des nächsten Morgens lagen die Felder unter einer dünnen, angeschmutzten Schneeschicht. Die noch herbstlich an den Zweigen hängenden Espenblätter zitterten in der so plötzlich eingebrochenen Oktoberkälte.

Nach einer kurzen Nacht hatte Platten die drei stärksten Männer der Kolonie geweckt. Sie hoben Michail auf, packten ihn an Armen und Beinen, als wollten sie ihn schaukeln, trugen ihn behutsam hinüber nach Nowaja Lawa. Dort legten sie ihn in eine schnell zusammengezimmerte Bretterkiste.

Die alte Bäuerin Alissja, die früh zu erwachen pflegte, kam in ihrem langen schwarzen Rock die Treppe des Holzhauses herunter, sah in der noch offenen Kiste den Toten mit dem von Blut verschmierten zerrissenen Hemd. Zu lange hatte sie gelebt, um nicht zu wissen, was vor sich gegangen war. Sie bekreuzigte sich. Dann begann sie zu weinen, ihr Schluchzen mündete, wie dies hier in der Gegend bei einem Trauerfall üblich war, in einen der offenen Kehle entströmenden dunkeltönigen Singsang.

Fritz trat auf sie zu und umarmte sie. Für einen Moment floss ihre Trauer ineinander zu einer einzigen.

»Was für eine Zeit«, sagte sie und löste sich von ihm, wischte sich mit dem Handrücken das Nasse unter Nase und Kinn weg. »Schlechter als früher?«, fragte Fritz auf Russisch, »du hast doch schon viel erlebt?«

»Schlechter. Ich bin alt, dann ist alles schlechter.«

Vor den Katen standen die Bauern aus der Schweiz. Ratlos, mit hängenden Armen und Händen, hörten sie von dem Mord an ihrem Nachbarn, und da sie nach dem Schneefall nichts Nützliches zu verrichten wussten, standen sie und blickten einander an, sahen da und dort, auch in den alten, verbrauchten Gesichtern, Spuren von verwischten Tränen. Mit Wut umzugehen hatten sie als Bauernkinder von klein auf gelernt, doch diese Art von Trauer verschlug ihnen die Sprache, es gab nichts zu sagen, der Schrecken war sichtbar in allen und allem ...

»Habt ihr die Blutspuren im Schnee zugedeckt?«, fragte ein junger Familienvater, der eben aus der Hütte gekommen war und jetzt hinter sich auf eine kleine Schar Kinder zeigte. »Diese hier und die Zöglinge drüben im Heim dürfen nichts wissen von diesen Dingen ...«

Zwei Wochen darauf lag unter dem Schneehimmel in Nowaja Lawa noch ein Toter.

Das Herz von Vater Platten war plötzlich stillgestanden, und jetzt trug man ihn hinter den kleinen Häusern auf der Ebene zu Grabe.

Alissja, die Bäuerin, wollte den Popen rufen. Es sei doch immer noch Brauch, dass er den Sarg segne und etwas Tröstliches sage?

»Nein, kein Pope, mein Vater war Kommunist«, sagte Platten.

Da begann die Bäuerin in ihrem weiten dunklen Rock und dem Fransenschal am Sarg spontan eine kleine Rede zu halten, Fritz übersetzte: »Menschen wie dieser Tote haben ihre friedliche Heimat verlassen, um unserem vom Krieg zerstörten, hungernden Russland unter die Arme zu greifen! Ich werde diese uneigennützigen Helfer nie vergessen. Vater Platten hat mit seinen Leuten in meinem Holzhaus diesen runden, dickbauchigen Eisenofen gebaut, er wärmt mich, solange ich noch lebe! Und Jahrzehnte später, im eiskalten Winter, wird der Eisenofen für eine neue Generation das ganze Haus heizen.«

»Sprich weiter, du machst es besser als der Pope«, redete Fritz ihr zu.

Und Alissja sprach weiter: »Wo Vater Platten jetzt ist, dort ist der Mensch nackt. Ohne Geld, ohne Macht, ja, auch ohne Partei! Es zählt nur das Herz. Hat er Wärme, Liebe, Brot mit anderen geteilt, so reicht ihm ein Engel die Hand.«

Die Frau des Verstorbenen, die geborene Strässle aus St. Gallen, begann zu schluchzen, auch in den Armen des Sohnes war sie kaum zu trösten. Erst am nächsten Tag beruhigte sie sich. Sie gestand Fritz, sein Vater habe sich so sehr auf Russland gefreut, doch auf dem Schweizergut sei er unglücklich geworden ... »Wie viele Stiche versetzt es meinem Herzen, den von mir einst ersehnten Kommunismus so missbraucht zu erleben!«, hat er oft gesagt.

»Hat das den Vater so traurig gemacht?«, fragte Fritz.

»Du weißt doch, die staatlichen Funktionäre, die hier herumspionieren. Am schlimmsten jene, die auf Deutsch jeden einzeln aushorchen, um dann die Bewohner des Schweizerguts gegeneinander aufzuhetzen! Du wirst es wohl wissen, Fritz, in unseren eigenen Reihen gibt es Verräter. Zwei Ostschweizer aus Frauenfeld wurden bezichtigt, die Sowjetunion beschimpft zu haben! Lächerlich. Schimpfen ist in einer Demokratie eine Art Kultur, man muss etwas beanstanden, weil man es liebt und es verändern will! Man hat die Frauenfelder, beide noch keine dreißig, eines Abends spät weggeführt. Keiner wurde bisher wiedergesehen. Und letzte Woche haben Leute aus der nahen Kolchose fünf der besten Milchkühe auf einen Lastwagen geladen, man benötige sie im staatlichen Genossenschaftsbetrieb! Punkt!

Unsere Leute haben stumm an den Wänden des Stalls gestanden, hell entsetzt.«

»›Nur kein Protest!‹, hat einer der Funktionäre geschrieen. ›Dieses Gut, voll von ausländischen Spitzeln, wird ohnehin Ende des Jahres geschlossen!‹«

»Woher weißt du das, Fritz?«

»Ich weiß es.«

Fritz Platten war still geworden, man sah ihn jetzt häufig am Grab seines Vaters. Wie von Schwindel erfasst, lehnte er am Zaun, die verletzte, immer noch schwärende rechte Hand um eine der Eisenspitzen gelegt.

»Warum diese mannshohen Eisenstäbe an den Gräbern«, fragte die Witwe, »haben die Toten vor, aus ihrem Gefängnis auszubrechen?«

Und Alissja erklärte es Fritz, damit er es seiner Mutter übersetzte: »Eisenstäbe sollen den Erdhügel schützen, weil nachts weit von der Ebene her hungrige Tiere kommen und nach den Gebeinen scharren.«

»Ach, dass mein Vater in fremder Erde ruhen muss!« Fritz versank in Trauer.

Auch der Versuch mit dem Schweizergut, auf dem Plattens Hoffnung lag und für das er sich so eingesetzt hatte, schien zu missglücken. Zudem hatte Berta vor kurzem ihren Dienst bei Pjatnitzki wiederaufgenommen, und nun kam die Nachricht, auch Mentona verlasse Waskino, sie ziehe nach Berlin! Die

Frauen verließen ihn, er hatte bis dahin ihre Freiheit unterstützt, doch jetzt fühlte er sich zum ersten Mal elend und einsam.

Mentona sah es, es schmerzte sie.

Mutter Platten versuchte zu trösten: »Es wird besser, Mentona, wenn die Ferienzeit in der Sprachschule vorbei ist. Fritz liebt diese Arbeit.«

»Und wird geliebt«, ergänzte Mentona. »In Fritz ist so viel Feuer, seine positive Sicht auf das Leben macht den Jungen Mut.«

»Er hat seine Lebensfreude bis jetzt nach jedem Tiefschlag wiedergefunden«, versicherte ihr seine Mutter.

»Towarisch Mentona, Sie wollen uns wirklich verlassen? Jetzt, wo alles so schön eingerichtet ist und die Kinder sich gut eingewöhnen?« Die beiden jungen Lehrerinnen schüttelten missbilligend die Köpfe.

»Es wäre schön zu bleiben, doch meine Aufgabe hier ist getan«, erwiderte Mentona. »Ich übergebe das Kinderheim der Roten Hilfe und möchte, im Auftrag der Roten Hilfe, zurück nach Berlin, dort ist für unsere Sache noch viel zu tun!«

Und zu Fritz: »Es ist der Abschluss einer wundervollen Lebensperiode, Fritz, hab Dank für deine Hilfe! Ich hoffe, unser gemeinsames Werk, das Kinderheim, wird gedeihen!«

Fritz blickte sie an, als sähe er sie nach langer Zeit wieder richtig, der Abschied schmerzte, sie stand ihm in ihrer Ehrlichkeit und mit ihrem inneren Feuer näher als Berta, die er nie ganz durchschauen und begreifen konnte.

Mentona und er saßen am frühen Nachmittag allein in der Küche des Heims, an jenem Fenster, an dem Fritz das Feuer in Michails Haus entdeckt hatte. »Du hast viel Trauriges erlebt«, begann Mentona, »möchtest du nicht mitfahren nach

Berlin, wir würden erneut zusammenarbeiten für die gemeinsame Sache?«

»Berlin?« Er lehnte vehement ab. Seit seiner Jugend schlage sein Herz für Russland. »Weißt du, Mentonuschka, auch diese momentan schlechten Umstände, die du und ich zur Kenntnis nehmen, sind Wachstumsschmerzen. Wir sind auf dem Weg zum Ziel, zu einem Sozialismus, wie Millionen von Menschen und wir beide ihn erträumen ... Ich darf jetzt mein Russland in dieser schwierigen Phase nicht im Stich lassen. Obwohl es verlockend wäre, mit dir in Berlin zu leben ...«

Russland ging Fritz über alles! Mentona hatte nichts anderes erwartet, als selbständig in den nächsten Abschnitt ihres Lebens zu schreiten.

Allein zwar, doch leichter, beweglicher.

Zum Abschied von Mentona Moser wurde auf Anregung von Willi Münzenberg über das ›Internationale Kinderheim Erster August‹ ein kleiner Dokumentarfilm gedreht, umgeben von den nun zahlreich gewordenen Kindern wurde die Rede der Donatorin in Bild und Ton festgehalten.

»Ein Film als Andenken, Towarisch Mentona. Wann werden Sie wiederkommen, um zu sehen, was aus Ihrem Kinderheim geworden ist?«

Erst 1935, sechs Jahre später, wird Mentona wiederkommen. Schon bei ihrer Ankunft in Moskau wird sie vom Umzug ihres Kinderheims nach Iwanowo erfahren, einem Zentrum der Textilindustrie.

Man lädt sie ein zur Besichtigung.

Es ist ein geräumiges Haus, das nun zweihundert Kinder beherbergt.

Das Kinderheim heißt jetzt Jelena Stassowa.

Als die Filmleute von der Gruppe um Willi Münzenberg gegangen waren, zeigte Fritz Platten Mentona einen Zeitungsbericht: »Eben lese ich, dass meine Sprachschule in acht Tagen den Unterricht wiederaufnimmt!«

Mentona bemerkte erfreut das lang vermisste Funkeln in seinen Augen.

»Und dieser Zufall«, fuhr Fritz fort, »am Tag meiner ersten Lektion fährt doch dein Zug gegen Mitternacht nach Berlin! So können wir am Morgen zusammen nach Moskau fahren, du hast doch vor deiner Abreise sicher noch einiges zu besorgen?«

ABSCHIED VON RUSSLAND

Am Tag der Abreise streifte Mentona mit Fritz durch das neue Moskau, die Metropole schien sich mit berauschender Geschwindigkeit zu verwandeln. Noch war der ehrgeizigste Plan, die neue Untergrundbahn, nicht verwirklicht, doch Gebäude im klotzigen Repräsentierstil säumten die Straße zum Roten Platz. Dort wartete wie an jedem Tag eine Menschenschlange, um in Lenins Mausoleum eingelassen zu werden, über eine Million koste jährlich die Erhaltung seiner einbalsamierten Leiche!

Weder Lenin noch seine Frau Krupskaja hätten diesen Personenkult gewollt, das wusste Platten. Doch Stalin hatte in Eigenregie seinem Vorgänger diese Art von Ewigkeit verpasst. Hoffte er nach seinem Tod auf dieselbe Verehrung?

Fritz und Mentona schlenderten hinunter zur Moskwa. An der Uferstraße war nun ein gigantisches Wohnhaus fertig geworden mit Terrassen, Türmen, Dachlandschaften.

»Fünfhundert Wohneinheiten. Ein Mikrokosmos, gebaut für die sowjetische Prominenz«, kommentierte Fritz.

»Stände es dir nicht auch zu, hier zu wohnen?«, fragte Mentona. »Man sagt, zu jedem Appartement gehöre eine Dienerschaft. Zudem können die Privilegierten in speziellen Läden Luxusartikel mit Regierungscoupons kaufen! Bildet sich da eine neue Klassengesellschaft?«

Fritz verzog verächtlich den Mund: »Mir wird schwindelig beim bloßen Drandenken! Es heißt, Stalin halte hier seine Spitzenfunktionäre aus praktischen Gründen schön beieinander, jede Wohnung gespickt mit Abhörgeräten. Auch Pjatnitzki, Vorsteher der Kommintern, wohnt hier mit seiner Frau Julia und den beiden Söhnen! Neulich hat mir einer der Bewohner gestanden: ›Es gibt hier keine Geheimnisse. Nachts fahren Autos in den Hof, Männer in Uniform, ›Schwarze Raben‹, springen heraus, marschieren auf Hauseingänge zu, jeder kennt den Weg zu ›seiner‹ Adresse. Da und dort im Gebäude geht Licht in den Wohnungen an. Nirgends macht die Geheimpolizei so viele Verhaftungen wie hier!‹«

»Fliehen denn die Menschen nicht?«, fragte Mentona.

»Nein, sie wissen um die Allmacht der Nkwd«, murmelte Platten.

Am Flussufer sahen die Verkaufsstände jetzt weniger erbärmlich aus, Mentona entdeckte einen Stand mit Gebrauchtwaren. Schöne Kleider hingen da, Zeugen einer besseren Zeit! Sie konnte hier ihren viel bewunderten Regenmantel aus

Zürich verkaufen, für den Erlös erstand sie in einem Antiquitätenladen eine Leninbüste aus Messing. »Mein Abschiedsgeschenk für unser ›Kinderheim Erster August‹! – Du wirst die Büste am Eingang platzieren, nicht wahr?«

Fritz lächelte: »Zum Glück hast du keinen Stalin gekauft. Dort drüben steht ein halbes Dutzend, alle mit der Nase nach Osten ausgerichtet, alle mit dem dunklen Schnauzbart des Unglücksraben! Und wie es sich gehört, viel billiger zu haben als Lenin!«

Nach einem kleinen Mittagessen am Gorkiplatz wollte Platten in seine Wohnung, Bücher holen, die Lektion in der Schule war erst auf den späten Nachmittag angesetzt.

Beim Öffnen der Wohnungstür stutzte er. Sie schien wie von innen verriegelt.

Doch dann, nach wiederholtem Versuch mit seinem Schlüssel, gab die Türe nach. Mentona folgte ihm in die Küche, auf der Anrichte lagen noch Pläne vom Kinderheim.

»Trinkst du einen Kaffee, Mentona?«

»Psst!«, machte sie, »da ist jemand, Fritz. Ich höre Geräusche, aus deinem Zimmer.«

»Du hörst wohl deine Gespenster, Mentonuschka!«

Doch im nächsten Augenblick hörte auch er Stimmen. Auf Zehenspitzen eilte er zu seinem Zimmer hinüber, rief: »Wer da?«

Dann riss er die Türe auf.

Auf einer hohen Leiter stand die elektrische Olga in ihrem üblichen kurzen roten Kleid.

Unter ihr am Fuß der Leiter ein junger Mann in verschmiertem Arbeitskittel, Plattens Kopf im Türrahmen hatte ihn erschreckt, er stand wie erstarrt, den Blick fixiert auf die Beine der Olga.

Und Olga, jetzt verdattert von oben herunter: »Pitte scheen, eine elektrische Installation, entschuldigen, Herr Fritz. Amtlicher Befehl.«

Fritz kennt diese Art Installation: An der Wand ist nur ein dunkles Auge sichtbar, das Bild, das es zudecken soll, lehnt am Fuß der Leiter an der Wand.

»Sie verpassen mir Wanzen«, murmelte er.

Dann herrschte er den jungen Arbeiter auf Russisch an: »Wie sind Sie in meine Wohnung gekommen?«

Der junge Mann hatte sich vom ersten Schrecken erholt. Zeigte jetzt, was bei Überrumpelung während einer Amtshandlung gefordert wird, sein berufsmäßiges Lächeln und sagte leichthin: »Auf den Ämtern hängen die Passepartouts, mein Herr. Je nach Art und Alter der Wohnungen, nach Straßennamen geordnet! Was wir hier tun, ist legal. Auftrag des Staates. Ganz Moskau wird verkabelt, für Telefone und Telegrafie. Im Namen der Elektrifizierung der Sowjetunion, von der schon Lenin gesprochen hat.«

»Gehen Sie sofort«, befahl Platten.

Der junge Mann packte die Leiter und ging, Olga hinter ihm her, zum Ausgang.

Doch nach kurzer Zeit läutete wieder die Wohnungsglocke.

Ach, dieses harmoniesüchtige Geflöte! Eine Nervensäge!

Olga stand noch einmal im Flur.

»Pitte, Herr Fritz, ich konnte nichts dagegen tun. War ein Befehl! Ich hoffte, Sie würden kommen, so kurz vor der Schulstunde. Ich mache diese Installation sofort unschädlich. Pitte eine Leiter.«

Fritz schafft die Leiter herbei, Olga macht sich nochmals in der Höhe an der Wand zu schaffen. Es dauert nur kurz, dann trippeln ihre Füßchen die Stufen herunter. »Pitte sehr, es ist getan!« Sie strahlt.

Fritz bot ihr diesmal keinen Kaffee an, nach ihrem Verschwinden trank er Kaffee mit Mentona. Sie saßen auf dem Sofa, blickten einander an, Plattens Mundwinkel zuckten, dann begannen beide wie auf Kommando loszulachen.

Sie lachten und lachten, konnten sich kaum mehr erholen.

»Sowjetmacht plus Elektrifizierung«, prustete Mentona.

Zwei Stunden später trat Fritz Platten vor seine Klasse mit den siebenundzwanzig jungen Frauen. Mentona, die Fritz begleitet hatte, bat um Erlaubnis, eine Aufnahme zu machen, von ihrem Sohn hatte sie eine Kamera bekommen. Nun fiel es auf: Der einzige junge Mann war aus dem Gesamtbild der Klasse verschwunden.

»Adam, wo bist du?«, fragte Platten etwas irritiert.

Und Olga rollte die dunklen Käferaugen, belehrte ihn:

»Er heißt nicht Adam, es ist Jegor. Er ist ein Spitzel.«

»Was sollte er denn bespitzeln?«, fragte Platten verdutzt.

Ein paar der Frauen kicherten.

Vergeblich versuchte Platten, etwas aus ihnen herauszubekommen. Auch die Frau mit dem hübschen runden Gesicht, die ihn sehr verehrte, schwieg beharrlich. Da ließ sich Olga wieder hören:

»Die Leute sagen, das geht doch nicht: siebenundzwanzig junge Frauen und ein schöner Lehrer, in den die Frauen alle ein bisschen verliebt sind! Passiert etwas mit dem Herrn Lehrer, so schickt man ihn weg in den Gulag!«

»Was für eine böse Geschichte«, Platten verbiss sich ein Lachen. »Nein, Olga, da bleiben wir lieber alle beieinander, und ich bringe euch nichts anderes bei als ein bisschen Deutsch!«

Die Schülerinnen, zufrieden über seine Antwort, fanden ihren Lehrer wunderbar, kein so schmallippiger sturer Beamter wie viele andere.

»Und nun Konversation in deutscher Sprache!«, rief Platten.

Mentona hatte sich nach vorne gesetzt und erzählte den Schülerinnen, sie fahre diese Nacht noch nach Deutschland. Nun wurde sie bestürmt:

»Wohin? Wozu? Mit wem?«

Und die junge Frau mit dem runden Gesicht rief: »Bitte, Frau Mentona, unseren geliebten Lehrer nicht fortnehmen ...«

»Nein, euer Lehrer hat zwar Frauen gern, doch noch mehr liebt er das neue Russland!«, verriet Mentona. Darauf wurde geklatscht. Und das Mädchen mit dem runden Gesicht rief: »Bravo, bravo, ein Patriot!«

Gegen Ende der Schulstunde kam von einer Schülerin die Bitte: »Und zum Schluss noch etwas singen?« Fritz Platten hatte das erwartet. Mit seinem wohlklingenden Bariton stimmte er das Lieblingslied der Klasse an: ›Das gibt's nur einmal, das kommt nie wieder‹.

Die jungen Frauen fielen mit Begeisterung in den Gesang ein, so endete diese erste Lektion mit heiteren Gesichtern. Nur Fritz spürte plötzlich eine Träne auf der Wange, er drehte sich gegen die Wandtafel und wischte das bisschen Nässe verschämt weg.

Achtzig Jahre später recherchiert eine Journalistin aus der Schweiz über Fritz Platten. Sie trifft in Moskau eine ehemalige Schülerin aus der Sprachschule, und die Betagte beginnt mit zittriger Stimme zu singen: ›Das gibt's nur einmal, das kommt nie wieder ...‹

Die junge Journalistin reist dann Tausende Kilometer weiter zu einem Gulag im unwirtlichen Archangelsk am Polarkreis. Im Dorf Njandoma hört sie eine Bibliothekarin begeistert über Platten sprechen: »Hier im Dorf, wo Platten verlassen in einer Waldhütte vier Jahre lang gelitten hat, gibt es eine Fritz-Platten-Straße!« Und die junge Journalistin stellt in ihrem Film fest: »Im Gegensatz dazu findet man in St. Gallen keinen Weg, kein Zeichen der Erinnerung!«

BERLIN: LINKS, LINKS, LINKS UND LINKS, DER ROTE WEDDING MARSCHIERT

Es ist Winter, und zurück in ihrem quirligen Berlin, atmet Mentona auf, die bedrückenden nächtlichen Bilder von der verschneiten Wiese hinter Waskino und von den Gräbern hinter den Eisenspitzen weichen zurück.

Bei Alfred im ›Arbeiterkult‹ floriert der Verkauf von einfachen Grammophonen und Schallplatten, und aus Mangel an helfenden Händen hat Alfred seine Ehefrau gebeten, ihm in der strengen Zeit als Verkäuferin beizustehen. Mentona arbeitet wieder oben im Dachstübchen, packt Pakete mit neuen Schallplatten, Weihnachten steht vor der Tür. Die Agitproptruppe ›Roter Wedding‹ hat zwei neue Schallplatten produziert, es ist auch eine neue mit Texten von Bertolt Brecht in Vorbereitung, Mentona dringt darauf, dass Textbücher gedruckt werden, um sie den Schallplatten beizulegen.

Bis jetzt hat Mentona in einem bescheidenen Viertel zur Untermiete gewohnt, jetzt, da auch ihr Sohn Eduard bei ihr einziehen will, möchte sie sich eine geräumige Wohnung in guter Lage gönnen. Alfred ist an einem Neubau in Berlin Mitte der Aushang ›Zur Vermietung‹ aufgefallen, und so begleitet er an diesem Nachmittag Mentona auf Wohnungssuche.

In der Linienstraße kommt ihnen eine Gruppe demonstrierender junger Leute entgegen, auf ihren Transparenten die Aufschrift ›Arbeit und Brot‹. Eine Schalmeienkapelle begleitet sie, Mentona liebt diese Blasinstrumente: Eiserne Blumensträuße sind es, die Tonblumen streuen, eigenwillig, witzig! Nun machen die Musikanten Pause. Dafür ertönt aus dem Lautsprecher zur Freude Alfreds eine der Schallplatten aus dem ›Arbeiterkult‹: »Links, links, links und links, der Rote Wedding marschiert ...«

Der Schall überschlägt sich in der engen Linienstraße zwischen den Häusermauern.

Die beiden Plattenproduzenten, die sich an den Rand der engen Straße gedrängt haben, lächeln einander zu und sind sich einig: Das Lied von Hanns Eisler und Erich Weinert ist ein Renner, keine andere der proletarischen Schallplatten wird so oft verlangt!

Doch während sie weitergehen, gesteht Alfred Mentona: »Trotz aller Erfolge, die Finanzlage im Laden stimmt nicht! So viel am Abend in der Kasse liegt, so viel und noch mehr geht jede Nacht hinaus für die Lieferanten: Kredit? Rechnungen müssen innerhalb von drei Tagen bezahlt werden, heißt es. Die Zeiten sind schlecht!«

Oben am Bülowplatz weicht Mentona Kindern in zerrissenen Kleidern aus, die sich nach Zigarettenkippen bücken.

Sie rempeln Damen und Herren in Pelzmänteln, die aus dem nahen ›Kino Babylon‹ strömen, an und versuchen, ihnen Streichhölzer zu verkaufen. Man kennt die Bilder dieser Kinder aus den Höfen der Mietskasernen von Käthe Kollwitz, und man kennt die traurig-komischen Skizzen des Berliner Malers Zille. Und gegenüber, in einem südamerikanischen zwielichtigen Lokal, verkaufen vom Hunger ausgemergelte Frauen ihre Körper. »Sexuelle Ausbeutung, die gehört zum Kapitalismus und macht keinen Spaß«, murmelt Alfred. »Berlins Armut stinkt zum Himmel. Wie nur kann man dieser so demütigenden Armut entkommen?«

Es tröstet Mentona, dass Künstler auf Abhilfe sinnen, zu Seismografen werden in dieser aufgewühlten Zeit.

Auf dem Bülowplatz, im Untergeschoss des Karl-Liebknecht-Hauses, liegen in der proletarischen Buchhandlung neu erschienene Romane von Arbeitern, Matrosen, Bergleuten, die ihren Kampf gegen Armut und Demütigung schildern: Texte von Hans Marchwitza, Adam Scharrer, Anna Seghers und Übersetzungen des Italieners Ignazio Silone, um nur einige der Autoren zu nennen. Avantgardistische Theaterstücke treffen den Nerv der Zeit, allen voran die hinreißende *Dreigroschenoper* von Bertolt Brecht oder seine Lehrstücke in Marxismus mit Sprechchören wie *Die Maßnahme*.

Mentona besucht an einem dieser Dezemberabende, begleitet von ihrem Sohn Eduard, dem Film-Fan, das Theater am Nollendorfplatz. Ernst Tollers *Hoppla, wir leben* wird gegeben, eine Aufführung, die auf neue Art Schauspiel und Film verbindet. Nach der Aufführung im vornehmen Westen singen beeindruckte Zuschauer spontan die Internationale!

Noch auf dem Heimweg summt Mentona ihre Lieblings-
stelle mit:

»Völker, achtet auf die Zeichen!«

Doch da erklingt Marschmusik. Eine große Gruppe von
Nationalsozialisten nähert sich im Gleichschritt, beim Bürger punkten sie mit Uniformen, Drill und dem flotten Takt
ihrer Stiefelabsätze auf Asphalt. Die Reihen nehmen die
ganze Breite der Straße ein, Fahrzeuge haben auszuweichen,
die Polizei wagt keinen Einspruch. Die Partei ist selbstbe-
wusst geworden, seit sie bei den letzten Wahlen gewaltigen
Zuwachs bekam! Nun schweigt die Musik. Dafür dringen
aus den Lautsprechern schrill quietschende Versprechungen,
steigen hinauf zu den verschlossenen Fensterläden der Angestellten, die früh rausmüssen: »Ar-beit für je-der-mann,
Or ... dnung, Oooo ...« Nun biegen die Nazis um die Ecke
der Weydingerstraße, wenden ihre Köpfe nach rechts zum
Liebknecht-Haus, dort, in der Zentrale der Kommunistischen Partei, brennt noch Licht!

»Rechts, rechts, rechts und rechts!«, intoniert die Musik,
ein Plagiat aus der linken Wedding-Schublade, die neue
Nazimasche!

Irgendwo aus den Reihen der in Stiefeln flott Ausschrei-
tenden löst sich ein Schuss.

Ein Warnknaller, der in der kalten Luft verzischt.

»Wir werden trotzdem gut schlafen, Mama«, grinst Edi.
Doch sie schließen die neue Wohnung gut hinter sich zu.

Fannys Besuch

Eduard hatte im letzten Jahr die Schule für Film und Fotografie in Berlin besucht und ist nun Schüler des berühmten Fotografen Sasha Stone geworden. Bis jetzt hatte er bei Eugen Schönhaar in Neukölln wohnen dürfen, doch das Kind der Schönhaars, Carlo, war jetzt sieben. Die Familie brauchte mehr Platz.

»Platz hast du in der neuen Wohnung genug«, hatte ihr Alfred Oelssner gesagt.

Auf sein Zureden hin leistete sich Mentona diese großzügige Wohnung in guter Lage, zwei der Fenster und der Balkon gingen auf den beliebten und belebten Bülowplatz. »Dieser Platz (später umbenannt in Rosa-Luxemburg-Platz) ist der Mittelpunkt von Berlin, hier wirst du etwas erleben!«, hatte Alfred scherzend kommentiert, als Mentona auf dem Sims des Balkons den Mietvertrag unterschrieb. Ein Satz, der nur zu schnell anfängt, sich auf bedrückende Art zu bewahrheiten.

Mit Edi, der mit Sack und Pack einzog, traf auch die junge Sonja, die ehemalige Haushaltshilfe aus Zürich, in Berlin ein. Sie übernahm den Haushalt und an drei Nachmittagen die Betreuung einer Jugendgruppe, ganz im Sinn von Eugen Schönhaar, dem Abgeordneten für Jugendfragen. Eugens Büro liegt nur ein paar Schritte entfernt von Mentonas Wohnung im Liebknecht-Haus.

In alter Selbstverständlichkeit hatte Sonja schon in den ersten Tagen das Zepter der Küche übernommen. Das Essen schmeckte, der Tisch war hübsch gedeckt, alles sah nach ordentlichem Wohnen aus. Zeit also für Mentona, ihrer Schwester Fanny, die seit dem Tod ihres Ehemannes allein in München lebte, ihre Berlinadresse durchzugeben.

»Na so was, Fanny! Kaum habe ich meinen Brief abgeschickt, stehst du schon da!«

Was auch immer zwischen den Schwestern geschehen war, sie freuten sich, einander endlich wiederzusehen! Am gedeckten Abendbrottisch schenkte Mentona ihrer Schwester von dem Roten ein, ein Merlot aus dem Tessin, Fannys Gastgeschenk.

»Zum Glück muss man dich jetzt nicht mehr im weitläufigen Russland suchen«, sagte Fanny.

Mentona lächelte. »Nach dem ländlichen Russland, wo alles ruhig war, karg und Neubeginn, ist dieses verrückte Berlin hier ein echter Kontrast ...«

Fanny blickte die Schwester durchdringend an.

»Gib zu, Mentona, du musstest dieses Russland, das unter Stalin immer absurder wird – ich lese ja täglich Zeitung –, aus innerem Protest verlassen! Du wolltest dir wohl deinen geliebten Kommunismus als Idee rein erhalten?«

Mentona hielt Fannys Röntgenblick stand. Schon oft war die Schwester mit diesem durchdringenden Blick bis zu Verschwiegenem vorgedrungen, da nützte keine Ausflucht.

»Mag sein, Fanny. Doch der Kommunismus als Idee bleibt für mich wichtig zur Rettung dieser absurden Welt! Geht die Schere zwischen Arm und Reich nicht immer weiter auf? Ein paar Prozent der Weltbevölkerung sind im Besitz eines überdimensionalen Kapitals, und dicht daneben leiden über neunzig Prozent der Menschen Mangel, obwohl sie ihre Tage mit Arbeit füllen! Berlin bietet da Anschauungsunterricht!«

»Die Thesen des Marxismus sind eindrucksvoll«, gab Fanny zu. »Doch Utopien stehen und fallen mit der Tatsache, dass sie nicht – noch nicht – für die Heutigen gemacht sind. Die meisten Menschen sind doch unreif, sie brauchen wohl handfestere Gedanken ...«

Und Mentona, erschrocken: »Findest du die Gedanken der Nazis besser?«

»Bewahre, nein!«, wehrte Fanny ab. »Was für ein Machtgehabe, und die Diskriminierung der Juden, was für ein Terror! Doch die ausgehungerten Menschen verfallen reihenweise den Versprechungen: Arbeit, Brot, bessere Tage ... Gerade in München erlebt man einiges. Junge treten in die Partei ein, nur weil sie eine Uniform und gewichste Stiefel bekommen. Und wer bezahlt? Hitlers Kriegsrüstung!«

»Gewinnt Hitler die nächsten Wahlen, so haben wir wieder einen Weltkrieg«, sagte Mentona.

»In diesem Fall«, erklärte Fanny, »ziehe ich mich zurück in unsere heimatlichen Lande, nach Zürich. Und du? Hast du dein Häuschen am Zürichberg verkauft?«

Mentona bejahte. »Ich bleibe, was auch kommen wird, in Berlin! Ich kann meine Mitkämpfer nicht im Stich lassen! Unser Geschäft ›Arbeiterkult‹ an der Linienstraße wird von den Nazis überwacht, die proletarischen Schallplatten sind verboten, Alfred muss sogar die mit Tucholsky- oder Brecht-Texten verstecken! Alfreds Frau, an einem schweren Gallenleiden erkrankt, wird von den Ärzten zur Kur geschickt, Alfred begleitet sie. So habe ich als Alfreds Stellvertreterin Einblick bekommen in die üble Finanzlage des Unternehmens. Dem Geschäft droht Konkurs, Fanny. Ich werde mal wieder etwas Geld abheben von unserem Erbteil, es ist zwar arg geschmolzen, einiges steckt ja in dem russischen Kinderheim. Das wenigstens hat sich gelohnt, viele Kinder haben ein Zuhause bekommen!«

Fanny ließ sich jetzt von diesem Kinderheim erzählen.

Da läutete die Wohnungsglocke. So spät am Abend? Mentona erschrak.

Edi schaute an der Tür durch das Guckfensterchen. Grinste dann:

»Es ist Schönhaar, er hat wohl wieder einmal den letzten Zug nach Neukölln verpasst!«

So war es. Eugen Schönhaar trat ein, sah den Besuch, zögerte. Doch Mentona winkte ihn an den Tisch und stellte ihn ihrer Schwester vor.

Als Mentona und Fanny sich zum Kaffee hinübersetzten auf das neue Sofa, räumte Sonja ab, die Schüsseln waren leer. Schnell wechselte sie mit Mentona einen Blick, bot dann an, für den hungrigen Württemberger noch eine Portion seiner Leibspeise zu machen, Spätzle!

»Ach wo, keine Arbeit«, lachte sie. »Es macht Spaß! Wissen Sie, wie das Gericht in der Schweiz heißt?«

»Knöpfli!«, rief Edi. »Mach nur genug, ich esse noch mal mit!«

Mentona freute sich, dass der nun über Zwanzigjährige, aufgrund seiner Spondylitis immer noch sehr mager und klein, Appetit entwickelte. Gut, wenn sich Jung und Alt zusammenfanden. Manchmal stießen abends noch andere Freunde dazu, sie legten Grammofonplatten auf und tanzten.

»Ja, dank der jungen Familie Schönhaar«, erzählte Mentona ihrer Schwester, »habe ich auf Spaziergängen an Sonntagen

Berlin kennengelernt: den Tiergarten, den Grunewald, den Kilometerberg, die kleinen Seen rund um die Stadt, auch die Ufer der Spree! Edi hat schon ein Faltboot erstanden, wir sind dem Arbeitersportverein beigetreten und freuen uns auf den Sommer, wo wir wahrscheinlich viel in Köpenick am Wasser sind! Das kennst du ja alles auch aus deiner Berlinzeit, Fanny?«

»Nein, mit meinem kranken Mann waren Ausflüge nicht möglich«, sagte die Schwester. Und Mentona schlug vor, gemeinsam an einem Wochenende die Umgebung der Stadt zu erkunden, »Eugen Schönhaars Frau Odette wird dir gefallen, sie ist Französin, und der kleine Sohn Carlo liebt Ausflüge!«

Mentona zieht ihre drei Erbsünden an und geht zur Bank

Fanny war abgereist, und Mentona machte sich auf zur Deutschen Bank, um einen Betrag von ihrem Konto abzuheben. Als sie zur Antwort erhielt: »Ihr Konto ist gesperrt«, wehrte sie sich: »Wer hat das Recht, mein Konto zu sperren?«

Der Kassierer schwieg eisig, verweigerte jede Auskunft.

Am nächsten Tag machte sich Mentona sorgfältig zurecht. Sie zog vor dem Spiegel ein Kleid aus der Erbschaft der Mama an: das dunkelrote Satinkleid, die dreireihige Perlenkette, die Stola aus Zobelpelz.

Sie nannte das Trio ihre drei Erbsünden.

»Schau her, wozu die Verkleidung?«, fragte Edi.

»Nun, mein Geld ist blockiert, ich gehe zur Schweizer Botschaft und verlange Hilfe.«

Der Botschafter war nicht anwesend, sein Stellvertreter, ein charmanter junger Westschweizer, empfing sie. Sie berichtete ihm auf Französisch, was sich auf der Bank ereignet hatte. Darauf entschuldigte er sich höflich, er lasse für sie eine Tasse Kaffee kommen und müsse sie leider einen Moment warten lassen. Vermutlich ging er im Nebenraum zum Telefon und holte Erkundigungen ein.

Mit verändertem Gesicht kam er zurück: »Bedaure, Madame, in Ihrem Fall kann ich nicht helfen!« Und da sie mit Fragen nicht nachließ, deutete er an, sie habe sich angeblich in verbotenen politischen Organisationen engagiert. Und verlegen setzte er hinzu, mit gedämpfter Stimme, als ginge es um eine Obszönität: »›Der Rote Frontkämpferbund‹.«

Ein halbes Jahr später, 1931, erfuhr sie bei einem neuerlichen Bankbesuch, dass alle ihre Aktien und Vermögenswerte aus dem mütterlichen Erbe beschlagnahmt worden waren!

Man wies auf den Paragrafen hin ›Beschlagnahme von Vermögen verbotener Organisationen‹. Sie stand im Vorzimmer der Bank, hoch aufgerichtet, bekleidet mit allen drei Erbsünden und begann lauthals zu schimpfen: »Wer bedient sich hier am ehrlich erworbenen Vermögen der Bürger? Mein Vater hat sein Leben lang getüftelt und gearbeitet, und nun wird alles vom Staat gestohlen?«

Der Beamte schaute auf die tobende Dame, starrte auf ihr rotes Gesicht, auf die Stola aus Zobelpelz und die Drohgebärde ihrer Hand an der dreifachen Perlenkette. Er wagte keinen Einspruch, es verschlug ihm die Sprache. Als altgedienter

Bankangesteller, der bisher die anvertrauten Vermögen im Namen des Staates zu schützen hatte, musste er ihr recht geben. Zum Glück hatte sie es sich verkneifen können zu sagen, dass sie vor vier Jahren der Kommunistischen Partei aus dem mütterlichen Erbe eine Immobilie in Fichtenau bei Berlin überschrieben hatte. Die stattliche Villa hieß nun ›Reichsparteischule Rosa Luxemburg‹ und Mentona dachte mit Genugtuung: So verwandelten sich die Schweizer Franken der Fanny Moser Sulzer-Wart in eine solide marxistische Erziehung.

Berliner Sommer
mit Edi und seinem Kanu

Wie übel die politische Lage auch war, es wurde ein Prachtsommer. Die Betriebe machten Pause und Tausende von Berlinern flohen ins Grüne. Endlich konnten Mentona und Eduard ihre Mitgliedschaft in dem Arbeitersportverein ›Freie Kanufahrer Berlin‹ nutzen, sie kauften ein modernes Faltboot aus wasserabstoßendem Wachstuch und ein Zelt. Als Edi richtig paddeln konnte, erstand er zu seinem Schiff ein Segel. Man warnte, mit einem Faltboot sei das Segeln riskant! Doch Edi verstand sehr schnell mit Boot und Segel umzugehen, er trotzte Wind und Wellen, das Schiffchen glitt über die Wasserfläche, und Mentona, die hinter Edi saß, hielt das Ende der Segelschnur um ihr Handgelenk gewickelt. Sie war stolz auf die Geschicklichkeit ihres körperlich behinderten Sohnes. Und auf seine originellen Gedanken!

»Muschka! (Er allein durfte sie Muschka nennen.) Schau, wie in diesen Sommercamps die Menschen zufrieden sind! Sie grüßen freundlich, helfen einander Zelte aufrichten, teilen am Morgen Brötchen und Kaffee mit den Nachbarn. Sie fragen nicht, was jemand besitzt und wie er politisch denkt. Hier herrscht Meinungsvielfalt wie auf einer Blumenwiese.«

»Ja, ja, schön, Edi.«

»Wo Parteien sind, herrscht Einfalt, Muschka. Jede Partei ist selbstgerecht, jede hält sich für allein seligmachend! Die Nazis verfolgen und morden alle, die nicht ihrer Meinung sind, und in deinem geliebten neuen Russland wütet Stalin auf ähnliche Weise.«

»Ja, ja, leider, Edi.«

»Muschka, du liebst doch die Menschen. Lass die Partei!«

»Ich bin überzeugte Marxistin, Edi. Und der jetzige Abstimmungskampf ist bitter ...«

»Ihr verliert ihn sowieso.«

»Oh, so weit darf es nicht kommen. Die Nazis machen Land und Leute kaputt ...«

Mentona trieb es Tränen in die Augen.

Die Reichstagswahlen nahten. Die Nazis schienen unbeschränkt Geld für ihren Wahlkampf zu haben, die Roten mussten sparen.

Als der Leiter vom ›Arbeiterkult‹ mit seiner genesenden Frau von der Kur zurückkam, ging er sofort auf Mentonas Vorschlag ein, Wahlreden aufzunehmen, diese Schallplatten wurden im Laden kräftig verlangt. Wilhelm Pieck hatte bei diesen Reden eine tiefe, volle Stimme, Mentona schätzte ihn mit seiner unaufgeregten Art, die sich auch im Exekutiv-Komitee der Roten Hilfe bewährte. Erinnerte er in seiner

Gelassenheit nicht an Fritz Platten? Mentona spürte Verlangen, Platten wiederzusehen, mit ihm zu diskutieren und zu scherzen, doch vergeblich wartete sie auf einen Besuch.

Zurück in der Wohnung am Bülowplatz, bekamen die Bewohner viel von dem fiebrigen Wahlkampf mit. An einem Abend schossen SA-Leute aus einem Lastwagen auf die Fenster des Karl-Liebknecht-Hauses, Glas splitterte, Mentona verfolgte, die Hand auf ihr Herz gepresst, atemlos das Geschehen vom Balkon aus.

Bis Edi kam und sie schimpfend ins Innere zog!

Bei den Wahlen gewannen die Nazis haushoch: Ihre Stimmenzahl schnellte hinauf auf sechs Millionen, sie besetzten jetzt hundertsieben der Reichstagssitze!

Nazis an der Macht.
Die Gefangenenbibliothek

»Das leckt keine Geiß weg, die Nazis haben gewonnen.«

Eugen Schönhaar sagte es am nächsten Abend voll Kummer.

Sonja machte ihm zum Trost eine große Portion Spätzle, doch er verschlang sie gedankenverloren und prophezeite dann vor dem leeren Teller: »Die Nazis werden nun ihre Überlegenheit mit terroristischen Akten zeigen.«

Er hatte recht: Mehr und mehr wurde es auch für ihn gefährlich, auf der politischen Gegenseite zu stehen.

Trotz der neuen Schallplatten ging der ›Arbeiterkult‹ endgültig pleite, und man musste den Laden verriegeln.

Mentona setzte sich jetzt für die Rote Hilfe an der Dorotheenstraße ein. Dort wurde ihr die Gefangenenbibliothek anvertraut. Täglich füllten sich die Gefängnisse in und um Berlin mit jüdischen Menschen und politischen Gegnern der Nazis. Die Gefangenen bekamen den neuen, von Mentona zusammengestellten Katalog der Bibliothek, sie hatte auch aus eigenen Mitteln aktuelle Bücher dazugekauft. Die Insassen konnten Wunschlisten aufstellen für ihre Lektüre. Auf dem Fahrrad, schwerbeladen, radelte Mentona zu den Gefängnissen, so kam sie, wenigstens hinter Gittern, mit vielen alten Mitstreitern wieder in Kontakt. Viele der Gesichter waren gezeichnet von den menschenverachtenden Verhören, ihre geschundenen Körper zeugten von Folter.

Die Abende in der Wohnung am Bülowplatz wurden stiller, sogar im engen Kreis wagte man nur noch flüsternd über die Verfolgungen zu sprechen.

Eines Abends um zehn Uhr läutete es.

Diesmal konnte es nicht Eugen Schönhaar sein, er stand auf der schwarzen Liste, und die Wohnung von Mentona Moser, die ebenfalls auf der schwarzen Liste stand, war ihm zu unsicher geworden.

Edi schaute durch das Türfensterchen.

»Oh, Familienbesuch…« Er öffnete weit die Tür.

Es war seine Schwester Amrey, das letzte Mal hatte er sie in Paris gesehen! Sie hatte dort mehrere Jahre mit dem Maler Charles Hug gelebt, und da sie ihren Traum vom Ballett eines Unfalls wegen hatte begraben müssen, wandte sie sich wie Charles ebenfalls der Malerei zu. Jetzt stand neben ihr ein neuer Lebenspartner, der Maler Otto Herbert Fiedler, dessen Werk momentan in Berlin in der Galerie Gurlitt ausgestellt war.

»Amrey!«, Mentona brach in Freudentränen aus. Die Entfremdung von ihrer Tochter, welche die politische Aktivität der Mutter ablehnte, hatte sie oft gequält, nun schloss sie Amrey fest in die Arme. Dann begrüßte sie Amreys neuen Freund.

Das Paar hatte sich erst in diesem Frühjahr in Paris kennengelernt. Amrey, achtzehn Jahre jünger als Fiedler, hatte sich darauf von Hug getrennt und wollte nun in Berlin mit dem neuen Partner zusammenleben.

Dieser entschuldigte sich bei Mentona für die späte Besuchszeit. »Das Haus scheint mir tagsüber bewacht zu sein«, sagte er. »Ich muss mich in Berlin vor den Nazis hüten, sie mögen meine Bilder, aber mich als Mensch dulden sie nicht! Sie wollen mich zwingen, ihrer Künstlerorganisation beizutreten. Amrey und ich haben uns entschlossen, diesem Druck zu entgehen, wir wollen in die Niederlande emigrieren. Doch erst müssen wir bei den hier in Deutschland ausgestellten Bildern bleiben.« Und er fügte hinzu: »Amrey hat mir viel vom politischen Engagement ihrer Mutter erzählt, es wird wohl kaum möglich sein, uns oft zu sehen, dieser Bülowplatz ist eine gefährliche Zone.«

Muschka, du bist ein Vulkan!

In der Tat, die Gefahren am Bülowplatz nahmen zu.

Doch Edi erkannte: Gefahren kommen nicht nur von außen, auch das innere Feuer seiner Mutter war brandgefährlich! »Muschka, du bist ein Vulkan. Am morgigen neunten August, dem Volksentscheid für die Auflösung des Preußischen Landtags, darfst du nicht am Bülowplatz bleiben! Lass uns aus Berlin wegfahren. Du hast als Ausländerin ja ohnehin kein Stimmrecht!«

Nachträglich war Mentona ihm dankbar für diesen Vorschlag: Sie erlebte mit Edi ein wunderbar ruhiges Wochenende im Mecklenburgischen, in den Kiefernwäldern und an den kleinen Seen.

Doch am Sonntagabend, nach Berlin zurückgekehrt, fanden sie den Bülowplatz in kriegsähnlichem Zustand: mit Seilen abgesperrt, in der Nähe ertönten Schüsse. Soldaten patrouillierten mit geschultertem Gewehr. Vor dem ›Kino Babylon‹ hatte sich eine Menschenmenge versammelt, um die Abstimmungsresultate zu erfahren. Ohne Motiv stürzte die Polizei in die friedliche Menge, Schüsse fielen, die Männer schlugen sinnlos auf die Fliehenden ein. Es hieß, zwei Polizeioffiziere seien getötet worden ...

Edi ließ die Mutter in einem Café warten und ging nachschauen, ob sie in ihre Wohnung könnten. Er musste sich erst bei der Polizei ausweisen, dann sah er im Haus Blutspuren auf der Treppe und vernahm von einem Mieter, die Polizei habe alle Wohnungen gestürmt, die von Mentona Moser aber des Sicherheitsschlosses wegen nicht aufgebracht!

In der Wohnung fanden sie an diesem Abend alles in Ordnung.

Doch es wurde zunehmend unheimlicher, hier zu leben. Nachts leuchteten Scheinwerfer von außen in die Zimmer, weiße Totenfinger tasteten über Kästen, Betten, Bücherregale. Und auf dem früher so belebten Bülowplatz herrschte Grabesstille.

Nach ein paar Tagen erschien ein Genosse von der nahen Parteizentrale: »Genossin Moser, ich soll Ihnen beim Umzug helfen. Hier können Sie nicht mehr bleiben! Sie werden fortwährend beobachtet!«

Der Auszug fand beim ersten Schein des Tages und in großer Eile statt. Zwischen Gepäck und Bettzeug durchquerte Mentona in einem Wagen Berlin bis zu Edis Fotoatelier an der Gerviniusstraße. Ihre Möbel hat Mentona nach dieser Flucht nie mehr gesehen, am schmerzlichsten war der Verlust ihrer persönlichen Bibliothek.

Edi sah, dass seine Mutter litt: »Muschka, pass auf, zieh dich von deinen Aktivitäten zurück! Die Nazis werden dich umbringen!«

»Die Nazis wollen Krieg, Edi. Nicht ich allein, Millionen von Menschen werden umkommen, wenn sie niemand zurückhält! Wer denn, außer wir Kommunisten, bietet ihnen die Stirn?«

Mentona Moser als Agentin
im Untergrund

Das Schicksal arrangierte es, dass sie einen Mann kennenlernte, der in ihre Zeit der Illegalität passte: Otto Franke. Er war Mitte fünfzig, beleibt, mit einem runden kahlen Kopf und schlauen, etwas kurzsichtigen Augen. Offensichtlich besaß er das Talent, gefährliche Zeiten zu überleben: 1918, damals als junger Mensch, wurde er zum persönlichen Schutz für Karl Liebknecht berufen. Doch Franke kam ins Gefängnis, dort erreichte ihn die bestürzende Nachricht von der Ermordung Karl Liebknechts und Rosa Luxemburgs. Es gelang Franke, aus der Haft zu entkommen. Der geschickte Ausbrecher verhalf auch anderen zur Flucht, unter ihnen Wilhelm Pieck.

An der Burgstraße baute er eine Bibliothek auf, eine Fundgrube für Funktionäre und Theoretiker der Partei. Nachts schlief er auf einer Matratze neben seinen Zeitungsausschnitten und Büchern.

Franke, der auch gerne im Buch der Natur las, unternahm mit Mentona größere Wanderungen. Entspannte Tage, die Mentona halfen, den Schock beim zweiten Wahlgang der Reichspräsidentenwahl zu überstehen: Am 10. April 1932 erhielten die Faschisten 13,4 Millionen Stimmen, und Hindenburg wurde zum zweiten Mal als Reichspräsident gewählt! Thälmann, den die Linke als Präsidenten portiert hatte, erzielte nur gut drei Millionen Stimmen.

Der Winter 1932/33 wurde sehr kalt. In der Innenstadt hatte man noch nie so viele Bettler gesehen. Hungrige Kinder in Lumpen zupften vornehme Damen an den Pelzmänteln und hielten ihnen ihre eisigen Händchen vor. Prostituierte standen jetzt in Scharen in der Kälte, zeigten unter transparenten Seidenstrümpfen mit Laufmaschen ihre blaugefrorenen Beine. Die meisten der käuflichen Frauen waren plötzlich erblondet. »Huren, färbt die Haare blond, die Nazis lieben es germanisch!«, war auf einem der Plakate zu lesen, die arbeitslose junge Männer, auf den Rücken gebunden, durch die Straßen tragen mussten.

Mentona übernahm für die Partei konspirative Arbeit. Die Politiker der Roten benötigten illegale Unterkünfte, ihre bisherigen Adressen wurden von den Nazis aufgestöbert. Thälmann hatte drei geheime Wohnungen, er wurde von einem Überläufer verraten, Thälmann wurde gefangen genommen und jahrelang in einem geheimen Kerker eingeschlossen, schließlich auf Hitlers Befehl erschossen.

Mentona stellte nach Wochen in Weißensee fest, dass sie auch hier beobachtet wurde. Die Zentrale ihrer Partei warnte: »Achtung! Es ist belastendes Material gefunden worden!«

Sie musste ihre Wohnung aufgeben.

Otto nahm sie bei sich auf, in der Oppenstraße (die 1961 in Otto-Franke-Straße umbenannt wurde), er überließ ihr nachts seine Matratze und schlief auf einem Klappstuhl. Mittags aßen sie im Nebenlokal eines kleinen Restaurants, abends machte seine Frau Stullen mit Schmalz und Äpfeln.

Die Parteizentrale setzte sie für Agententätigkeiten ein, sie war verschwiegen, niemandem gab sie darüber Auskunft. Für die Rote Hilfe arbeitete sie weiter, doch in den Hauptsitz an der Dorotheenstraße wagte sie sich nicht mehr. Ein Polizei-wagen war vorgefahren, man hatte die Büros durchsucht, ei-nige Angestellte wurden für kurze Zeit festgenommen. Men-tonas Sorge galt noch immer ihrer Gefangenenbibliothek. Bücher zu den Gefangenen zu bringen war längst nicht mehr möglich, wie aber war die wertvolle Bücherei, in die sie ihr zusammengeschmolzenes Geld investiert hatte, zu retten? Jenseits des Bülowplatzes, in einer dunklen Seitenstraße, fand sich ein Kellergeschoss, in mühevoller Kleinarbeit wurden die Bücher in Kisten nachts durch eine Motorradfahrerin im Beiwagen transportiert, von einer Bibliothekarin in ihrem Versteck fachgerecht eingeordnet. Doch Mentona machte bald eine beängstigende Beobachtung: Im Haus gegenüber gingen SA-Leute ein und aus und blickten oft zu den Keller-fenstern hinunter. Als sich das während der nächsten Tage wiederholte, alarmierte Mentona die Parteizentrale, man ver-sprach, die Bücher mit einem Wagen wieder abzutransportie-ren. Der Wagen kam nicht, man verschob einige Male den Termin, der Terror in Berlin war allgegenwärtig, alle Kräfte waren beansprucht.

Die Bibliothek ging verloren.

Gefahr! Flucht in die Schweiz

Am 30. Januar 1933 jubelte die Menge dem neugewählten Reichskanzler Adolf Hitler zu, unter Applaus zog er in das Reichstagsgebäude. Berlin verlor seine Fröhlichkeit, auf Straßen und Plätzen ging die Angst um.

Männer der SA marschierten in geschniegelter, schwarzer Uniform durch die Straßen, die Mienen siegesbewusst, voll Verachtung für das Fußvolk.

Wenn Mentona Zeit fand, half sie Otto Franke an der Burgstraße, einen Katalog zu seiner Zeitschriften- und Büchersammlung anzulegen, für die Kommunistische Partei ein unentbehrliches Material.

Die Nazis hassten Bücher, man verbrannte jetzt die Werke vieler bedeutender Schriftsteller auf öffentlichen Plätzen.

Eines Tages fuhr ein Lastwagen an der Burgstraße vor, SA-Leute in Stiefeln drangen in Ottos Räume ein. Sie griffen mit Lederhandschuhen, als lagerte hier Ungeziefer, in die Gestelle, beschlagnahmten sein in mühvoller Arbeit entstandenes Lebenswerk.

Es ging in den Flammen des Hasses auf.

»Die Welt verroht«, sagte Franke. Er sprach jetzt immer weniger. Brütete über Namenlisten in den paar wenigen noch unabhängigen Lokalzeitungen, Namen waren da aufgelistet von ihm bekannten Menschen, die gefoltert oder erschossen worden waren.

Mentona kam aus der Stadt zurück und berichtete vom beispiellosen Hass der Nazis auf die jüdischen Bürger. In der Passage Friedrichstraße hatten SA-Leute ein jüdisches Café gestürmt, die Gäste mit Stahlruten geprügelt, eine alte Frau, die zu Boden gestürzt war, mit Stiefeln getreten. Ein junger Mann, der das Blut, das aus ihrem Mund sickerte, mit einem Tuch abwischte, die alte schwere Frau dann aufzurichten versuchte, wurde ebenfalls mit Stiefeltritten traktiert und in einem vergitterten Lastwagen abtransportiert.

Es hatte sich herumgesprochen, dass Menschen in Berlin zu Tode gefoltert wurden: Hüfthoch in einem Keller in kaltem Wasser stehend, den Rücken den Peinigern zugewandt, mussten sie stundenlang den Hitlergruß üben. Wer nicht mehr konnte, wurde auf ein Brett geschnallt und gefoltert, oft bis zum Tod.

Otto schob die Zeitung mit der Namenliste zur Seite.

Blickte dann hinüber zu Mentona: »Oh, Mentona, es macht mir Angst, auch deinen Namen bald auf der Liste der Opfer lesen zu müssen! Du hast dich zu sehr in Gefahr gebracht, auch die Partei ist alarmiert. Eben habe ich für dich eine Weisung bekommen.«

Erschrocken blickte Mentona auf den Brief mit dem Schriftzug der Parteizentrale: Man ersuche sie dringend, Berlin zu verlassen! Schutz könne man ihr nicht mehr gewähren. In der Anlage befand sich eine Fahrkarte für den morgigen Abendzug nach Basel.

Otto hatte sie beim Lesen beobachtet und nickte ihr zu: »Es ist höchste Zeit. Du musst dich retten!«

Er war vom Tisch aufgestanden und stellte sich vor sie, er war einen halben Kopf kleiner und blickte zu ihr auf mit unbeweglichem Gesicht, nur seine blonden Wimpern zitterten.

»Mentonuschka, wir werden uns nie mehr wiedersehen!« Er hatte Tränen in den Augen.

»Sag so etwas nicht, Otto!«, wies sie ihn streng zurecht. »Du und ich haben jetzt eine wichtige Aufgabe! Wir müssen die Nazis und ihr Tausendjähriges Reich überleben!«

Am Morgen ihres Reisetags hatte sich Mentona in einem Café bei der Untergrundbahn mit ihrer Tochter Amrey und Herbert Fiedler verabredet. Sie durften sich nicht laut unterhalten. Doch die beiden, inzwischen selbst von den Nazis überwacht, blickten in Mentonas verweintes Gesicht und wussten Bescheid, auf einem verknüllten Zettel erfuhren sie die Abfahrtszeit des Zuges. Das Paar begleitete Mentona am Abend zum Bahnhof Charlottenburg, in der Hand hielt die Reisende einen kleinen Koffer mit den wenigen Habseligkeiten, die sie in der Hast hatte zusammenpacken können.

Eingezwängt zwischen anderen Reisenden stand sie am Zugfenster, über den Köpfen der Wartenden auf dem Bahnsteig erkannte sie die winkenden Hände von Amrey und ihrem Herbert Fiedler.

Der Zug setzte sich in Bewegung.

Ihr großartiges, ihr geliebtes Berlin zog jetzt hinter beschlagenen Fensterscheiben vorbei – und verschwand.

MENTONA IM TESSIN.
UND ALS ARZTGEHILFIN IN PARIS

Doch die Gesichter ihrer Mitkämpfenden und die beklemmenden Ereignisse der letzten Berlinzeit waren mitgereist.

In der Südschweiz, nahe der italienischen Grenze im Dorf Morcote, hatte Mentona in einem alten Steinhaus eine Wohnung gefunden, der Blick glitt über die schrägen Dächer hinunter auf den schwarzblauen, stillen See.

Sie war gehetzt. Zum ersten Mal wurde sie sich bewusst: Sie hatte Ruhe nötig.

Wenn sie im Schatten der Bäume lag, traten aus dem Dunkel der Zweige beklemmende Sequenzen von Bildern: Der Zug hielt an der Grenze an, deutsche Grenzpolizei betrat den Waggon, der eine der Uniformierten hielt ihren Pass offen in der Hand, der zweite suchte ihren Namen auf der schwarzen Liste. Vor ihr waren Mitreisende zum Aussteigen gezwungen worden, als der Zug endlich weiterfuhr über die Schweizer Grenze, blieben ihre Plätze leer.

Unheimlich das Heimkehren. Heimisches erschien befremdlich.

An Mentona, die jetzt am Ufer des Luganersees saß, zehrte die Sorge um liebgewordene Menschen. Immer wenn sie an all die Gefährdeten dachte, schlug ihr Herz heftig. Ein Bericht aus Berlin war bis zu ihr vorgedrungen: Eugen Schönhaar, noch keine vierzig, verraten von einem Überläufer, ist mit zwei anderen Parteimännern von den Nazis am sogenannten Kilometerberg erschossen worden! Seine Frau Odette, mit dem Kind Carlo nach Lausanne zu ihren Eltern geflohen, hatte man von dort aus weiter nach Frankreich geschickt. Erst Jahre später wird es Mentona erfahren: Nach dem Überfall der Nazis auf Paris wird Carlo, erst siebzehn Jahre alt, als junger Widerstandskämpfer erschossen, und Odette endete in einem Lager.

Tagelang sinnierte Mentona über die furchtbare Beschränktheit des Menschen, den Nächsten als Gefahr zu sehen, wenn er eine andere Herkunft oder andere Ansichten über Gott und die Welt hatte. War Anderssein nicht vorgesehen als Beitrag zur Vielfalt der Schöpfung?

Der südliche See und die Berge erinnerten Mentona an Eugen Schönhaars damalige Begeisterung für das Tessin. Es schien ihr manchmal, er flüstere ihr in der milden Luft Trostworte zu. Diese Gegend mit ihren Seen, den Hügeln und Bergen ist eine gute Trösterin, dachte sie, seit Jahrtausenden kennt sie den Kreislauf von Leben, Tod, Leben.

Und jetzt kam, fast überstürzt, im Süden der Frühling.

Die Kamelien hingen voll von schwerem Duft, Farben leuchteten an den Blütenzweigen, am Abend funkelten im Gras neben der Granittreppe die Glühwürmchen.

Im schwankenden Schein der Deckenlampe schrieb sie, auf ihrem Koffer sitzend, frühe Erinnerungen auf. Sie begegnete wieder der Tierwelt auf der Au, erweckte sie zum Leben im Manuskript zu ihrem Kinderbuch mit dem Titel *Lernt sie kennen*. Viele Kinder freuten sich in den Kriegsjahren über das Buch aus der Büchergilde Gutenberg mit den schönen Holzschnitten.

Eduard kam aus Paris und wohnte in Morcote einige Wochen mit seiner Mutter.

Sie wanderten zusammen den See entlang, sahen den Fischerkähnen zu, hörten in der Dorfbar die neuesten Nachrichten. Seit dem Einmarsch der Hitlertruppen in Österreich war es mit der weltabgewandten Ruhe im Ort vorbei, auf den Straßen sah man Militär, im Rundfunk hörte man in italienischer Sprache patriotische Reden. Auch hier, im letzten Zipfel des Landes, fürchtete man Hitlers Angriff auf die Schweiz.

Im Sommer folgte Mentona ihrem Sohn nach Paris, um mit ihm und seiner zukünftigen Frau Eva zusammenzuarbeiten. Mentona ließ sich als Arzthelferin für die von Dr. Hans von Fischer gegründete ›Centrale Sanitaire Suisse‹ einsetzen, die sich in Frankreich vor allem um Flüchtlinge kümmerte.

Kurz vor Ausbruch des Zweiten Weltkriegs fuhr das frischgetraute Paar Edi und Eva nach England, Mentona freute sich für Edi, dass eine so schöne und tüchtige Frau trotz seines beschädigten Körpers sein Herz erkannt hatte und seinen regen Geist schätzte.

Einsame Kriegsjahre in Zürich

Unter der Gewitterwolke des nahenden Krieges zog sich Mentona nach Zürich zurück, mittellos, doch zu stolz, um irgendwo um Geld zu bitten. So fristete sie ihre Tage in einem kargen, schlechtgeheizten Zimmer oberhalb des ›Café Boy‹, dem Haus der proletarischen Jugend. Den beidseitig entzündeten Hüftgelenken bekam das schlecht, ihre Beweglichkeit wurde zunehmend eingeschränkt, und da jetzt im Krieg keine Autos mehr fuhren, brachte man sie zu Vorträgen auf einem Handwagen.

Ihre Schwester Fanny hatte erst nach einem Bombenhagel über München Zuflucht in der Schweiz gesucht. So saß sie denn in den letzten Kriegsjahren am Zürichsee über ihren Manuskripten, arbeitete verbissen, widmete sich bis an ihr Lebensende der Quellensammlung parapsychologischer Phänomene. Mentona hatte sie nur einmal kurz in Zürich getroffen und von ihrer Angst gehört, noch vor Vollendung ihrer Arbeit sterben zu müssen. Sie starb tatsächlich 1951, ohne ihre Sammlung abschließen zu können, und hinterließ ihre umfangreiche parapsychologische Bibliothek sowie einen beträchtlichen Teil ihres Vermögens dem Institut für Grenzgebiete der Psychologie und Psychohygiene (IGPP) in Freiburg im Breisgau unter Hans Bender.

Mentona überlebte diese Kriegsjahre in Zürich in Einsamkeit, Parteifreunde gab es kaum mehr. Zu Beginn des Krieges waren in der Schweiz die als ›extrem‹ bezeichneten Parteien verboten worden: rechts außen die mit Hitler sympathisierenden Frontisten, links außen die Kommunisten. Viele der ehemaligen Genossen hatten sich, entsetzt über den Terror in Russland, schon vorher von der Partei zurückgezogen. Mit Verspätung waren Greuelnachrichten nach Zürich gedrungen: Berta Zimmermann war 1935 in Moskau erschossen worden, Pjatnitzki wurde später hingerichtet, auch Dübis Frau wurde erschossen, ein Opfer von Stalins Säuberungen in Paris. Stalins Paranoia hatte die für den Kommunismus Entflammten der ersten Stunde einfach niedergemäht: die Bolschewiki, die Trotzkisten, aber auch die gewöhnlichen Menschen, die in Redlichkeit und Naivität den befreiten Russen helfen wollten. So waren von den freiwilligen Helfern im Schweizergut viele nicht mehr in die Heimat zurückgekommen. Doch die Geschichte des in Zürich immer noch verehrten Fritz Platten übertraf alles: 1938 verbannt in einen Gulag am Ende der Welt – nein, nicht wegen der elektrischen Olga! – man warf ihm illegale Bewaffnung vor! Dabei war er nur im Besitz seiner handgroßen Mauserpistole gewesen, einem Geschenk Lenins in Petrograd: »Hüte dich vor den Partisanen, Fritz, du brauchst nachts eine Waffe.«

Lenins Waffe, für Stalin ein Reizwort? Nach vier Jahren Gulag wurde Platten nicht freigelassen, sondern zynischerweise an Lenins Geburtstag am 22. April 1942 erschossen, wohl mit seiner eigenen, von Lenin geschenkten Mauserpistole!

EIN BRIEF VON ALTEN FREUNDEN

Nach Kriegsende, 1950, erreichte Mentona Moser ein Brief aus der neugegründeten DDR mit ungefähr folgendem Inhalt: Im Auftrag des Vorsitzenden der Deutschen Demokratischen Republik freue man sich, sie in Ostberlin zu begrüßen und einzuladen, Bürgerin des neuen Staates zu werden! Sie, die Pionierin und Helferin in schwerer Zeit, sei unvergessen, dank ihrer Hilfe hätten viele Parteifreunde den Naziterror überlebt! So gründe man auf den Trümmern des Krieges einen neuen Staat, hier werde man sie kostenlos bis ans Lebensende pflegen! »Ja, komen Sie, verehrte Mentona!«

Über dem Wort »komen«, nur mit einem m geschrieben, schwebte ein Strich! Sie lächelte, dachte an den alten Freund aus dem Berliner ›Arbeiterkult‹. Dann fiel ihr Blick auf die Unterschrift: Alfred Oelssner!

Wilhelm Pieck, nun Präsident der neuen Deutschen Demokratischen Republik, hatte sich den Scherz erlaubt, ihren alten Freund vom ›Arbeiterkult‹ mit diesem Schreiben zu beauftragen! Ja, anstatt in Zürich im hohen Alter womöglich in ein Armenhaus zu kommen, sagte die nun Mittellose zu. Wie Briefe bezeugen, glaubte sie sich überdies glücklich, den Aufbau eines sozialistischen Staates mitzuerleben, ein Staat, dem laut Statuten auch wenig begüterte Menschen ein Anliegen sind und der die politische und ökonomische Gleichberechtigung von Mann und Frau garantiert. In ihrem geliebten Berlin hofft sie auch, einigen ihrer früheren Mitkämpfer wiederzubegegnen. Otto Franke gehört zu ihnen, der sich mit einer Flucht nach London in Mentonas Auftrag Mühe gegeben hatte, den Naziterror zu überleben!

Mentona Moser wurde in einem Pionierheim in Berlin-Köpenick mit Hingabe und Ausdauer bis ins siebenundneunzigste Lebensjahr gepflegt. Als bettlägrige Patientin, die kaum mehr Außenkontakt hatte, auch keine Zeitung mehr lesen konnte und schlecht hörte, hatte sie vielleicht das Glück, den steten Niedergang der einst so hoffnungsvollen DDR zu versäumen.

EPILOG

I

Im Vorstand des Schweizerischen Schriftstellerinnen- und Schriftstellerverbands, dem ich in den achtziger Jahren angehörte, traf eines Tages eine Einladung ein für einen Besuch der Deutschen Demokratischen Republik.

Ein Schreiben mit Seltenheitswert. Gegen Ende dieses Jahrzehnts konnte man nach Arizona reisen, nach Dubai oder Südindien, doch die DDR war eine verschlossene Welt geblieben. Von zwei Schriftstellerinnen oder Schriftstellern war in der Einladung die Rede. Das Interesse bei den Mitgliedern unseres Verbands war so groß, dass schließlich das Los entschied: Es fiel auf einen jungen Kollegen aus Bern, der – o Pleonasmus – auch noch Urs Berner hieß, und auf mich.

Im Verband rätselten wir darüber, warum die DDR sich mit ihrer Einladung an uns, den neutralen Schriftstellerverband wandte und nicht an die dezidiert linke Gruppe Olten, welche die Mitglieder schon in den Statuten verpflichtete, für eine sozialdemokratische Schweiz einzustehen. Zwar wählten in unserem politischen Gemischtwarenladen des Schweizer Schriftstellerverbands in jenen Jahren viele Mitglieder links, und unser Sekretär Otto B. galt in Zürich als Muster eines senkrechten Sozialdemokraten.

Diesem Otto fiel es denn auch zu, uns künftige Besucher in Bern der DDR-Botschaft vorzustellen, um eine solche Vorstellung war in der Einladung gebeten worden.

Wir reisten also in die Bundesstadt, fanden dort, wie es sich wohl geziemte, die Vertretung des Bauern- und Arbeiterstaates nicht bei den übrigen Ambassaden im Villenquartier Elfenau, sondern in einem bescheidenen Reihenhaus. Im Warteraum beliebige Polstermöbel, die durchgesessenen Kissen waren das Warten gewohnt, über dem braunen Canapé glühte eine herbstrote Heidelandschaft.

Der Diplomat erschien: ein beflissener Vertreter seines Staates, durch Lektüre bereits auf seine Gäste vorbereitet. Vor der Heidelandschaft, die unentwegt weiterglühte, zeigte er sich auf dem Laufenden über unsere letzten Veröffentlichungen, *Wunschzeiten* des Berner Bären und mein damals in der Diskussion stehendes Hexenbuch *Anna Göldin, letzte Hexe*.

Eine Woche später brachte uns ein Nachtzug nach Norden.

In Berlin, so hatte man uns wissen lassen, gelange man von der U-Bahn-Station Friedrichstraße, noch dem Westen zugehörig, durch einen mysteriösen Tunnel unter dem Checkpoint Charlie in das vor dem Klassenfeind sorgsam abgeschottete proletarische Paradies.

In diesem unterirdischen Stollen waren wir jetzt, Seitenwände und Decke waren hell gekachelt und erinnerten an alte Duschräume. Wo eine Nation sich bedroht fühlt, geht sie unter Tag. Im Kalten Krieg hatte auch die Schweiz Röhrensysteme gebaut, Fluchtstädte für zwanzigtausend Menschen im sogenannten ›Ernstfall‹, teure Katakomben, in wenigen Jahren verrottet und unnütz durch veraltete Technik. Hier in den Gedärmen der DDR beschlich uns schnell das Gefühl eines primitiven Systems der Verhöre und des Menschenfangs, hier fand es bereits seinen Ausdruck. Eine Stimme, die unsichtbar blieb, hieß meinen Begleiter vorwärtsgehen bis zu einem Schalter X. Ich war plötzlich allein.

Eine geisterhafte Stimme fragte: »Wie lange wollen Sie in der DDR bleiben? Wer hat Sie eingeladen, woher kennen Sie Ihre Gastgeber?«

Ich gab Antwort, obwohl ich der Meinung war, dem Frager sollte all das doch bekannt sein, jedenfalls wedelte ich mit den Blättern der Einladung des Schriftstellerverbands der DDR. Unbeeindruckt fragte der Unsichtbare weiter – sprach da vielleicht ein Tonband?

Nach einigen weiteren kreiselnden Fragen ließ man mich langsam vorwärtsschreiten, auf Befehl den Kopf gereckt, den Blick seitwärts zur Kachelwand. Es klickte, Fotos fielen auf die Schalterfläche, ein Mensch war jetzt da und verglich mich, das Original, mit den Aufnahmen.

Endlich entließ mich der Kontrolleur, ich lief den Gang hinauf Richtung Tageslicht. Zu meiner Beruhigung traf ich dort wieder auf meinen Reisegefährten, jetzt in Begleitung eines stattlichen Mannes, der sich mir als Herr H. vorstellte, Chef des Schriftstellerverbands der DDR. Ein machtvoller Kopf unter einem braunen Borsalino, der sich jetzt seiner Armbanduhr zuneigte und kopfschüttelnd feststellte: »Man hat Sie und damit den Schriftstellerverband warten lassen! Man weiß doch offiziell von Ihrer Ankunft!« Hinter mir trat jetzt ein uniformierter Beamter aus dem Tunnel. Unser Gastgeber sprach ihn harsch an, bewegte dabei das Revers seines Mantelkragens und wies auf ein verstecktes Abzeichen. Das geheime Zeichen übte Macht aus, der Beamte erschrak, stand still und schwieg.

In einem Bürogebäude stellte uns dann der Chef des Schriftstellerverbands einer seiner Sekretärinnen vor: »Sie wird unsere Gäste durch Berlin und an wichtige Orte unseres Landes führen.« Die junge Frau mit Namen Carla Maiwald gefiel uns auf Anhieb, die Aussicht, von ihr während unserer DDR-Zeit begleitet zu werden, war vielversprechend.

Am ersten Abend waren wir uns selbst überlassen, es reizte uns nach der langen Zugfahrt, ein paar Schritte zu machen und eine Kneipe zu finden, um noch etwas zu trinken. Draußen vor unserem Hotel dämmerte es, die Läden waren geschlossen, auch die wenigen Imbissecken und Kneipen hatten schon dichtgemacht, durch stille Straßen schritten wir hinunter zum Alexanderplatz. Der Alexanderplatz, bekannt aus Döblins Roman, zog mich magisch an, ich dachte an Fotos aus den zwanziger Jahren: schwarz vom Gedränge der Straßenbahnen, der herrschaftlichen Kutschen und der kastenartigen Automobile. Jetzt gähnten die Straßen vor Leere, nur in der Mitte des Platzes als Relikt einer schon altgeworden Neuzeit der Fernsehturm. Verstand es die DDR, die Zeit um hundert Jahre zurückzudrehen? Eine Technik, die man in westlichen Zentren, die in Lärm und Abgasen versanken, wohl zu gewissen Zeiten gerne angewendet hätte? In welche Museen hatte man die Fahrzeuge von 1920 versenkt? Und wie bewegten sich die Menschen von heute?

»Nur dann und wann ein Trabi«, murmelte Urs.

»Auch kein Fußgängerstreifen in der Nähe«, sagte ich. Und Urs: »Also einfach über die leere Straße, hinüber zum Turm!«

»Von dem aus wir wahrscheinlich schon beobachtet werden?«

Wirklich, vom Turm her kam ein Volkspolizist auf uns zu: »Ihr Ausweis!«, herrschte er uns an. Im Lichtstrahl, der aus dem Spähturm fiel, sah sein Gesicht jung, doch missmutig und müde aus, vielleicht erwartete er schon lange die Ablösung seiner Schicht, vielleicht war er es leid, unbedarfte

Westler, die man leicht an ihrer Kleidung erkannte, anhalten zu müssen?

»Oh, mein Pass liegt leider im Hotelzimmer!«, rief ich. Und Urs, der auch keinen Ausweis hatte, versuchte es mit: »Wir sind neu hier, Gäste des Schriftstellerverbands der DDR ...«

»Ohne Ausweis muss ich Sie mitnehmen«, sagte der junge Mann und schob mich hinauf auf den Gehsteig der Turm-insel. Da stand er, durchbohrte mich mit seinem Blick. Und ich, um meinen Schreck zu überspielen: »Kommen Sie vielleicht aus Mecklenburg? Die Klangfarbe Ihrer Sprache gefällt mir, kein so abgeschliffenes Kanzleideutsch.«

Mecklenburg, die einzige Gegend, die ich im Umkreis von Ostberlin kannte, war ein Volltreffer: Das Gesicht des Beamten hellte sich auf und mit einer Ermahnung ließ er uns gehen.

Unser erster Tag in Ostberlin war ausgefüllt mit Besichtigungen, am Ende gestand uns Carla Maiwald, sie habe sich Schweizer ganz anders vorgestellt. Ihr Chef habe ihr ein Buch empfohlen über die Eigenarten der verschiedenen Europäer. »Die Schweizer hören nie zu«, stehe da. »Sie wollen stets überlegen sein und den Ton angeben.« Wir lachten. Uns allen dreien hatte dieser Tag großen Spaß gemacht.

Beim Anblick der Abendwolken wurde ich jedoch nervös: Ich sollte im ›Grothewohl-Haus‹, einem bekannten Treffpunkt für Schriftsteller, eine Lesung aus meiner *Anna Göldin, letzte Hexe* halten.

Die urbanen Räume dieses Zentrums überraschten durch Komfort. Im Untergeschoss musste sich eine Sauna befinden, vermutlich auch Schwimmbecken und Bäder, jedenfalls verirrten sich ein paar Schriftsteller in weißen Duschtüchern und Schlappen hinauf in die Cafeteria.

»In Zürich gibt es das nicht?«, fragte Carla Maiwald.

»Nein, wir sind eine vom Staat eher zur Bescheidenheit angehaltene Berufsgruppe«, sagte ich.

»Künstler sind in unserem Bauern- und Arbeiterstaat ausgesprochen wichtig für die Bildung unserer Identität«, erwiderte Carla Maiwald, und es klang erstmals nach Parteibuch. »Übrigens«, fügte sie hinzu, »es wird heute eine Frau zu Ihrer Lesung kommen, die kürzlich den staatlichen Kulturpreis erhalten hat, für ihre Hexenbücher.«

»Ach, Irmtraud Morgner?«

Ich besaß ein Buch mit einem sehr frühen Porträt der Morgner, in meiner Erinnerung hatte sie dickes, krauses Haar, getürmt zu einer Afrolook-Gloriole im Stil von Jimmy Hendrix oder Angela Davis.

Ich ließ einen kurzen Blick über mein Lesepublikum schweifen und wusste: Klar, dort in der dritten Reihe sitzt sie, die Morgner. Jetzt sah sie schlichter aus: das Haar immer noch sehr üppig, zu einer Pilzfrisur geschnitten, die das helle Gesicht und die schalkhaft blickenden Augen mit einem dunklen Rahmen umgab.

Nach der Lesung, an der vor allem Männer teilgenommen hatten – außergewöhnlich für eine Hexenlesung –, steuerte Carla Maiwald auf mich zu. Mit einem für sie untypisch sorgenvollen Gesicht flüsterte sie: »Frau Morgner möchte Sie beide anschließend in ihre Wohnung zum Abendbrot einladen, Sie später mit der U-Bahn zurückbegleiten in Ihr Hotel … Ja, ich muss sagen, etwas ungewöhnlich … Gäste der DDR, so will es die Regel, verbringen ihre Zeit nicht privat – doch es ist wohl hier ein Spezialfall. Hängt davon ab, ob Ihnen das zusagt?«

Urs hatte schon bei der Führung bemerkt, dass es in der Innenstadt von Ostberlin kaum Gaststätten oder Cafés gab, in denen man wie im Westen viele Stunden verbringen konnte. Zudem trat jetzt die Kollegin Morgner auf uns zu, ihre Augen sendeten Leuchtsignale: »Hexenkollegin Eveline und Begleiter Urs: Kommt ihr mit?«

»Aber ja, gerne.«

Die Morgner-Wohnung war auf eine feminine Art charmant, mir fielen die zahlreichen Lampen im Stil der zwanziger Jahre auf und die bequemen bläulichen Kissen auf den Möbeln der Sitzgruppe. Urs durfte den Weißwein entkorken. Während Irmtraud Brötchen herumreichte, sagte sie zu mir: »Wir zwei Hexenautorinnen mögen es doch, manchmal entführt zu werden?«

»Das hat hier auch ohne Hexenbesen gut geklappt«, meinte ich lachend. »Doch mir scheint, unserer Frau Maiwald war die Aktion nicht ganz geheuer?«

»Ach ja, es wird wohl im Schriftstellerverband noch ein Nachspiel geben«, sagte Irmtraud achselzuckend, »doch ist der Ruf erst ruiniert, lebt es sich ganz ungeniert!«

»Ah, Irmtraud, Sie können sich das offenbar erlauben ...«

»Eveline, sagen wir doch du!«, schob sie schnell ein. »Wir beide sind doch Jahrgänger, im Jahr des Unheils geboren, mit allen Wassern gewaschen ...«

»Danke. Irmtraud. Du bist hierzulande eine kulturelle Größe, Trägerin des Staatspreises ...«

»Hm, ja.« Sie kaute hingebungsvoll an einem Brötchen und wischte sich dann ein paar Krümel aus dem Mundwinkel: »Staatspreis dritter Klasse.«

»Und wer hat die ersten Preise abgeräumt?«

»In der Regel gehen die ersten zwei mit der doppelten Preissumme an Wissenschaftler. Was immer hier Kunst ist, wird drittklassig eingestuft.«

»Man beginnt deine Hexenbücher zunehmend im Westen zu lesen ... Zudem konntest du, so steht es in deiner Dokumentation, sogar mal in Amerika lesen, auch in Zürich und Solothurn ...«

»Ach, ja. Eine große Ausnahme, Eveline.«

»Ich hörte, dass du mit deiner Lesung im proppenvollen Landhaus in Solothurn, wo jährlich die schweizerischen Literaturtage stattfinden, die Literaturfans alle begeistert hast? Wie war das für dich?«

Sie lachte herzlich: »Lustig der Zufall, dass am selben Datum in Solothurn ein Ferrari-Tag stattfand. So glaubte ich auf dem Weg vom Bahnhof zu der Brücke, wo sich die vielen schnittigen Autos, rot und chromglänzend, stauten, sie gehörten im Kapitalismus als Werbeträger zu den Literaturtagen. Doch dann hinter der Brücke, in der Altstadt mit den schmalen Gassen, sah ich die Büchermenschen zu Fuß oder auf Fahrrädern zusammenströmen, mit den Ferraris hatten sie nichts zu tun, im Gegenteil, ihre Welt war eine andere.«

»Wie hast du dieses Publikum empfunden?«

»Neugierige Menschen, gewohnt, sich aus Wörtern ihre Bilder zu machen.«

»Du spürst es, im Publikum denken viele Menschen wie du, du schreibst für sie, du sprichst sie an. In einem Land, in dem das Frauenstimmrecht erst 1971 eingeführt worden ist und Nachteile für Frauen nur zögerlich behoben werden, sind Mann und Frau interessiert an deinen Gedanken wie ›Es gibt keine Emanzipation der Frau ohne eine Emanzipation des Mannes‹, beide müssen gemeinsam zu neuen Werten finden.«

Sie hörte mir stumm zu, hing wohl noch einen Augenblick ihrem Zitat nach.

»Reisen ist doch dein Thema, Irmtraud!«, fuhr ich fort. »In deinen Büchern flitzen die hexischen Protagonistinnen ständig durch die Welt, auf Besen, Schnellbooten, sogar im Taxi nach Tarascon ... Frankreich scheint mir überhaupt eines deiner Sehnsuchtsländer zu sein. Warst du je dort?«

»Nein. Wir kommen in der Regel nirgends hin.«

»Der Grund? Befürchtet man vielleicht ...«

»Ja, man befürchtet.«

»Das fördert aber die Sehnsucht nach Anderswo? Schürt den Reisetrieb?«

»Diesen Trieb versucht man mit Erfolg auf andere Triebe zu lenken«, erwiderte sie lachend.

»Sexualität? Sie nimmt ziemlich viel Raum ein in deinen Büchern.«

»Ja, die Reise von Du zu Du ist noch nicht verboten.«

Urs trank unterdessen mit Genuss den ausgezeichneten Weißwein. Er war es jetzt, der von einer Episode während unserer Führung durch Berlin erzählte: »Am frühen Nachmittag, als uns der Chef des Schriftstellerverbands persönlich eine Weile begleitet hat ... Es war in einer Anlage mit schönen Pflanzen, eine Art Heldenfriedhof – «

»Wohl der Ehrenhain der Sozialisten auf dem Friedhof Friedrichsfelde ...«, warf Irmtraud ein.

»Ja, so hörte sich das an. Dr. H. hat uns dort an ein Grab geführt: ›Hier, geschätzte Gäste, liegt eine Heldin aus der Schweiz: Mentona Moser, geboren 1874, gestorben 1971. Ich kenne keine Frau, die in schwieriger Zeit so selbstlos für andere Menschen gewirkt hat. Sie wird doch hoffentlich immer noch verehrt in Ihrer Heimat?‹

›Mentona Moser? Nie gehört‹

›Das kann doch nicht möglich sein?‹ Unser Gastgeber Dr. H. war erstaunt. »Aber Sie, Frau Hasler? Sie sind doch historisch interessiert?«

An diesem Punkt der Geschichte überließ Urs es mir, die Begebenheit weiterzuerzählen. Ich blickte Irmtraud an und wiederholte: »Auch mir ist diese Frau kein Begriff!« Auf dieses Geständnis hatte unser Fremdenführer nur mit einem Seufzer geantwortet, offensichtlich wurde ihm bewusst, wie anders die Welt war, aus der wir kamen. Darauf schwiegen wir alle, verstört blickten wir auf den Grabstein.

Nach einer Weile des Nachdenkens sagte Urs: »Etwas an der Lebensgeschichte der Mentona Moser muss dem kollektiven Gedächtnis ein Dorn im Auge gewesen sein. Für viele Schweizer kämpfte sie wohl auf der falschen Seite.«

»Kann es denn für Menschlichkeit eine falsche Seite geben?«, warf ich ein. »Oder sind wir noch immer nicht aus dem Denken der McCarthy-Zeit hinaus? Wer sich damals in den Usa um andere Menschen gekümmert und für eine bessere Welt gekämpft hat, wurde ›Gutmensch‹ und ›Kommunist‹ gescholten: Rotkreuz-Leute, den jungen Amerikaner Varian Fry mit seinen zweitausend vor den Nazis geretteten Künstlern, und auch Charlie Chaplin schickte man ins Exil ...«

Irmtraud, die uns aufmerksam zugehört hatte, schaltete sich ein: »Vor Jahren, als ich mit Schreiben begann, sollte ich einen Zeitungsartikel verfassen über Mentona Moser. Ich war damals im Hauptberuf Mutter eines kleinen Jungen und Triebwagenfahrerin, meine Zeit war beschränkt. Zudem war es im Kalten Krieg nicht möglich, Zeugen aus dem Westen zu befragen, auch eine autobiografische Arbeit war in der DDR nicht greifbar. Es gelang mir damals nur, die letzten

Lebensstationen dieser Menschenfreundin nachzuzeichnen. Nun, diese Frau, die angeblich der reichsten Familie der Schweiz entstammte, sah in der Zeit großer sozialer Ungerechtigkeit und der Nazi-Ideologie wie viele im Kommunismus die Formel für eine gerechtere Welt. Sie setzte sich für Notleidende ein, gründete ein Waisenhaus für Kriegskinder, doch das geerbte Geld, das ihr tüchtiger Vater in Deutschland und Russland mit seinen Uhrenfabriken verdient hatte, beschlagnahmten die Nazis, der Rest ging im Chaos der Inflation verloren. Als der Zweite Weltkrieg zu Ende war, war Mentona Moser völlig verarmt und körperlich geschwächt: Eine Entzündung der Hüftgelenke schränkte ihre Beweglichkeit ein, ihre Sehkraft hatte abgenommen, Lesen von längeren Texten war nicht mehr möglich.

Der erste und einzige Präsident der DDR, Wilhelm Pieck, der Mentonas Großzügigkeit im bedrängten Berlin und ihren Kampf gegen die Nazis miterlebt hatte, schlug ihr 1950 vor, ihren Lebensabend in der neuerrichteten DDR zu verbringen. Anstatt in der Heimat womöglich in ein Armenhaus zu kommen, erhalte sie hier kostenlos alle nötige Pflege. Mentona nahm das Angebot an.

Wie Briefe bezeugen, glaubte sie sich überdies glücklich, den Aufbau eines sozialistischen Landes miterleben zu dürfen, eine Art Ernte ihres Bemühens: ein Staat, dem auch wenig begüterte Menschen ein Anliegen sind und der die politische und ökonomische Gleichberechtigung von Mann und Frau garantiert. Wie immer, man hat jedenfalls der Menschenfreundin gegenüber Hingabe und Ausdauer gezeigt: In Berlin-Köpenick, in einem Altersheim für Pioniere, wurde sie bis zu ihrem Tod im hohen Alter von siebenundneunzig Jahren gepflegt.«

»Und hat ihr dann ein Ehrengrab gegeben«, setzte ich hinzu, »vor dem jetzt ihre Landsleute ratlos stehen, beschämt über ihre Unkenntnis ...«

Irmtraud Morgner nickte. »Erstaunlich. Ich war immer der Meinung, nur in der DDR mache man Jagd auf jede gegenteilige Ansicht, jage sie zum Teufel oder zum Blocksberg ... Die Schweiz, dachte ich, mit ihrer alten Demokratie, lässt verschiedene Meinungen zu und begegnet auch Konträrem mit Respekt.«

»Nun, Irmtraud«, sagte ich kleinlaut, »es ist auch nicht so leicht mit einer Demokratie. Wir müssen verdammt wachsam bleiben und sie hüten ...«

Die Kollegin lachte, trank erst ein paar Schlucke von ihrem Weißwein: »Braucht nicht jeder Mensch, um seinem Leben Würde und Sinn zu geben, einen großen Gedanken? Eine Philosophie, ein System? Doch große Gedanken, diese zu Beginn grünen, hoffnungsvollen Keime, verlieren mit der Zeit an Kraft. Viele dieser Ideen degenerieren, weil sie dem Wind der Realität nicht gewachsen sind. In der Hand macht- und profitsüchtiger Politiker werden sie, weit entfernt von den einstigen Idealen, korrumpiert: Was ist denn aus den zwei großen politischen Systemen des zwanzigsten Jahrhunderts geworden, dem Kapitalismus, dem Kommunismus?

Eure kranke Schweizerin wurde im hohen Alter blind und konnte ihrer Arthritis wegen nicht mehr aus dem Bett – das hat ihr wohl erspart, den langsamen Niedergang dieses Staates mitzuverfolgen. Ich hingegen erlebe das einst geliebte Land meiner Geburt schmerzlich im Schrumpfprozess: die Führung, verfolgt von Ängsten, Berlin von einer Mauer abgeschottet! Die Einheitspartei verbietet jede andere Meinung! Diese DDR, die uns nach dem Sieg über die Nazis mit

Hoffnung erfüllt hat, jetzt degradiert zum Polizeistaat, in dem mein Ehemann den Auftrag annahm, mich für die Staatssicherheit auszuhorchen und zu überwachen ...«

Irmtraud wandte ihr Gesicht ab, ihr Blick war beschlagen von Trauer.

In die Stille hinein, die jetzt folgte, kehrte sie nochmals zurück zu Mentona Moser: »Es heißt, sie sei als Jugendliche aus dem Imperium ihrer reichen Mutter geflohen. Ich konnte leider über diese frühe Zeit, in der ihre soziale Tätigkeit in London und Zürich begann, nichts in Erfahrung bringen.«

»Unter den geschilderten Umständen mehr als einleuchtend«, murmelte ich.

Sie blickte mich an, ihr dunkler Kopf mit den eindrucksvollen Augen, die nun wieder zu lächeln begannen, neigte sich vor.

»Läge geografisch und vom Thema her diese Recherche dir nicht näher?«, fragte sie mich. »Mach es doch in deiner Art und lass dir Zeit. Wir könnten uns zu dem geplanten Literaturkongress in knapp zwei Jahren wiedersehen. Präsenz aus dem Westen und konträre Ansichten sind, wenigstens in unseren Kreisen, erwünscht!«

Mein Kopf war trotz der zwei Gläser Weißwein völlig klar geblieben. Ich blickte hinüber zu meiner erstaunlichen Kollegin, ihre Augen glänzten erwartungsvoll.

»In zwei Jahren also?«, fragte sie. »Die vergehen schnell. Ich freue mich, dann etwas über Mentona Moser von dir zu lesen.«

»Einverstanden«, sagte ich.

II

Zwei Jahre später, Ende der achtziger Jahre, als auch die DDR ihrem Ende entgegenging, stand ich abermals in Ostberlin im Ehrenhain der Sozialisten an Mentona Mosers Grab. In meiner Hand hielt ich ein schmales Konvolut von Blättern, ihre erst in Stichwörtern festgehaltene Lebensgeschichte. Suchend blickte ich mich nach Irmtraud Morgner um, wie bei unserer Begegnung vor zwei Jahren verabredet. Seither waren wir nicht in Kontakt gewesen. Telefonate oder Korrespondenz mit Westleuten wurden der von der Stasi überwachten Schriftstellerin untersagt.

Die Kongressteilnehmer waren gehalten, sich in Ostberlin einzufinden, man treffe am Versammlungsort auf bereitstehende Busse.

Ich hielt noch eine Weile Ausschau nach Irmtraud Morgner, doch vergeblich.

Bei den Bussen hatten sich bereits viele Mitreisende versammelt, einer der Busse stand bereit für uns Westleute, der andere für die Teilnehmer aus den sogenannten ›Bruderländern‹. Frau Maiwald, die uns damals durch Berlin geführt hatte, löste sich aus der Gruppe der Wartenden und kam zur Begrüßung auf mich zu, dann stieg sie hinter mir in den Bus ein.

»Zu den Westlern?«, fragte ich erstaunt. – »Sind mir angenehmer als die Bruderländer«, gab sie augenzwinkernd zurück.

»Die DDR-Ordnung ist, wie wir an den Bussen sehen, nicht mehr ganz so rigide? In welchen Bus wird wohl Frau Morgner einsteigen?«, fragte ich.

Frau Maiwald stutzte, ihr Gesichtsausdruck war plötzlich angespannt. »Frau Morgner wird nicht nach Suhl kommen können, Frau Hasler. – Sie liegt«, flüsterte sie, als sie meine Enttäuschung sah, »in einem Krankenhaus in Berlin.«

»Sehr krank?«, fragte ich erschrocken.

»Ja, sehr krank.«

Unsere Fahrzeuge hatten sich in Bewegung gesetzt, während der Fahrt bat ich um die Anschrift des Krankenhauses. Die Straße, auf der wir jetzt drei oder mehr Stunden durch die DDR nach Süden fuhren, war voller Schlaglöcher, unsere Körper vibrierten. Frau Maiwald entschuldigte sich für ihre holprige Schrift: »Adressen ... an Ausländer abzugeben, eigentlich nicht erlaubt.«

In Suhl angekommen, schrieb ich an Irmtraud Morgner ein paar Zeilen, drückte Hoffnung aus auf Genesung. Eine Antwort blieb aus.

Irmtraud wohnte schon in einem Zwischenreich. Ihre Stimme war verstummt. Und während sich die Schriftstellerin in Ostberlin bewusst auf ihr Sterben einstellte, bewegte sich auch die DDR auf ihren Untergang zu.

Die Autorin der Hexenbücher wird im Mai 1990, in der ersten Zeit der vollzogenen Wende, im Alter von sechsundfünfzig Jahren sterben.

»Es wäre ein Zufall gewesen, bei alledem nicht krank zu werden. Vor allem krank von den Entmutigungen ...«, hatte sie einmal gesagt.

Schon in den siebziger Jahren hatte der Aufbau-Verlag ihr *Leben und Abenteuer der Trobadora Beatriz nach Zeugnissen ihrer Spielfrau Laura*, ein vielköpfiges, vielarmiges Buch, zögerlich herausgegeben.

Eine Autorin, die im Westen Erfolg hatte, war ein Warnsignal. *Amanda*, die Fortsetzung, erschien erst nach drei Jahren Verzögerung.

In einem Land, das die Grenzen dichtgemacht hatte und Flüchtende an der Mauer verbluten ließ, erlaubte sich eine in der DDR geborene Autorin mit ungekannter stilistischer Leichtigkeit alle Grenzen zu überfliegen.

Mehrmals hatte man die Autorin zu Verhören in die Büros des Aufbau-Verlags kommen lassen. Sie befragt, Streichungen verlangt. Und musste schließlich erkennen, dass die Zensur das Weggelassene nur umso sichtbarer machte ...

Hatte man gehofft, die Autorin durch die Liebe unschädlich machen zu können?

Irmtraud Morgner, die schon einmal mit einem Mitarbeiter des Aufbau-Verlags verheiratet gewesen war, heiratete abermals einen Angestellten des Verlags, den charmanten sprach- und welterfahrenen Paul Wiens, der, wie sich zeigen sollte, für die Stasi ein zuverlässiger Informant über ihm bekannte westdeutsche und DDR-Autoren gewesen ist: Grass, Plenzdorf, Enzensberger, Biermann, Härtling, Sarah Kirsch. Hatte man ihn absichtlich unter die Leintücher der Morgner geschoben? Jedenfalls bespitzelte er brav seine Ehefrau, für die gelieferten Informationen wurden ihm drei staatliche Verdienstmedaillen verliehen: erst Kupfer, dann Silber, zuletzt Gold.

Irmtraud ließ sich scheiden.

Und dann wurde sie krank. Im Krankenhaus ließ man sie mit einem Darmverschluss drei Tage lang wegen Verdachts der Simulation liegen (Achtung, phantasiebegabt, eine Schriftstellerin!). Und als ein Chirurg schließlich eine radikale Operation vornahm, hieß es: »Zu spät, nichts mehr zu machen.« Achselzucken.

So freundete sich Irmtraud Morgner an mit ihrem letzten Liebhaber, dem Tod. »Alle Weltanschauungen, die den Tod nicht als ein dem Leben zugehöriges Phänomen begreifen, sind lebensfeindlich«, schreibt sie in dem von Rudolf Bussmann herausgegebenen *Heroischen Testament*. »Wenn die großen Gegenstände ausgegrenzt werden, wird alles banal. Ein Phänomen ähnlich dem der Zensur. Die weggelassene Aussage ist deutlicher lesbar als die gedruckte.«

Das Andenken Mentona Mosers, einer Frau, die in schwerer Zeit anderen Menschen geholfen hat, ist aus dem kollektiven Gedächtnis ihres demokratischen Heimatlandes getilgt worden. Zu einer Zeit großer sozialer Ungerechtigkeit und als der Nationalsozialismus erstarkte, hat sie wie viele damals geglaubt, im Frühkommunismus die Formel für eine gerechtere Welt zu finden. Diese Utopie wurde, wie wir wissen, durch die Regime machtbesessener Politiker zerstört.

Lebt eine Demokratie nicht gerade vom Respekt anderer Meinungen? Was hätte wohl ihr Vater Heinrich Moser, der legendäre Uhrenfabrikant und Initiator des Moser-Damms in Schaffhausen, zu Mentonas Leben gesagt? Heinrich hat seine Tochter leider nie kennengelernt. Doch wir wissen, dass er eine Schwester Barbara hatte, mit eigenwilligen Ansichten über das, was im Leben zählt. 1839 schrieb er an sie Folgendes: *Glaube nicht, Barbara, dass ich Deine guten Eigenschaften darum weniger schätze und dich weniger liebe … Ich bin so tolerant, dass ich jedem seinen Glauben gönne und keinen in seinen Grundsätzen angreifen werde, wenn er dadurch Gutes tut und glücklich ist.*

In die Schweiz zurückgekehrt, nahm ich Kontakt mit Mentonas Enkel Roger Nicholas Balsiger auf. Er erzählte mir, Ende der sechziger Jahre, er war etwas über zwanzig, habe er versucht, seine Großmutter über den Tod ihres Sohnes Eduard, der sein Vater war, hinwegzutrösten. Er besuchte Mentona damals regelmäßig, denn er empfand große Zuneigung für seine noch immer geistreiche, etwas verrückte, eigenwillige Großmutter. Dass ihr Sohn vor ihr habe sterben müssen, war ihr unbegreiflich. Doch bei den lebhaften Gesprächen mit ihrem Enkel während seiner Besuche in Berlin-Köpenick, im Pflegeheim der Pioniere, hat sie sich entspannt.

Wenn Roger Nicholas ihr mit vielen Anekdoten von Schaffhausen erzählte, so habe Mentona ihren Eduard zu ihr sprechen gehört: »Muschka, schau deinen Enkel an, so gut gewachsen! So wäre dein Edi geworden, ohne das Unglück an seinem zweiten Geburtstag!« Und dann habe sie ein bisschen vor sich hin gemurmelt, offensichtlich verstand sie es in ihrem hohen Alter, mit den Verstorbenen zu kommunizieren. »Weißt du, was Eduard mir eben ins Ohr geflüstert hat? Nein? ›Muschka hör zu, wie er erzählen kann, dein Enkel! Er hat wohl die Schlagfertigkeit und den Humor von seinen Vorfahren geerbt!‹«

Gegen Ende eines dieser Besuche in Berlin-Köpenick habe Mentona, deren Schreibhand gelähmt war, ihm Folgendes diktiert: »Ich sehne mich nach dem Tod, denn ich habe viel gelebt! Mein Wunsch wäre, wie mein Vater in Schaffhausen begraben zu werden.«

Diesen Wunsch hat ihr die DDR zwei Jahre später allerdings nicht erfüllt. Für Mentona, eine Vorzeigefrau der Republik, war der Grabplatz auf dem Heldenfriedhof längst reserviert!

Und noch etwas berichtet Roger Nicholas Balsiger: Im Zimmer seiner hochbetagten Großmutter habe ein Geburtstagsgeschenk von Wilhelm Pieck gestanden: ein Kaffeeservice aus Meißner-Porzellan für acht Personen. Bevor er, ihr Enkel, sie verlassen musste, habe sie ihn aufgefordert, alle acht Tassen auf den Tisch zu stellen. »Wenn ich allein bin, trinke ich in der Dämmerung mit meinen Lieblingsmenschen Kaffee«, sagte sie. Wilhelm Pieck, seit 1960 tot, habe an ihrem Tisch immer den Vorsitz, Ehrensache! Neben ihm Clara Zetkin mit ihren Frauenanliegen, an ihrer Seite Rosa Bloch aus Zürich, dann folge ihr Beschützer während der Agentenzeit in Berlin, Otto Franke, schließlich ihre Tochter Amrey, die ihrem verfolgten jüdischen Maler Fiedler in den Niederlanden neue Tatkraft und eine Tochter geschenkt hatte. Und dann der geliebte unvergessliche Sohn Eduard.

»Und du, Mentona, wo ist dein Platz?«, habe er gefragt. Und sie, lächelnd, auf das untere Tischende zeigend: »Dort, in der Nähe von Fritz Platten!«

Und der Enkel, die Klinke schon in der Hand, hat sie von dort aus über die Tafelrunde blicken sehen, wohl in Gedanken an die vergangenen Zeiten all der Illusionen und all der Gewalt durch Lenin, Stalin, Hitler. Und in Erinnerung, wie sie mit Hilfe ihrer liebsten Menschen trotz allem immer neue Wege gefunden hat, für eine gerechtere Welt einzutreten.

Dank

Mein besonderer Dank geht an Roger Nicholas Balsiger, den Enkel von Mentona Moser. In England während des Zweiten Weltkriegs geboren, ist Roger Nicholas Balsiger Ehrenvorstand der Britisch-Schweizerischen Handelskammer, längere Zeit wirkte er in Zürich auch als Honorarkonsul von Großbritannien.

Während der Entstehung meines Buches beantwortete der Vielbeschäftigte großzügig meine Fragen über Mentona Mosers Lebensstationen und Familienverhältnisse, er öffnete mir auch seine Zeitschriften- und Fotoarchive. Die von ihm verfassten Artikel, insbesondere sein Nachwort zu Mentonas Lebenserinnerungen *Ich habe gelebt*, im Limmatverlag seit 1986 vergriffen, zeigen Empathie und liebevolle Hinwendung zu seiner ungewöhnlichen Großmutter.

Unter seiner kundigen Führung lernte ich auch das Schloss Au auf der gleichnamigen Halbinsel im Zürichsee kennen, wo Mentona und ihre Schwester Fanny ihre einsame Kindheit und Jugend verbrachten. Seeufer und Binnensee der Insel sind in ihrer Schönheit erhalten geblieben, den Mädchen waren sie damals Trost und Anregung zu späteren zoologischen Studien.

Ich freue mich, mit meinem Buch über Mentona Moser diese vergessene Menschenfreundin in Erinnerung zu rufen.

Eveline Hasler
Ascona, im Dezember 2018